Fernwechsel

Hans Michael Schulz

Fernwechsel
Gehen Sehen Denken Beten

Mein Weg nach Santiago de Compostela

Manfred Zentgraf Verlag

Meiner Frau,
die mich nicht zurückhielt,
sowie unseren Kindern
Wiebke Maria, Jan Patrick,
Benjamin Frederik
zugeeignet

Inhalt

Vorbemerkung 9

Itinerarium

1. Aus dem Westfälischen zum Niederrhein 15
2. Von Xanten nach Aachen 27
3. Durch die Eifel 43
4. Von Trier nach Saarbrücken 59
5. Durch Lothringen 68
6. Durch Burgund ins Beaujolais 89
7. In Lyon 118
8. Durch das Rhônetal 122
9. In Arles 144
10. Im Languedoc 147
11. Durch die südlichen Cevennen 162
12. Der Weg nach Toulouse 181
13. Toulouse 190
14. Durch die Gascogne 195
15. Die Überquerung der Pyrenäen 212
16. In Aragonien und Navarra 225
17. Querwege in der Rioja 249
18. Durch Kastilien nach Burgos 259
19. Über die Meseta nach León 269
20. Von León nach Astorga 291
21. Das Gebirge von Rabanal 301
22. Aus dem Bierzo hinauf zum Cebreiro 306
23. Der Weg durch Galicien 315
24. Der letzte Tag 331
25. Epilog 337

Bildlegenden 342
Anmerkungen 346
Karte 350

Aber auch Sie zu Ihrer Zeit müssen
die Intensität des Lebens kennengelernt haben,
jenen Zauberglanz, der, in der Wirrsal
von Nichtigkeiten hervorgebracht,
so überraschend ist wie die glühenden Funken,
die von einem kalten Stein geschlagen werden –
und, ach! von nicht minder kurzer Dauer!

Josef Conrad (Lord Jim)

Vorbemerkung

Im Winter und im Frühjahr 1994 ging ich von Nordhorn nach Santiago de Compostela. Es war ein Weg von etwa 3 500 Kilometern, dessen Länge nicht allein durch die große Entfernung bis zu jener Stadt im äußersten Nordwesten Spaniens zustande kam, sondern auch dadurch, daß Gründe, die in meiner Herkunft, in meinen Neigungen und nicht zuletzt in der frühen Jahreszeit zu suchen sind, es mir nahelegten, nicht den kürzesten Weg zu wählen. – Im übrigen wird dieser Weg ohnehin seit altersher weniger durch Meilensteine und Wegweiser als vielmehr durch die Grabstätten einiger Heiliger und gewisse Besonderheiten der Erdoberfläche bestimmt, über die ich im Folgenden zu berichten versuche.

Mein Entschluß, nach Santiago de Compostela zu gehen, hatte seine Wurzeln nicht in einer persönlichen Krise oder dem Wunsch nach einer besonderen Zerstreuung, sondern in einem jener unerklärlichen Momente, durch die unser Leben, wenn wir ihnen Folge leisten, ausgerichtet wird.

Dieser Moment ereignete sich 1965, als ich, von einer langen und langsamen Reise durch Kastilien und die Estremadura tief beeindruckt, an einem sonnigen Oktobertag in der Oberstadt von Segovia auf dem Platz neben der Kirche San Esteban stand und auf meine Frau wartete – mit der ich übrigens erst wenige Wochen verheiratet war. Sie war in einem der altertümlichen Geschäfte verschwunden, um etwas Nützliches zu besorgen, als mein Blick auf zwei Plakate fiel, die in meisterhaften Großaufnahmen einige Steinfiguren vom *Portico de la Gloria* in Santiago zeigten. Es war eine Werbung für das Heilige Jahr 1965 in dieser Stadt.

Der Eindruck, den diese Abbildungen auf mich machten, war so gewaltig, daß ich in jenem Augenblick den Entschluß faßte, einmal in meinem Leben, und zwar von unserer Haustür aus, zu Fuß nach Santiago zu gehen – obgleich wir damals weder Haus noch Haustür besaßen und ich nach einem schweren Unfall gewisse Probleme beim Gehen hatte.

Der lange Abstand zwischen dem intuitiven Entschluß und seiner Verwirklichung war nicht Folge einer freiwilligen Beschränkung oder eines unentschlossenen Zögerns, sondern ausschließlich auf einen Mangel an Zeit zurückzuführen. Nach 1965 geriet ich rasch in berufliche Aktivitäten, die man schlichtweg als zeitaufwendig bezeichnen muß, ohne daß ich mich hier in Details verlieren möchte.

Trotzdem habe ich über die Jahre hinweg unbeirrt immer auf den günstigen Zeitpunkt gehofft und darauf hingewirkt. Glückliche Fügungen haben geholfen, verständnisvolle Menschen mich unterstützt, so daß ich im Frühjahr 1994 dank optimaler kollegialer Konstellationen und Bündnisse mit dem Urlaub von fast zwei Jahren und einer gut bemessenen Sabbatzeit den Rücken frei hatte loszugehen.

Es gibt viele Motive für ein derartiges Unterfangen und meistens wird angenommen, daß sie religiöser Natur sind. Zugegeben, ich bin Katholik und habe nach wie vor ein ungebrochenes Verhältnis zu meiner Kirche. Ich wurde geprägt von der Frömmigkeit meiner Eltern und vom vitalen katholischen Milieu des Ruhrgebiets der Nachkriegsjahre, dem ich übrigens nicht nur passiv angehörte. Aus dieser Zeit stammt meine tiefe Überzeugung von der Notwendigkeit ordnungs- und sinnstiftender Einrichtungen.

Trotzdem waren für meinen Weg nach Santiago nicht religiöse Gründe die treibende Kraft, allenfalls bildeten sie die tragende Unterströmung. Ich war nicht als Suchender unterwegs, wie andere, denen ich begegnete, eher als entdeckungsbereiter Spurenleser und mit der bangen Frage, ob diese Kirche auch heute noch eine Heimat gibt.

Die Attraktion des Jakobsweges – des Sternenweges, wie andere sagen – liegt nicht allein in seiner christlich geprägten Spiritualität. Sie kommt auch aus elementar-existentiellen Dimensionen. Die Pilgerreise ist ein Phänomen vieler

Kulturen und Religionen. Das Wallfahrtswesen, die Pilgerreise gehören zu den ganz großen therapeutischen Ansätzen und Lösungen der Menschheit. Es spricht jedoch für die Weisheit der katholischen Kirche, daß sie diesem Phänomen trotz seiner nicht zu übersehenden anarchistischen Züge stets Freiraum und auch Unterstützung gab.

Ich bin als Zeitgenosse des 20. Jahrhunderts mit allen Frakturen und Blessuren, die wir so haben, nach Santiago gegangen und nicht als ein anderer zurückgekehrt. Aber ich wurde auf diesem Wege mehr und mehr von einer Grundstimmung erfaßt, die heute noch anhält und die vielleicht mit einem Wort von Karl Rahner angedeutet werden kann: „Mit den Sandkörnern des Strandes beschäftigt, wohnt der Mensch am Meer des unendlichen Geheimnisses".

Einen weiten Weg zu gehen, ist das eine, darüber zu schreiben das andere, sogar das Schwierigere. Warum habe ich mir die Mühe gemacht? Die Zeit dazu hatte ich nicht! Wenn ich trotzdem nicht aufgegeben habe, ist dies zum einen in der Absicht zu suchen, etwas, das mich sehr bewegt hat, nicht kampflos dem alles verwischenden Fluß der Zeit zu überlassen, zum anderen aber in dem Wunsch, denjenigen, die mich nach „meinem Weg" gefragt haben, eine angemessene Antwort zu geben.

Wir haben nicht mehr eine Kultur der ausführlichen, bedachtsamen Gespräche. Im Smalltalk läßt sich nur wenig vermitteln. Doch will ich mich darüber nicht beklagen. Selbst Seume, der große Fußgänger und Aufklärer, spürte da ein Unvermögen und den Wunsch, mehr zu sagen. Im Vorwort zu seinem „Spaziergang nach Syrakus" begründete er 1803 – also zu einer Zeit, als die Kultur der Salons und der geselligen Gesprächsrunden in großer Blüte stand – seinen Bericht mit den Worten: „... es werde vielleicht Vielen nicht unangenehm und Manchen sogar nützlich seyn".

In meinem Bericht folgt Tag auf Tag, obgleich ich kein Tagebuch geführt habe. Aufzeichnungen am Ende eines anstrengenden Tages zu machen, sind eine Verpflichtung, der man angesichts irgendwelcher Notwendigkeiten oder weil es wichtiger ist, einen Brief zu schreiben, oder wegen allzu großer Müdigkeit nur selten nachkommen kann. Dagegen habe ich – zunächst absichtslos einem durch meine Berufstätigkeit entwickelten Formulierungsbedürfnis folgend – versucht, die Ereignisse, Eindrücke und Gedanken des Tages in Kürze und auf der Stelle zu fixieren. Dies geschah aus Scheu vor der Perfektion auf losen Zetteln, Hotelrechnungen, auf Servietten, der Rückseite von Landkarten und leeren Buchseiten irgendwo am Weg- und Straßenrand, in Cafés, auf Kirchenbänken oder abends im Restaurant. Die Bruchstücke habe ich inzwischen zusammengefügt und durch Erinnerungen, Briefstellen und Texte aus meinem selbstkompilierten Reisebüchlein ergänzt.

Es entstand daraus eine disperse Mischung aus Beobachtungen, Stimmungen, Natur- und Landschaftsbeschreibungen, Gedanken, Begegnungen und Träumen. Manchmal im Telegramm- und Nominalstil, in Skizzen des Augenblicks, dann wieder in ausführlicher Darstellung. Vieles hat sachlichen Charakter, einiges ist hochgestimmt, von Zeit zu Zeit spürt man die Müdigkeit. Manches erscheint – hoffentlich nicht weil ich es bin, sondern als Folge vieltägiger Einsamkeit – etwas wunderlich. Doch soll es wie anderes auch seinen Platz haben, weil es die vielfältigen Einflüsse und Stimmungen, denen man auf einem solchen Weg unterworfen ist, widerspiegelt.

Hier stellt sich übrigens die Frage, warum aus dem Zeitraum, von dem dieser Bericht handelt, von den unzähligen mental wahrgenommenen Ereignissen nur einige festgehalten wurden. Wahrscheinlich bilden Temperament, geschmackliche Prägung, persönliche Vorlieben, Zurückhaltung sowie der Wunsch, nicht allzusehr zu langweilen, die entsprechenden Filter.

Die Ich-Form des Berichtes ist das Übliche, jedoch wird sie gelegentlich verlassen, ohne daß ich dies im einzelnen begründen möchte. Auch, daß ich in den ersten Wochen an Orten, wo es hingehört, den Erinnerungen an meine Vorfahren größeren Raum zugestanden habe, erhält seine Berechtigung aus der Grundstimmung dieses Berichtes und bedarf ebenfalls keiner besonderen Erklärung. Die Zeitform ist das Präsens, es gibt dem Augenblick Dauer – denn für mich ist das alles noch nicht vergangen.

Ich hoffe, aus den Fragmenten ergibt sich ein befestigtes Konglomerat und mir wäre im größeren Rahmen gelungen, worin ich im Kleinen im Laufe der Jahre eine gewisse Übung erlangt habe. Ich spiele damit auf etwas an, das mich bei meiner Berufstätigkeit immer wieder aufs neue beschäftigt und fasziniert – und zwar aus einer Fülle von Daten, Angaben, Befunden und Beobachtungen einen Bericht über einen Menschen und seine Krankheit abzufassen, der, wenn es gelingt, am Ende mehr ist als die Summe der Teile.

Zum Schluß noch ein Wort zu den Fotos. Sie wurden von mir mit einer Taschenkamera, die allerdings über ein gutes Objektiv verfügte, nach einem bestimmten Konzept gemacht. Danach habe ich ziemlich exakt im Abstand von ein oder zwei Stunden (je nach Wetter und Landschaftsdichte) ein Foto angefertigt, das meistens den Weg mit Blick nach vorn zeigt. Auf den Bildern sind selten Menschen zu sehen. Dahinter steckt keine Absicht. Europa zeigt, abseits der Autostraßen und Siedlungen, eine große Einsamkeit und Stille.

Die Aufnahmen sind eine Auswahl von zirka 600, die ich insgesamt gemacht habe. Sie dokumentieren meinen Weg, ohne sich allzusehr auf die touristischen Aspekte, die der Jakobsweg zweifellos ja auch hat, einzulassen. Vielleicht vermitteln diese Bilder, die so nicht wiederholt werden können, ein weiteres von der Aura eines Weges, der seine Anziehungskraft durch die Jahrhunderte bis heute nicht verloren hat und der sich für jeden, der ihn beschreitet, im Kopfe und unter den Füßen immer wieder neu ergibt. Es bleibt zu hoffen, daß diese gewissermaßen faktische Virtualität (die ja etwas anderes ist als die elektronische, die zur Zeit so viele Köpfe beschäftigt) den Weg nach Santiago de Compostela vor den allzu gierigen Zugriffen und Ausbeutungsversuchen unseres erlebnishungrigen Zeitalters bewahrt.

Nordhorn, am 8. September 1996

1

Aus dem Westfälischen zum Niederrhein

18. Februar:
Nordhorn – Epe/Westfalen

Wir verließen unser Haus, gingen durch die Straßen der Vorstadt und das Industriegebiet bis zur Alten Schleuse. Dort nahmen wir uns in die Arme. Dann ging ich allein weiter. Meine Frau stand noch eine Weile auf der Brücke über dem Kanal und winkte mir nach. Als Hecken kamen, konnten wir uns nicht mehr sehen. Meine Augen füllten sich mit Tränen, aber der kalte Wind und das schnelle Gehen trockneten sie wieder.

Auf dem alten Grenzweg im Niemandsland zwischen Deutschland und den Niederlanden nach Holt und Haar. Der zehn Kilometer lange Landschaftsstreifen aus Sanddünen, Kiefernwäldern und Heideflächen wird auf beiden Seiten von großen Feldern, auf denen Maisstoppeln in schwarzen Reihen und Rippen stehen, hart bedrängt. Dann und wann ein Gehöft. Aus den Ställen konzentrierter Tiergeruch. Die Kühe und Schweine riechen altvertraut und geben der Winterluft etwas Behagliches. Der pelzmuffige Dunst aus den riesigen Hühnerställen dagegen ist fremd und abweisend und läßt den Atem stocken. In Holt steht ein Bauer mit einer lärmenden Säge und läßt ein junges Erlenwäldchen zu Boden gehen. Seine beiden Söhne schauen ihm regungslos zu. Als ich an ihnen vorübergehe, beobachten sie mich. Bei der Drehung ihrer Köpfe werden im Nachmittagslicht für einen Augenblick die Gläser ihrer Brillen trüb wie das Eis auf dem Tümpel, der zwischen uns liegt.

Vorbei an Kaldeways Hof und Höötm' Büschken; im Hintergrund die Eichen und roten Dächer von Kleine-Ruse. Die Namen und das Geschick der Hofbewohner beschäftigen mich eine Weile; noch liegt es wie so vieles ringsum als Bürde in meinem Gepäck. Von einer Autobahnbrücke schaue ich hinüber zu Gröttrups Hof. Die alte Hofstelle am Rande des großen Waldes vor dem Wengseler Bruch hatte die schönsten Kälberwiesen weit und breit. Sie sind verschwunden unter den Dämmen und Rampen der Autobahn.

In Gildehaus. Der Apotheker und seine Frau haben mich durch die Schaufenster entdeckt. Sie kommen zu mir heraus auf die Straße. Ihre guten Wünsche sind der letzte Gruß des Landes, in dem ich nun schon über zwanzig Jahre lebe.

Vom Gildehauser Berg hinunter ins Venn. Der sonst immer feuchte Boden ist hart gefroren und ich komme schnell voran. Am Himmel lange Zeit rotes Abendlicht. Tag viel länger als erwartet. Jetzt bin ich schon sieben Stunden unterwegs und immer noch drängen Gedanken und Gefühle auf mich ein. Ist es wirklich so, daß ich hier gehe, am allerersten Tag von so vielen? Habe ich wirklich heute morgen noch an meinem Schreibtisch gesessen und bin durch das Krankenhaus gegangen, um mich zu verabschieden, von den Ordensschwestern sogar bei ihrer Frühmesse in der Kapelle? „Kehre nach Vollendung deines Weges unversehrt mit Freude zu uns zurück", hatte unser Pastor nach kirchlichem Brauch gewünscht. Nach dem Reisesegen hatten alle „Amen" gesagt.

Das war die endgültige Entscheidung. Der Bogen, der zuletzt fast zu zerreißen drohte, löste sich. Der Pfeil flog. – Was sollen jetzt Begründungen und Erklärungen? Allenfalls ein paar Metaphern: Vom „Hans im Glück", der statt des Goldklumpens seinen Reisevorrat Zeit eintauschen kann oder vom hartnäckigen „Froschkönig", der noch einmal herausgekommen ist aus seiner engen Haut. – Befrage sie wer will. Sie wissen alles.

Später auf den Wegen und Straßen hinter Gronau das Einerlei der Nacht. Stunde der Ermattung. Gedankenlose Konzentration und Sicherung. Irritierendes Fernlicht viel zu schneller Autos.

Im Wirtshaus zu Epe fröhliches Abendessen mit meinen Söhnen, die aus dem Handelshaus in Hamburg und der Kaserne im Hümmling gekommen sind, um mir Lebewohl zu sagen.

19. Februar:
Epe – Oeding

Kälte und Sonne am Morgen. In den Händen halte ich eine Skizze, die mir der kranke Gerhard W. nur wenige Tage vor seinem Tode zugeschickt hat. Die Zeichnung führt zu einer Kapelle in der Bauernschaft Wieferthook. Die Kapelle ist sein Werk. Er hat ihren Bau angeregt und dafür Sorge getragen, daß sie noch zeit seines Lebens fertiggestellt wurde. Gerhard W. war, auch wenn man das heute nicht mehr sagt, ein rechtschaffener Mann. Bedächtigkeit und Zuverlässigkeit kennzeichneten sein Wesen. Vor der Gemeindereform war er hier Bürgermeister. Ein Zeitungsausschnitt vom Herbst 1993, den er an die Skizze geheftet hat, zeigt ihn bei seiner Rede zur Einweihung der Kapelle. Da ist er schon sehr abgemagert und seine Kleider passen ihm nicht mehr, doch zeigt sein Gesicht Stolz und Zufriedenheit. Die Kapelle steht, in traditionellem Stil solide gebaut, an einer stillen Kreuzung. Ringsum in weitem Rondell westfälische Höfe. Nichts rührt sich. Dann kommt langsam ein Viehhändler aus der Bauernschaft. „Unsere Schweine, Ihr Erfolg" steht auf seinem Wagen.

Ein Bauer hat seinen Trecker neben einem ungepflügten Maisacker abgestellt und geht ein Stück zu Fuß. Als ich ihn eingeholt habe, frage ich ihn nach den kleinen und großen Industrieanlagen, die die Landschaft plötzlich verändern. Es sind alte Bohrstellen der „Westfälischen Salzgewinnung". Die ausgebeuteten Salzstöcke werden jetzt von Firmen aus dem Ruhrgebiet als Gasspeicher benutzt. Zur Zeit kommt das Gas aus Rußland. In einer großen Anlage, deren Türme in der Ferne in den Himmel ragen, wird das Gas verdichtet. Für die Bohrlöcher und Pumpstationen, die überall auf den Äckern und Wiesen zu sehen sind, bekommen die Bauern eine gute Pacht. – Ich frage ihn auch nach der neuen Kapelle. Er ist von ihr wenig angetan: „Das war in den letzten Jahren eine richtige Pest in Epe. Überall haben sie Kapellen gebaut. Ringsum ist alles voll", sagt er und zeigt dabei in die Runde. Doch mehr als die Gitter und Metallgestänge der Pumpstationen kann man nicht erkennen.

Im Amtsvenn bei Epe auf den Wiesen ein erdfarbener Streifen, der leicht pulsiert. Beim Näherkommen entpuppt er sich als große Schafherde. Mit dem Fernglas entdecke ich den Schäfer mit dunklem Mantel und großem Hut im Schatten einer Feldscheune. Er steht ganz still und schaut zu mir herüber. Mit seinen sonnenbrillenschwarzen Augen sieht er aus wie der Tod.

Eine kurze Strecke begleitet mich ein Ehepaar auf seiner Sonntagnachmittagsrunde. Sie machen mich auf das Gogericht am Heerweg nach Vreden aufmerksam. Dort steht im Eichenbusch „tom steenern Crüce" ein Christus am Kreuz, der nicht leidet. Wie beim „Herrgott von Bentheim" sind Hände und Füße nicht von Nägeln durchbohrt.

20. Februar:
Oeding – Marienthal

Sonntagmorgen. Glockengeläut von den Kirchen des westlichen Münsterlandes. Reif auf den Wiesen. In einem verwahrlosten Kiefernwald versteckt große Stallungen. Kühe und Kälber in mehreren zweihundert Meter langen Gebäuden. Ein dazugehöriges Bauernhaus ist nicht zu sehen. Die Güllespeicher sind fast so groß wie die Öltanks einer Raffinerie. Leises klägliches Geblöke, fader Geruch. So sollte Leben nicht sein.

Kloster Große-Burlo; Rodungsinsel im Heide- und Sumpfland. In der Kirchenbroschüre lese ich, daß hier Einsiedler – Wilhelmiten – tätig waren, die in einem französischen Adeligen, der in den unruhigen Zeiten des 11. Jahrhunderts große Schuld auf sich geladen hatte und diese durch unbarmherzige Arbeit in tiefster Einsamkeit zu tilgen suchte, ihr Vorbild sahen.

Viele Stunden hindurch, immer die südlich, dann westlich tiefstehende Sonne vor Augen, durch flurbereinigtes Gelände nach Raesfeld. Ein Bauernhaus brennt. Der Ostwind treibt die riesige Rauchfahne flach vor sich her. Die Feuerwehr löscht völlig undramatisch, fast teilnahmslos. Zwischen den kahlen Feldern fahren Autos mit Neugierigen auf der Suche nach den besten Aussichtsplätzen umher.

Heiterkeit und Anmut in Raesfeld. Auf den Wiesen und Teichen vor dem Schloß Schlittschuhläufer und Spaziergänger in großer Zahl. Wie auf den Bildern der Niederländer scheint das ganze Dorf unterwegs zu sein.

Weg durch den „Dämmerwald". Jetzt wieder ganz allein. Allmählicher, kaum wahrnehmbarer Übergang zum Niederrhein: Eine kompaktere Anordnung der Hofgebäude, schwarzviolette Backsteinmauern, ein leichter Geruch nach Kraut und Rüben. Schwebende Dämmerung, zunehmende Mondsichel. Das letzte Stück über „Sondermanns Heide"; da bin ich genau neun Stunden ohne Pause unterwegs. Als der Dachreiter der Kirche von Marienthal auftaucht, lenkt dies mich ab von den Plagen, die sich in meinem Körper abspielen.

Nobler „Gasthof Elmer". Die schmerzenden Muskeln unter der warmen Dusche. Abendessen, Kaminfeuer, gut gekleidete Gäste. Ein junger Mann am Nachbartisch langweilt seine große Familie den ganzen Abend mit Erbschaftsangelegenheiten. Gehe bald, mühsam die Beine unter Kontrolle haltend, in mein Zimmer.

21. Februar:
Marienthal – Xanten

In die Klosterkirche fällt die erste Morgensonne. Um den Altar vier Mönche, einige Frühaufsteher knien in den Bänken. Im Evangelium nach Matthäus unerbittliche Worte von der Trennung der Menschheit nach ihren Taten beim Jüngsten Gericht. Da kein besonderes Anliegen vorliegt, schlägt der zelebrierende Priester vor, die Messe den Lebenden und Verstorbenen der Familien zu widmen. Die Meßfeier verbindet uns, die wir einander fremd sind, für kurze Zeit auf freundschaftliche Weise.

Marienthal ist ein besonderer Ort. Ich bin nicht zum ersten Mal hier. Im Laufe der Zeit, oft im Abstand vieler Jahre, habe ich ihn immer wieder aufgesucht. Den Namen kenne ich seit 1946, als unsere damals berühmte „Laienspielschar St. Laurentius Essen-Steele" vor den Bauern von Marienthal fürs Sattessen die Passion spielte und wir Jüngeren als Darsteller der Kinder von Jerusalem nicht mitgenommen wurden. Die Erwachsenen gingen ohne uns fort, sie nahmen uns nicht mit ins „Gelobte Land". Es war eine Enttäuschung, eine Verletzung, die, wenn ich will, auch heute noch schmerzen kann. Andererseits hat die entgangene Sättigung den Namen Marienthal tief in mein Gedächtnis eingegraben und ihn so auf eine besondere Weise sublimiert. Wenn ich später als Hungriger kam, erhielt ich immer, was ich brauchte.

Hier ist ein Ort, wo Kirche und moderne Kunst in glaubwürdiger Weise zusammengefunden haben. Zu verdanken ist dies dem frommen und kunstsinnigen Pastor August Winkelmann, der in Marienthal von 1924 bis 1950 Pfarrer war. Durch dessen Initiative, aber auch mit Hilfe seiner von ihm inspirierten Gemeinde, haben hier junge Künstler aus ganz Deutschland, die „von seinem priesterlichen Wort und seinem Vertrauen getragen wurden, Werke von religiöser Kraft und gültiger Form geschaffen. ... Marienthal wurde unter der Führung von Pfarrer Winkelmann ein Ort Gott geschenkter Fruchtbarkeit ...".[1]

In der Kirche, auf dem Friedhof und in den Klostergebäuden gibt es zahllose Kunstwerke. Sie gehören zum Alltagsleben des Ortes und der Kirchengemeinde.

Nach der Messe komme ich mit dem Prior der Karmeliten, die vor einigen Jahren die Klostergebäude in ihre Obhut genommen haben, ins Gespräch. Wir reden über dies und jenes, und ich erzähle ihm von meinem Studienfreund Klaus Wendling, dessen Vater Anton Wendling als junger Mann die drei großen Kirchenfenster, unter denen wir stehen, geschaffen hat. Anton Wendling war später auf seinem Gebiet ein weltweit anerkannter Mann und hatte einen Lehrstuhl für Glasmalerei in Aachen.

Nachdem ich dies beiläufig erwähnt habe, will mir der Prior, ein Holländer, ein Buch über Marienthal schenken. Unter Hinweis auf meinen schweren Rucksack will ich es nicht annehmen. Und als er fragt, wohin ich mit dem Rucksack um diese Jahreszeit eigentlich wolle und ich es ihm sage, schlägt er mit der Faust auf das Predigtpult von Edwin Scharff und sagt begeistert: „Ja, das ist ja mal was!" Als wir uns zum Abschied die Hände drücken, verspricht er, daß er manchmal an mich denken werde.

Auf einem der Fenster von Marienthal sieht man einen herrischen Engel, der die Menschen aus dem Paradies in eine düstere Welt treibt. Mir gefällt an diesem Vormittag die Welt jedoch sehr gut: Winterlicht über weißgefrorenen Wiesen. Flache Hügel. Höfe, die sich dem Gelände anschmiegen. Obstbaumwiesen und Buchengruppen. Auf den Lehmwegen liegen Laub und Geäst. Jeder Schritt ein Fest für die Augen und die Füße.

Aber alles endet bald an der regulierten Issel und an den Stadträndern von Wesel. Als ich über die Rheinbrücke gehe, steigen über mir vom Flughafen Düsseldorf aus mit unbeirrbarer Präzision und rasch absterbendem Grollen Flugzeuge hinauf in die Stratosphäre. Mit einem von ihnen könnte ich in drei Stunden in Santiago de Compostela sein.

Ich meinerseits gehe erst einmal drei Stunden weit entgegengesetzt Richtung Norden nach Xanten. Suche meinen Weg durch das Outcast-Land am

Rande der Rheindeiche – Nischenexistenzen in Baracken hinter Gerümpel und Kleintierställen –, dann wieder endlos-ordentliches, allzu aufgeräumtes Bauernland.

Etwas, das ich morgens in der Zeitung gelesen habe, beschäftigt mich: In den letzten Jahren erreichen immer wieder Wölfe, die Oder durchschwimmend oder das Eis des Flusses überquerend, Brandenburg. Man sagt, sie würden auf Fernwechseln ihrem Instinkt folgen. Die Wölfe sollen in Brandenburg Heimatrecht erhalten. Das gefällt mir gut.

Eine Überraschung ist die Bislicher-Insel, ein großes, bei Hochwasser überflutetes Naturschutzgebiet. Hier gibt es keine sichtbaren Spuren der schweren Überschwemmungen dieses Winters; aber jenseits, hinter den Deichen, sind die zu Feldern umgewandelten Wiesen auf weiten Strecken unter Sand und angespültem Müll begraben.

Xanten betrete ich langsam und staunend, als sähe ich alles zum ersten Mal. Im Gasthof ein Zimmer unter dem Dach. Nachts fällt Schnee.

18. Februar, 12.00

20. Februar, 9.00

20. Februar, 14.00

21. Februar, 10.00

21. Februar, 14.00

2

Von Xanten nach Aachen

22. Februar:
Xanten – Jagdhaus Auwelaers

Unter dem dünn beschneiten Dach in der Stille der kleinen Stadt gut geschlafen. In der Zeitung ein Bericht über den Tod des Malers und Filmemachers Derek Jarman, der seine letzten Jahre auf der Halbinsel Dungeness an der Ostküste Englands verbrachte und sich dort „Saint Derek of Dungeness in the wilderness of illness" nannte. Er starb an Aids. Seine Krankheit und sein Sterben hat er würdevoll inszeniert und stilisiert. Es scheint, einige versuchen sich wieder in der Kunst des Sterbens. Gelingen kann das aber nur in einem bestimmten Lebensalter oder bei geeigneter Krankheitsdynamik.

Der 1945 zu Schutt geschossene und in Jahrzehnten wieder aufgebaute gotische St.-Viktor-Dom ist nach einer noch zur Römerzeit errichteten Totenkapelle über einem Begräbnisplatz, den man „ad sanctos" nannte, bereits der fünfte Kirchenbau an dieser Stelle. Dies ist der Ort einer staunenerregenden Kontinuität und einer geglückten archäologischen Sondierung. Ein brutales geschichtliches Ereignis, das sich während einer der letzten Christenverfolgungen unter dem Kaiser Diokletian im 4. Jahrhundert ereignet hatte, kam über mehr als eineinhalb Jahrtausende in den Köpfen und Herzen der Menschen nicht zur Ruhe, wurde zuletzt nur noch für eine Legende gehalten, dann aber im Jahre 1933, durch die Auffindung eines unberührten Grabes gewaltsam getöteter Männer tief unter dem Hauptaltar, wissenschaftlich exakt und nicht anfechtbar durch den genialen Dombaumeister Walter Bader bestätigt.

22. Februar, 11.00

Als ich mich über das gläserne Pultdach beuge, das die Fundstelle schützt, sehe ich die Knochen der Getöteten zwischen Form und Staub, doch gibt die versandende Anmut der Skelette den Blicken nichts preis.

An der Außenwand der Kirche in laubenartigen Kapellen Darstellungen des Kreuzweges durch lebensgroße Figuren. Stifter war nach der Beschriftung der Domherr Gerhard Berendonk im Jahre 1531. Auf dem Schlußstein der Kapellengewölbe das Berendonk'sche Wappen. Es zeigt eine abgerissene Bärentatze und einen sechsstrahligen Stern. Eine abgerissene Bärentatze findet sich auch im Wappen von Sensburg, der Kreisstadt meiner ostpreußischen Vorfahren. Eine Verbindung wäre denkbar über das südlich von Xanten gelegene Kloster Kamp. Kamp wurde als erstes Zisterzienserkloster in Deutschland von Mönchen aus Morimond in Lothringen gegründet. Kamp war die Mutterabtei vieler Klöster im Nordosten Europas und hat bei der Ostkolonisation eine große Rolle gespielt. Vielleicht ist auf diesem Wege über die Mönche oder einen Lokator das Wappen aus dem Rheinland in die östliche Provinz geraten.

Von Xanten aus auf der ehemaligen Limesstraße durch die schöne Landschaft des Fürstenberges zum Amphitheater in Birten. Auf einer Tafel steht: „Im Mittelalter nicht eingeebnet, da als Folterstätte des heiligen Viktor und seiner Gefährten angesehen". Als ich am oberen Rand des Theaters stehe, setzt Schneefall ein, und es schneit auf die traurigen Äcker von Veen, es schneit auf die Häuser von Alpen, und es liegt hoher Schnee zwischen den Buchen im großen Wald nördlich von Kamp-Lintfort, den sie „die Leucht" nennen.

In der Nähe des Klosters Kamp Spaziergänger und erste Schlitten. Ein Kind sieht den Schnee auf meinen Schultern und auf dem Rucksack und fragt seinen Vater: „Was ist das für ein Mann?"

Die Geometrie des Klostergartens ist im Schnee und in der Dämmerung fast versunken. Eile auf der Flucht vor der Nacht in einer halben Stunde eine Stunde weit, jage einschlafende Tiere aus ihren Verstecken und erreiche wie die Verirrten der Märchen von fernen Lichtern geleitet das „Jagdhaus Auwelaers". Beim Essen umringen mich warm angezogene, schwerfällige Männer, die sich auf die Jagdprüfung vorbereiten.

Nachts vor dem Fenster ein Feuer. Immer wieder geht ein Mann zwischen den Schuppen umher und wirft etwas in die Glut. Vor dem Einschlafen flüchtige Zweifel an meiner Unternehmung.

22. Februar, 12.00

23. Februar:
Jagdhaus Auwelaers – Kempen

Noch mehr Schnee. Ich stapfe durch den Xantener Staatsforst, obwohl Xanten schon viele Stunden zurückliegt. Vermutlich gehörte dieser Wald zu den Ländereien der Domkirche, war wohl eine seiner wirtschaftlichen Grundlagen. Jedenfalls ist er alt und gepflegt und belebt durch eine lange Reihe von Teichen, an denen schlichte Sommerhäuschen stehen.

Im Schnee das strahlende Rot oxydierten Blutes. Bei jedem Schritt spärliche Tröpfeleien. Spuren allergrößter Panik. Blut an unerwarteter Stelle alarmiert und weckt Instinkte, verlangt nach Enträtselung. Reifenspuren, Fußabdrücke, Tierfährten – verwehte, schwer zu deutende Zeichen. Verletzte sich jemand? Hatte einer eine Nasenblutung? Wurde ein Tier angefahren? – Zuletzt läuft es auf dieses hinaus: Ein großes Tier hat ein kleines getötet.

Quer zum Weg wie ein Riegel in der Landschaft die Schaephuyser Höhen. Überschreite sie und nähere mich in einem großen Bogen Kempen. Nachmittags setzt Tauwetter ein, und als über riesigen Feldern die Stadt auftaucht, ragen die Ackerschollen und Maisstoppeln schon wieder schwarz aus dem Schnee.

Neben der Hauptkirche „Mariä Geburt" sitzt auf hohem Podest Thomas von Kempen. Als Student habe ich mehrfach versucht, Zugang zu seiner „Nachfolge Christi" zu finden, doch blieb mir das Buch verschlossen. Zum Wallfahrtswesen in seinem unruhigen Jahrhundert hat er sich, aus der Abgeschiedenheit seiner Zelle, folgendermaßen geäußert: „Wer viel wallfahrtet, wird selten heilig". Als hätte das die Menschen umhergetrieben! Großer, fremder, einseitiger Kirchenlehrer.

Munterer geht es heutzutage nebenan in der Kirche zu. Eine fröhlich-aufgeregte Kinderschar bereitet sich mit Pastor, Kaplan und einer Ordensfrau auf die erste Beichte vor. Der Pfarrer macht das auf eine lebhafte und sympathische Weise, die bei den Kindern und bei mir gut ankommt. Er muß in meinem Alter sein, denn er erzählt den Kindern, daß er vor genau fünfzig Jahren zum ersten Mal zur Beichte ging, und wie das damals so war „mit Kribbeln im Bauch und so".

Einen schön gemalten Altar mit den Ereignissen und den Legenden des Jakobuslebens sehe ich mir, um den Pfarrer und die Kinder nicht zu stören, nur aus der Ferne an.

24. Februar:
Kempen – Wassenberg

Zwischen Kempen und Vorst schlammige, nicht durch Buschwerk oder Gehölz unterbrochene Felder. Die Augen erreichen schnell den Horizont.

Obgleich früher Vormittag ist und viele Menschen den Ort beleben, ist die Kirche in Vorst zugeschlossen. Ich bin etwas enttäuscht. Die Kirche stammt aus dem vorigen Jahrhundert, enthält aber Gegenstände aus der Vorläuferkirche. Hier lebten über viele Generationen Vorfahren meiner Frau als Seidenweber und Bauern, und es hätte mich interessiert, welche Bilder und Figuren sie vor Augen hatten.

Von Süden her Rückblick auf Vorst: schneefeuchte Wiesen, Baumreihen in Dunstschwaden; sehr hoch der Kirchturm vor weiß-blauem Himmel. Jetzt sieht es hier schön aus. In Süchteln Kinder, die aus der Schule kommen und sich vergnügt mit Schneeresten bewerfen. Die Irmgardis-Kapelle steht weiß zwischen den vom Schmelzwasser schwarz lackierten Stämmen eines Buchenwaldes. Dann ein Bismarckturm, den begeisterte Bürger nach der Reichsgründung 1871 errichteten. Derartiges wäre heute undenkbar. Nach dem geschichtlichen Glücksfall der Wiedervereinigung gibt es Wichtigeres zu tun, als in verlassenen Winkeln patriotische Türme zu errichten.

Ein Stück neben der Autobahn Köln – Holland. Unaufhörlich die Bewegung hinter den Leitplanken. Die dort drüben sind für mich unsichtbar in einem anderen Zeitkorridor. Einige sehen vielleicht vor dem kahlen Waldrand zwischen den Schneeflecken den Rucksackträger.

Von Dülken nur die Außenbezirke. Da ich keine Gaststätte finde, kaufe ich an einer Trinkhalle eine Schachtel Eiskonfekt. Wegberg, nichtssagend wie andere Orte, durch die ich heute gekommen bin. In der Hauptstraße nur noch die Namen von Handelsketten und Angebotsbetrieben. In abgewirtschafteten Bürgerhäusern Videoshops und Spielhallen. Übelste Dekorationen. Wohnsiedlungen, die durch nichts auffallen. Liegt es daran, daß sie im Kriege zerstört wurden und beim Wiederaufbau sich die alten dörflichen Strukturen aus Bauern, Handwerkern und Handelstreibenden bereits auflösten? Von den Angestellten, Arbeitern und Pendlern, die inzwischen den größten Teil der Einwohner stellen, geht keine das Ortsbild prägende Kraft mehr aus. Es fehlt auch der formbestimmende und korrigierende Einfluß der bodenständigen Handwerksmeister, der

Zimmerleute und Maurer, die aus dem Fundus des regionalen Formenkanons schöpften.

Der Militärflughafen Wildenrath. Weit vor den hohen Stacheldrahtzäunen die Lichtleitanlagen auf den Feldern. Zwischen unbetretbaren Waldstücken riesige Bunker für die Kampfflugzeuge. Seit dem Abzug der NATO und der Royal Air Force vor eineinhalb Jahren stehen die schildkrötartigen Flugzeugbunker leer. Ein Bauer, der am Abfluß eines überfluteten Grabens arbeitet, erzählt, daß dort Filmateliers und ein Medienpark eingerichtet werden sollen.

Im Burghotel ganz allein in einem großen Speisesaal vor einem Kamin. Der Koch fühlt sich durch mich nicht gestört, sondern herausgefordert. Er bereitet mir unter anderem die Herrlichkeit einer lindgrünen Spinatsuppe mit komplementärfarbenen Lachsstücken.

25. Februar:
Wassenberg – Herzogenrath

Während des Frühstücks kurzer Kontakt mit der anderen Welt. BMW veranstaltet in den Räumen des Hotels das „3. BMW Produkt Marketing Training" mit den Workshops „Marketing Information" und „Produkt Erlebnis". Am Nachbartisch sitzen einige Händler und Firmenleute. Sie sprechen über einen ihrer neuen Wagen. Einer von ihnen sagt: „Wenn man mit dem volles Rohr fährt, dann bläst der ganz schön was weg". Es ist Freitagvormittag, und ich bekomme auch die Planungen für das Wochenende mit: „Heute nachmittag nach Hause, dann über das Wochenende zum Skilaufen nach Österreich. Die Kinder sollen dort das Snowboarding erlernen. Nächste Woche dann Bremen und Berlin."

Am Wege hinter einem Haus auf einer Wiese gestapelt und malerisch an die Zäune gelehnt Weidenruten in großer Zahl. Ein junger Mann schleppt neue Bündel herbei.

„Verarbeiten Sie die Weidenruten?"

„Nein, die werden abgeholt. An den Zäunen, die sind veredelt, die gehen in die Weinberge. Die anderen bekommen die Korbmacher."

„Daß es das noch gibt!"

„Ja, das gibt es noch."

Harte Strecken an Rur und Wurm. Die Flüsse sind hier nur noch kanalisierte Vorfluter, die Felder Industrieflächen, die frisch mit Gülle beladen worden sind. Angepflügte Wege, Matsch und Müll. Pappeln in langen Reihen. Schnellwüchsige Weidenbäume mit plumpen Stämmen und dünn gefiedertem Astwerk. Die Landschaft wird beherrscht von den Hochspannungsmasten und Überlandleitungen der nahegelegenen Braunkohlekraftwerke. Wenig Nahrung für die Phantasie. Diese wendet sich den Straßenrändern und Gräben zu. Dort liegen auf jedem Quadratmeter Flaschen, Dosen, Getränkekartons, Kekstüten, Zigarettenpackungen und feste Plastikgebilde, die offenbar erdacht worden sind, um Autopolster vor tropfendem Speiseeis zu schützen. Schon eindrucksvoll, in welchem Ausmaß die Menschen sich immerzu erfrischen und stärken. Einmal entdecke ich in der Müllspur sogar einen tragischen Aspekt. An der Straße hinter einem Dorf ist der Ackerrand übersät mit Sektflaschen einer bestimmten Sorte. Spuren eines Alkoholikers auf dem Weg zur Arbeit.

Sieben Kilometer vor Geilenkirchen frage ich einen Herrn mit Dackel nach dem Weg. Wir gehen zusammen bis zur Stadt und unterhalten uns gut. Seine Frau läßt sich zu Hause eine neue Dauerwelle legen, da hat er das Weite gesucht. Als am Wege einige Landsitze auftauchen, erzählt er, daß dies alles einem Immobilienhändler aus Düsseldorf gehöre, den sie den „Burgenkönig" nennen.

Übernachtung im „Stadthotel Herzogenrath" in einer weit vom Stadtzentrum gelegenen Rathausanlage aus den sechziger Jahren. Der holländische Pächter ist ganz überrascht, als ich in seine Freitagabend-Verlassenheit eindringe. Er schickt mich zum Essen zurück in die Stadt. Diese ist voller Wirtschaften, aber überall wird nur noch Bier ausgeschenkt. Sie haben keine Küchen mehr. Vor lauter Hunger wären mir zum Schluß auch „Pommes mit Mayo" recht. Einer der Wirte empfiehlt mir „den Italiener", wo man mich gut bedient und ich über die europäische Arbeitsteilung nachdenke.

Bis spät in die Nacht von der vierspurigen Straßenkreuzung das Geheul der getunten Fahrzeuge.

26. Februar:
Herzogenrath – Aachen

Hinter Herzogenrath verändert die Landschaft sich schnell. Hügel und Wälder, die Rur fließt wohin sie will. Ich bin guter Dinge und komme rasch voran. Dicht hintereinander zwei scharfe Schüsse vom Waldrand, zu dem ich empor gehe. Am Hang ein dunkelgrüner Geländewagen, auf der Wagentür ein perfekt gemalter Teckel. Stille. Vorsichtshalber pfeife ich ein paar Takte.

Aus dem Wäldchen kommen der Teckel und ein großer Stöberhund, wittern an einem Brombeerstrauch, nehmen von mir keine Notiz. Dann zwei Jäger. Der ältere hält an den Hinterläufen einen toten Hasen. Über seinem eigenwilligen Gesicht stehen struppig verklebt die Haare. Er grüßt mich so nebenbei mit einem holländischen „Morchen". Sein Begleiter, wesentlich unscheinbarer, arbeitet ihm offensichtlich zu. Herr und Knecht.

Es ist Samstagmorgen, und in der Nähe der Stadt belebt sich das Gelände mehr und mehr. Blicklose, schnaufende Jogger, eine grell gekleidete Gruppe von Mountainbikefahrern. Väter mit Kinderwagen haben Walkman-Stöpsel in den Ohren. Skateboardfahrer. Hundeführer; einer mit einer Tasche am Handgelenk säubert seinen Hund, der sein Geschäft gemacht hat und wirft dann das weiße Tüchlein mit spitzen Fingern auf den Weg. Aus einem Reitstall kommt ein Afrikaner im verschlissenen Parka mit einer Schubkarre voll Mist. Busverkehr. Die Häuser schließen sich zu Straßenzeilen. Gang durch die östlichen Vorstädte. Von einer Verkehrsinsel aus sehe ich in der Ferne den Dom.

Einmal zwischen den Häusern aus der Jahrhundertwende etwas Verwirrendes. Ich bleibe stehen. Ein riesiger Betonklotz mit kleinen tiefen Fensterhöhlen und unregelmäßig verteilten Balkonen. Auf dem Dach kreuz und quer übereinander gestapelt barackenähnliche Gebäude. Als Wetterschutz und Blende an mehreren Stellen vor der Fassade segelartige Segmente aus verzinktem Wellblech. Die Anlage reißt ein Loch in die ordentliche Wohnstraße, mißachtet ihre Proportionen durch eine explosive Geometrie und die Auftürmung von Fragmenten. Als ich das Bauwerk betrachte, beobachtet mich eine Frau und fragt:

„Warum schauen Sie sich das so genau an?"

„Weil es ein ganz ungewöhnliches Gebäude ist. Das interessiert mich."

„Wissen Sie, daß es ein Bunker war, in dem ich als Kind Schutz gesucht habe?"

„Nein, aber der Architekt, der den Bunker umgebaut hat, hat etwas ganz Neues daraus gemacht."

„Ja, es gefällt jetzt auch uns. Es waren auch schon andere da, sich das anzusehen".

„Wer wohnt in dem Haus?"

„Es sind Studenten."

Nachdenklich verabschiede ich mich. Auch ich habe Teile meiner Kindheit in einem Bunker verbracht.

27. Februar:
Aachen

Der erste Ruhetag. Ziel ist der Dom. Lange vor dem Hochamt bin ich da. Die Bronzetore, die Wolfstüren sind weit geöffnet. Ordner gehen umher und weisen geladene Gäste ein. Es scheint ein besonderer Tag zu sein. Während sich die Bänke im Erdgeschoß des Oktogons allmählich füllen, steige ich durch den Treppenturm auf die Empore und suche mir dort, wo es noch leer ist, links neben dem Thronsitz Karls des Großen zwischen einer Porphyrsäule und einem Marmorpfeiler meinen Platz. Nach kurzer Zeit besetzt der Aachener Domchor die rechte Seite der Empore. Die schweren Glocken beginnen zu läuten. Das maßvolle Bauwerk wird von Kerzen, Ampeln und Glühlampen in wunderbares Licht getaucht. – Mehrfach am Tage und auch nachts, wenn er nicht schlafen konnte, kam der Kaiser hierher und schaute in diesen Raum. Woher wissen, was er dachte, was sein Herz bewegte? Suchte er Ruhe im Gebet? Erhoffte er, daß, ausgehend von der nach dem Duodezimalmaß berechneten Harmonie dieses Gebäudes, das den Kernpunkt des riesigen Reiches bildete, die staatliche Ordnung sich nachhaltig ausbreiten und vervielfältigen würde, als hätte dieser Raum die Emanationskraft eines magnetischen Sterns?

Mit dem Hochamt begeht – wie ich inzwischen weiß – der Prälat Dr. Gottfried Dossing, der Begründer von „Misereor" und jahrzehntelange Leiter der kirchlichen Hilfswerke, sein diamantenes Priesterjubiläum. Das ist ein Anlaß! Und ich durch Zufall dabei.

Die Lesung über die grausame Prüfung des Abraham und seines Sohnes Isaak; das Evangelium über die Verklärung Christi auf dem Berge Tabor, bei der Jakobus anwesend war; der blendend geschulte Chor, der die „Missa Papae Marcelli" von Palestrina singt; der Gesang der Gemeinde, die Farben und Formen des Gebäudes, die rituellen Bewegungen und Umzüge der Priester und Meßdiener, der ehrwürdige Greis – das alles bewegt mich armen Paladin aus dem schwierigen Grenzland des Reiches und belohnt mich hoch für manche Mühe und Treue.

Anschließend durchquere ich die Stadt und gerate im „Forum Ludwig", in einer Ausstellung über aktuelle russische Kunst, in eine andere Welt. Irritierende Zeugnisse aus den Katakomben und dem Schutt des zusammengesunkenen Imperiums. Auch Vadim Zakharow, ein junger Mann aus Moskau, der zeitweise in Köln lebt, ist mit einer schwer zugänglichen Installation dabei, die eine hinterlistige, aber nicht bösartige Verspottung aller traditionellen Kunstvorstellungen ist.

Zakharow habe ich vor ein paar Monaten bei einem Gespräch kennengelernt, und dabei hat er das ästhetisch-kulturelle Gefüge, in dem ich mich eingerichtet habe, mit ein paar respektlosen Bemerkungen gewaltig ins Wanken gebracht.

Und draußen vor dem Forum steht in einem lächerlich kurzen Röckchen Jonathan Borofskys „Ballerina Clown", schwankt im Wind, wackelt mit dem Kopf und verkündet die Botschaft: „I did it my way".

Nachts sitze ich im Erker meines Hotelzimmers über dem Burtscheider Markt und schreibe einen langen Brief nach Hause.

23. Februar, 12.00

23. Februar, 14.00

24. Februar, 11.00

25. Februar, 16.00

2. März, 14.00

*Ich bespritze und besprenge mich
mit den hellen Wassern der Kindheit*

Virginia Woolf (Die Wellen)

3

Durch die Eifel

28. Februar:
Aachen – Simmerath

Mein Bruder Paul ist angekommen. Er wird mich durch die Eifel nach Trier begleiten. Wir gehen durch den Aachener Wald nach Kornelimünster. Hier gründeten Benedikt von Aniane und Kaiser Ludwig der Fromme, der Sohn Karls des Großen, das Kloster Inden. Es ist schwierig, über diesen Benedikt etwas zu erfahren. Die Bücher, in denen ich Hinweise über ihn fand, berichten sehr ungenau, fast uninteressiert. Dabei war er nach allem, was ich inzwischen weiß, eine ganz große Gestalt. Er stammt aus einem westgotischen Grafengeschlecht und wurde um 750 im Rückzugsgebiet der Goten im Norden Spaniens auf den Namen Witiza getauft. Nach einer militärischen Karriere gründete er das überaus erfolgreiche Kloster Aniane im Languedoc und war eine Zeitlang dessen Abt. Als Freund Ludwigs des Frommen kam er nach Aachen und reformierte von Kornelimünster aus den Benediktinerorden.

Inden wurde die „Schule der Mönche". Die Klosterregeln wurden streng vereinheitlicht und verbindlich für alle Benediktinerklöster. Ganz wesentlich war, daß er den Orden des heiligen Benedikt von Nursia mit dem Orden des Iren Kolumban verschmolzen hat und dadurch römische Ordnung und Lebenskunst mit keltischer Unruhe, Askese und Imaginationskraft zusammenbrachte.

Die irischen Mönche waren unruhige Geister. Eines ihrer Ideale war die Heimatlosigkeit, die „peregrinatio pro Dei amore" das Umherwandern um der Liebe Christi willen. War es da nur ein Zufall, daß kurze Zeit später am Ende der damaligen Welt das Grab des Apostels Jakobus entdeckt und der alte keltische Weg nach Westen, der Sternenweg, wiederbelebt wurde und die Ordensgemeinschaft von Cluny, die an die Reformideen Benedikts von Aniane besonders intensiv anknüpfte, den Ausbau dieses Weges nach Santiago de Compostela mit aller Kraft vorantrieb?[2]

Heute sind wieder Benediktiner in Kornelimünster. Ihr neues Kloster, das von 1951 bis 1956 errichtet wurde, liegt weiß und klar am westlichen Ortsrand. Die Mönche singen die Mittagshoren. Wir setzen uns in die letzte Bank. Später beschäftigen uns Bilder von Janet Brooks-Gerloff über den Nebenaltären: der Prophet Elija in der Wüste auf der Flucht vor den Menschen, vor sich und vor Gott. In tiefster Verzweiflung hilft ihm Gott durch Wasser und Brot und sanfte, aber genaue Anweisungen: „Geh deinen Weg durch die Wüste zurück ...!"

Auf dem Marsch durch den Monschauer Staatsforst lange Gespräche über Glück und Unglück in der Familie. An geschützten Stellen Leberblümchen. Auf den schlauchförmigen Stengeln des Huflattich erste gelbe Blütensterne.

Die Nacht verbringen wir in Simmerath in der winterlichen Ruhe eines bäuerlichen Gasthofes. Der Besitzer stellt uns mit seinen großen Händen Brot und sehr viel Aufschnitt hin. Auch mit dem wenigen ist er ein guter Wirt.

1. März:
Simmerath – Hellenthal

Acht Stunden lang durch Wälder. In angemessener Entfernung auf dem „Truppenübungsplatz Vogelsang" Artillerieschießen. Keine Menschen, einige Forsthäuser, an vielen Stellen Spuren von wühlenden Wildschweinrotten. In

Hellenthal am Waldrand mit Blick auf längst zugewachsene Wiesentäler ein Hotelbau aus der Nachkriegszeit. Abgesunkener Komfortbetrieb. Verwildeter Charme der 50er Jahre. Denke, daß hier die Direktoren des Aachener Kohlenreviers und die erfolgreichen Geschäftsleute der Wiederaufbaujahre Ferien machten. Als man dort nicht mehr zufrieden war, ging es weiter an den Bodensee und nach Meran, an die Adria, nach Mallorca und auf die Kanaren, später in die Karibik und zu den Seychellen, und jetzt mit Last-Minute-Flügen wer weiß wohin – nur weg.

2. März:
Hellenthal – Kronenburg

Die Eifel zeigt ihr rauhes Gesicht. Der Tag beginnt mit Regen. Von den Höhen bei Udenbreth und Hollerath kommt eiskalter Wind. In der Umgebung des Weilers Neuhaus im Baasemer Wald fällt Schnee, der in der Nähe von Kronenburg wieder in Regen übergeht.

In der Kirche von Reifferscheid hängt ein Bild aus dem 17. Jahrhundert. Auf der Vorderseite die schmerzhafte Mutter Gottes, auf der Rückseite hinter Gittern eine Arme Seele im Fegefeuer. Auf einem Spruchband steht der beschwörende Satz: „Miseremini mei, miseremini mei, saltem vos amici mei – Erbarmt euch meiner, erbarmt euch meiner, wenigstens ihr, meine Freunde".

Naß und durchfroren finden wir Platz im Burghaus von Kronenburg.

3. März:
Kronenburg – Gerolstein

Wir kommen durch Stadtkyll, wo ich in den Jahren 1943 und 1944 bei meiner Patentante lebte, die dort Lehrerin an einer zweizügigen Volksschule war. Ich habe hier das Lesen und Schreiben gelernt. In meiner Heimatstadt Essen war das nicht mehr möglich, da wenige Wochen nach meiner Einschulung eine Bombe die Schule zerstörte. An die Unterrichtsstunden kann ich mich nicht mehr erinnern, doch war hier, auf den ringsum ansteigenden Wiesen, am

Ufer und im Wasser der Kyll, vor allen Dingen aber in den Häusern meiner Freunde, auf den duftenden Heuböden und in den dunklen, von trägem Kettengeklirr erfüllten Ställen, eines der Paradiese meiner Kindheit.

Im Winter 1944/45 ging das alte Stadtkyll zugrunde. Der Ort wurde wieder aufgebaut und hat heute ganz auf den Fremdenverkehr gesetzt. Im damals einsamen Tal der Wirft, wo wir beim Kühe hüten aus Steinen und Lehmbrocken Staudämme bauten und mit dem Wasser der Wiesenbäche Mühlen antrieben oder Überschwemmungen verursachten – stehen heute Ferienhaussiedlungen, Schwimmbäder und Tennishallen, finden inzwischen Tausende ganz andere Vergnügungen.

Einige Stunden später Steffeln, ein Dorf, das vom Krieg verschont blieb. Große geputzte Höfe, Traktoren vor den Häusern und Scheunen, Geruch nach Vieh. Nicht die Enge, die verschmutzten Hauswände, die Holzkarren, die fast schwarzen Ställe und das allgegenwärtige Vieh meiner Erinnerungen, aber die alten Straßenführungen, die gestaffelten Giebel und besonders schön die vom gehäckselten Stroh gelbgefärbten Misthaufen vor den Häusern.

Der schöne Ort ist über viele Kilometer von flurbereinigtem Gelände und Wegen, die zu Schlamm gefahren wurden, umgeben. Oberhalb einer baum- und strauchlosen Mulde hat ein Wintersturm sich zu zerstörender Kraft aufgetürmt und auf der Bergkuppe einen alten Wald zerschlagen. Hier steht ein Mann und zersägt zersplittertes Holz.

Ich rufe ihm zu, daß dies ein übler Windwurf sei. Er macht eine Geste der Sprachlosigkeit, schaut uns an, hebt einen Holzklotz auf, wirft ihn zu den anderen. Dann richtet er sich auf, hebt beide Arme in die Luft, und es bricht aus ihm hervor: „Alles geht hier kaputt. Die Bäume sind zur Hälfte verfault, die Wurzeln zu dünn, man kann das Holz nur noch verheizen. Das ist doch der Weltuntergang. In hundert Jahren ist nichts mehr da. Und wissen Sie, wer schuld daran ist? Die vielen Flugzeuge, die zu Tausenden herumfliegen und ihren Dreck verteilen." Und dann zeigt er seine offene Wunde, die Ursache seines Zorns: „Wissen Sie, ich als Vater muß meine letzten Pfennige zusammenkratzen, damit die Blagen in Afrika Urlaub machen können."

Unseren Hinweis, daß man vielleicht ein paar Hecken und Baumgruppen zwischen die leeren Felder und Wiesen pflanzen sollte, um die Wucht der Stürme zu schwächen, beachtet er nicht. Wir überlassen ihn seiner Verzweiflung.

4. März:
Gerolstein – Kyllburg

Nachts Regen. Ein Barometer in der Fußgängerzone zeigt jedoch steigenden Luftdruck an. Als wir auf der Dietzenley stehen, segeln am Himmel weiße Wolken. Ringsum Wald, nur ein großer Steinbruch und in der Ferne eine Burg unterbrechen das Gleichmaß. Mittags scheint die Sonne heiß in den blattlosen Wald. Erschöpft kommen wir in Mürlenbach an und gönnen uns auf der Güterrampe des verwahrlosten Bahnhofs eine Mittagspause. Paul hat Probleme mit seinen Füßen, aber er beklagt sich nicht.

Als sich ein Zug nähert, schlage ich vor, daß wir mit ihm bis zur nächsten Station fahren. Der Triebwagen ist fast leer, der Zugführer unterhält sich mit dem Schaffner über die Osterdienstregelung. Sie räkeln sich auf ihren Sesseln, achten kaum auf die Strecke. Wir sprechen darüber, unter welch anderen Bedingungen unser Urgroßvater als Heizer und Lokomotivführer diese Strecke bewältigen mußte.

5. März:
Kyllburg – Kordel

An Bitburg vorbei. Vorfrühlingstag. Von irgendeinem südöstlichen Flughafen ausgehend, breiten sich Kondensstreifen fächerförmig über den ganzen Himmel aus. Einmal sind dreizehn Streifen gleichzeitig zu sehen.

Das Dorf Speicher über dem Kylltal. Von unten sieht man nur Wiesen und die Obstbäume auf der Hochfläche; darunter hügelabwärts bis zum Fluß schwarzbereiste Hänge. Speicher ist ein alter Ort, eine Töpferstadt, die schon in keltischer Zeit existierte. 50 v. Chr. wird es von den Römern als Spicera erwähnt. Die Römer intensivierten wegen ihres großen Bedarfs die Tonwarenherstellung. Noch heute werden hier von einer Fabrik Kacheln hergestellt.

Aus diesem Ort kommen die väterlichen Vorfahren meiner Mutter. Sie waren Bauern, Gastwirte und Steuereinnehmer. Mein Urgroßvater Nikolaus Krischel, der hier 1839 zur Welt kam, wurde jedoch Lokomotivführer. Als junger Mann verließ er aus Not oder Abenteuerlust eine festgefügte Welt, in der sich Arbeit und Feste seit unvordenklichen Zeiten unablässig wiederholten.

In einem Buch aus dem Jahre 1856 über die „Sitten und Sagen des Eifler Volkes"[3] wird Speicher oft erwähnt: Die Landleute segneten im Frühjahr ihre Geißeln (Peitschen), und auf ihre Pflugscharen machten sie wächserne Kreuze. Bei Sonnenfinsternis deckten sie ihre Brunnen ab, damit kein Gift vom Himmel in sie hineinfiel. Regelmäßig wurden die Ortsbrunnen von Mädchen gereinigt.

Zur Fastnachtszeit ritten die Burschen auf Pferden und Eseln verkleidet im Dorf umher, sie hatten einen Possenreißer dabei, der vorweg ging und mit einem Besen und losen Sprüchen den Weg frei machte; ein sogenannter Kellermeister versorgte sie mit Getränken. Vor dem Ort gaben sie ihren Reitknechten die Pferde zum Halten und tanzten zusammen unter Begleitung von Musik.

Am 1. Fastensonntag ließen die jungen Männer vom Mühlenberg in Speicher brennende Räder ins Tal rollen, während die Mädchen, die älter als achtzehn Jahre waren, Backwerk in den Dorfsaal trugen und auf die Rückkehr der Burschen warteten. Anschließend gab es eine dreitägige Belustigung mit Tanz und Gelage sowie Umzügen durch das Dorf.

Bei einer Hochzeit in Speicher war es Brauch, daß die anwesenden Burschen die Schuhe der Braut zu entwenden versuchten, während die Mädchen, welche die Braut umgaben, sich bemühten, dies zu verhindern. War der Raub geglückt, mußte der Bräutigam, wenn er nicht am Hochzeitstag oder später gefoppt werden wollte, die Schuhe zurückersteigern, was ihn zehn bis fünfzehn Maß Wein kostete, die die hochzeitliche Gesellschaft sogleich vertilgte.

Das alte Speicher, in dem offenbar Arbeit und Gelächter, fromme Sitten und übermütige Berührungen heiter beisammen wohnten, gibt es nicht mehr. 1945 wurde der auf der Höhe gelegene Ort restlos zusammengeschossen und unglücklich wiederaufgebaut.

Im Tal leicht flußabwärts stehen die Looskyller-, die Heinzkyller- und die Wellkyllermühle, die in frappierender Weise dem Klischee von der deutschen Wassermühle entsprechen. Sieht man jedoch durch die Trübungen des verbrauchten Bildes hindurch, erscheinen sie schön und vermitteln eine Vorstellung davon, wie früher die Menschen, die selten über ihren Geburtsort hinauskamen, ihre Heimat gestalteten.

In der Nähe liegt auch Hofweiler, wo ich als Kind ein paar Tage mit meinem Vater verbrachte. Einmal gingen wir am Rande der Eifeler Hochfläche entlang, unten rauschte die Kyll, und mein Vater, der eine schöne Stimme hatte, sang das Lied, in dem es heißt: „... und im tiefen Tal rauscht der Wasserfall ..."

Der Frohsinn meines oft so ernsten Vaters, seine Hand, die mich führte, und das Lied, das in die Stunde paßte, machten mich glücklich, und manchmal gehe ich los, um einen solchen Moment noch einmal zu finden.

Vor Kordel Windbruch. Gefährliches Wegstück. Wir klettern vorsichtig über die kreuz und quer liegenden Baumstämme oder kriechen unter ihnen hindurch und verdienen uns das Bier zum Abendbrot.

6. März:
Kordel – Trier

Nach der Karte ist der Weg nach Trier nicht weit. Aber durch Irrwege, Steigungen und einen Abstecher zu einer römischen Kupfergrube zieht er sich in die Länge. Rings um die Grube im Wald sind die Abraumhalden immer noch sichtbar. Die Felsen, in die man die Schächte und Stollen getrieben hatte, wurden später als Steinbruch benutzt; dabei wurden Teile der unterirdischen Anlagen wie zu Demonstrationszwecken freigelegt. Die engen Gänge und kleinen Stollenmundlöcher sehen fachmännisch und kunstfertig aus. Wie wurden solche Erzvorkommen entdeckt? Wer stellte das Kapital zur Ausbeutung bereit? Wie war eine solche Grube organisiert? Wer arbeitete unter Tage? Die Römer selbst? Oder gab es eine bergbaukundige, kleinwüchsige Urbevölkerung – Kelten oder deren Vorsiedler, die Heinzen, Heinzelmänner?

Auf einer Terrasse über Trier endet der Wanderweg des Eifelvereins. Die Stadt liegt in der Vogelschau zu unseren Füßen. Bringe Paul zum Bahnhof, am Abend wird er wieder zu Hause sein.

Sonntagabend. Auf dem Weg in die Innenstadt komme ich an Sankt Paulin vorbei. Die Kirche erinnert an einen der ersten Trierer Bischöfe, Paulinus, einen radikalen Gegner des Arianismus, der römische Staatsreligion werden sollte. Aus politischen Gründen wurde er von dem in Trier residierenden römischen Kaiser Constantius II. ins anatolische Bergland verbannt, wo er 358 starb. Die Paulinus-Kirche erinnert aber auch an eine grausame Christenverfolgung, die 281 in Trier stattgefunden hat.

1674 während der Besetzung Triers durch die Truppen König Ludwigs XIV. wurde die ehrwürdige Kirche vom französischen Gouverneur anläßlich einer

Belustigung zu Ehren des schwedischen Gesandten in die Luft gesprengt. Ich nehme an, der Spaßvogel wußte nicht, daß Paulinus Franzose war und aus Bordeaux stammte. Als die Franzosen 1734 abzogen, blieb man in Trier nicht lange müßig und beauftragte im selben Jahr noch Balthasar Neumann aus Würzburg mit dem Wiederaufbau der Kirche. So entstand auf den Mauerresten eine Barockkirche, die der vitale Christoph Thomas Scheffler mit Bildern voll irdischer und himmlischer Dramatik ausmalte, so daß jeder staunend erkennen kann, wie nach dem Unheil und Gemetzel auf der Erde Paulinus und die Trierer Märtyrer im Jenseits triumphal empfangen werden.[4]

Langsam füllt sich die Kirche. Man betet den Schmerzhaften Rosenkranz. Der Vorbeter spricht verdrängte Dinge an, er bittet um eine gute Sterbestunde. In der anschließenden Messe die Lesung über Moses und die Zehn Gebote und das Evangelium von der Reinigung des Tempels. Gott ordnet durch den Vermittler Moses das Zusammenleben der Menschen, Christus hingegen wendet Gewalt an. Der Pfarrer predigt über die Zehn Gebote.

Neben mir in der Bank eine junge Frau. In ihren Armen hält sie das knochige Gerüst eines etwa zwölf Jahre alten Jungen, der an einer fortgeschrittenen diffusen Muskelatrophie leidet. Bei manchen Kopfstellungen kann die ausgedünnte Rachenmuskulatur die Atemwege nicht mehr freihalten, und es entstehen laute Schnarch- und Grunzgeräusche. Aber der Junge lauscht der Orgel und dem Gesang. Seine Mutter betreut ihn sanft und sachlich, ganz ohne Hader.

7. März:
Trier

Die Souveränität der Trierer Domkirche. Vier mächtige römische Pfeiler bilden einen offenen Kubus, um den weniger großartige Zeiten andere Räume aus Blocksteinwänden und materialschweren Rundungen gebaut haben. Hier wurde am 12. August 1911 mein Onkel, der Bruder meines Großvaters, Johannes Bernhard Schulz, zum Priester geweiht. Zuletzt war er Pfarrer von Nickenich. Am 27. Mai 1940 wurde er zusammen mit seinem Freund, dem Dechant von Wassenach, Josef Zilliken, von der Geheimen Staatspolizei verhaftet. Als renitente Eifelpfarrer hatten sie in einer gewagten, fast chaplinesken Episode im

Gasthaus „Waldfrieden" am Laacher See den Reichsmarschall Göring provoziert. Der humorlose Mann rächte sich brutal. Noch in der Nacht wurden sie aus ihren Pfarrhäusern geholt und zum „Verhör" nach Koblenz gefahren. Von dort brachte man sie nach Buchenwald und später nach Dachau, wo mein Onkel am 19. August 1942 durch ein Hungerexperiment getötet wurde und in den Feueröfen verschwand. Er starb, so weiß ich, als ungebrochener Mann, und ich lege ihm die Worte Hiobs in den Mund: „Ohne meine Haut, die so zerfetzte, / und ohne mein Fleisch werde ich Gott schauen" (Hiob 19,26). Ihm verdanke ich die Gewißheit, daß Deutschsein nicht nur Schmach bedeutet.[5]

Jesuitenkirche. Durch die Fenster fällt regentrübes Märzlicht, doch ist es hell. Hier liegt Friedrich Spee von Langenfeld. Er starb 1635, mitten im Dreißigjährigen Krieg, im Alter von 44 Jahren an der Pest, die er sich bei der Pflege kranker Soldaten zugezogen hatte. Ich wußte nicht, daß hier sein Grab ist, doch ist mir wichtig, daß ich es gefunden habe. In meinem Reisebuch stehen einige seiner Lieder:

„Ist das der Leib, Herr Jesu Christ,
der todt im Grab gelegen ist?"

In der zweiten Strophe wird durch die Kraft einfacher Worte der tote Leib verwandelt und verklärt:

„Der Leib ist klar, klar wie Christall,
die Adern roth, roth wie Corall
die Seel hiedurch glantzt hübsch und fein,
wie tausendt mahl der Sonnenschein. Alleluia."

Auch anderes von ihm:
„Bei finster nacht: Zur ersten wacht
ein stimm sich gunt zu klagen"

– so viele Lieder! – gehören zu den Kostbarkeiten unserer Sprache.

Jahrelang hatte Friedrich von Spee Frauen, die als Hexen angeklagt und verurteilt worden waren, die letzte Beichte abgenommen und sie zum Scheiterhaufen begleitet. Er spürte die Diskrepanz zwischen der Schönheit seiner Lieder und dieser Wirklichkeit. Ich will „kein Placebo singen" soll er gesagt haben. Nachdenklich geworden schrieb er: „Unter Eid kann ich bezeugen, daß ich bis jetzt noch keine verurteilte Hexe geleitet habe, von der ich unter Berücksichtigung aller Gesichtspunkte hätte sagen können, sie sei wirklich schuldig gewesen."

Von da an mehren sich seine kritischen Äußerungen, und man beginnt sich über ihn zu beschweren. 1631 veröffentlicht er seine Streitschrift „Cautio criminalis seu de processibus contra sagas", mit der er zur „Behutsamkeit im Prozeß gegen Hexen" mahnt. Die „Cautio criminalis" mußte anonym erscheinen. Als 1632 sein Verfasser den Vorgesetzten bekannt wurde, legte ihm der Ordensgeneral in Rom nahe, aus dem Jesuitenorden auszutreten, doch stellte sich der deutsche Provinzial schützend vor ihn. Erst 66 Jahre später lüftet Leibniz öffentlich das Geheimnis der Autorenschaft und bezeichnet das Werk als das „männlichst Buch, das je der Feder eines Kämpfers für Wahrheit und Recht, gegen Lüge und Unrecht entflossen ist".

Als er sich 1635 zur Pflege von Verwundeten und Seuchenkranken entschloß, wußte er, worauf er sich einließ. Zuvor hatte er in seinem „Güldenen Tugendbuch" geschrieben: Wirst du dich überwinden können „in dieses unsaubere Spitall hineingehen, den üblen gestanck überstehen, den abscheulichen krancken dienen, ihre speiß bereiten, ihre bett machen, ihre schaden verbinden, ihre leinwath auswaßchen, und dergleichen verrichten können?" Suchte dieser gottbegeisterte Individualist das Martyrium? Sollte er wirklich nur an sich und seinen Gott gedacht haben, oder hatte er Erbarmen mit denen, die von allen verlassen auf dem Scheiterhaufen ihrer Krankheit lagen? Warum danach fragen, warum ihn modernisieren wollen? Er war sicher imstande, das Größte zu tun.[6]

4. März, 10.00

4. März, 14.00

5. März, 12.00

5. März, 14.00

5. März, 16.00

6. März, 12.00

4

Von Trier nach Saarbrücken

8. und 9. März:
Trier – Hermeskeil – Sankt Wendel

Das Glück des Wanderers liegt nicht am Rand der großen Städte. Immer wieder verliert sich der Weg im Bereich neuer Straßen, im flurbereinigten Land und auf verwahrlosten Waldwegen. Hermeskeil ist wolkenverhangen. Im Informationsamt im Rathaus aus Waschbeton geben mir freundliche junge Leute Fotokopien von Wanderkarten und zeigen mir den Weg ins Saarland.

Nebel, Laubreste an den Bäumen und eine Schicht Lärchennadeln am Boden bewirken stellenweise ein sanftes, nie gesehenes braunes Licht. Nach und nach wird es heller und kurze Zeit später dringt die Sonne durch den Nebel. Es geht leicht bergab. Der Rucksack schiebt mich spürbar voran. Ein einsamer Stausee zwischen bewaldeten Höhenrücken erinnert an Skandinavien. Hoch darüber auf einer Bergkuppe über verlassenen Parkplätzen riesige Steinwälle, die einen Laubwald umschließen. Eine Fliehburg der keltischen Treverer. Genutzt hat sie ihnen nichts. Cäsar hat alle im gallischen Krieg besiegt. Ich selbst bin mit den Römern ganz zufrieden, denn vor Sankt Wendel gibt es ein zwanzig Kilometer langes Stück Römerstraße, das auf der Landkarte als „Alte Trierer Landstraße" gekennzeichnet ist. Wenig Asphalt, kaum Autos, manchmal eine Skulptur, für die ich mir jedoch nicht viel Zeit nehme. Es geht voran mit Siebenmeilenstiefeln, und als ich im Laternenlicht die Straßen von Sankt Wendel erreiche, da habe ich in acht bis neun Stunden vierzig Kilometer zurückgelegt.

Übernachtung in einem alten und plüschigen Gasthof. Das Restaurant voller Gäste, richtig Dampf und Betrieb.

10. März:
Sankt Wendel – Sankt Ingbert

Neben der Kirche bauen Marktleute ihre Stände auf. Zwischen den Häusern eine Kapelle mit dem Grab des Stadtpatrons. Die französischen Revolutionstruppen, die die Gegend besetzt hatten, benutzten das Gebäude als Hafermagazin. An einem benachbarten Haus erinnert eine Tafel daran, daß hier 1814 der Marschall Blücher eine Proklamation verfaßte, mit der er bekanntgab, daß das Saardepartement wieder zur Rheinprovinz gehöre.

Über den Bäumen am Stadtrand die Dächer des Ordensgymnasiums, auf denen mein Vater als Siebzehnjähriger bei einer nächtlichen Kletterpartie erwischt wurde, was zu seinem Schulverweis führte. Was das für den Jungen, der Vater und Mutter verloren hatte, bedeutete, weiß ich nicht. Darüber hat er nie gesprochen. Er suchte Zuflucht in einem abgelegenen Dorf im Rothaargebirge, aus dem seine Mutter stammte, die an Kindbettfieber starb, als er sechs Jahre alt war. Dort arbeitete er zunächst als Knecht und Waldarbeiter. Machte dann eine Bergmannslehre in einer Erzgrube des Siegerlandes und ging später auf die Steigerschule in Dortmund. Mit 29 Jahren holte er das Abitur nach und studierte in Aachen Bergbaukunde.

Den Orden und das Gymnasium, dessen Dächer allmählich hinter mir verschwinden, hat er bis an sein Lebensende unterstützt. Jetzt hätte ich ihn gerne gefragt, warum er keinen Groll hegte. Es bleibt eines seiner Geheimnisse.

Märzlicht, Sonnenwärme. Äcker, Wiesen, Hecken und Wälder in abwechslungsreicher Folge. Ich bin guter Dinge und singe laut das erste Lied aus dem „Taugenichts". Nur eine Lerche hört mich, die sich aber nicht stören läßt. Vor mir, in großer Distanz, der Höcherberg, ein sanft ansteigender und ebenso wieder abfallender Höhenzug, der in milder Weise ringsum alles beherrscht. Hinter diesem Berg liegt Frankenholz, der Ort, an dem ich geboren wurde. Nach einem langen, steilen Anstieg erreiche ich den Höcherberg wie am Tage meiner Geburt etwas mitgenommen. Der Aussichtsturm ist geschlossen. Ich kann Frankenholz nicht von oben betrachten. Vielleicht ist es auch gut so. Ich besitze ein altes Kupfertiefdruckfoto „Blick auf Frankenholz vom Höcherberg", das wird jetzt nicht durch ein anderes Bild verdrängt.

Auf dem Foto sieht man zwischen bewaldeten Hügeln eine verschneite Hochfläche. In der Ferne sind weitere Höhenzüge zu erkennen. Die obere Bildhälfte wird von einem effektvoll geöffneten Winterhimmel ausgefüllt. Auf der linken Seite der Hochfläche zwei Bauernhöfe. Im Schnee heben sich deutlich die Obstbäume vor und hinter den Häusern ab. In der Mitte des Bildes ein sehr hoher Schornstein, dessen schwarze Rauchfahne stellenweise die Ferne verdunkelt. Daneben ein Förderturm. Hinter der Linie eines großen Feldes weitere Zechengebäude und kaum wahrnehmbar einige Häuser. Man erkennt sie eigentlich nur an der Staffelung der verschneiten Dächer. Die Landschaft und der Himmel beherrschen alles. Nur der Rauch über dem Schornstein weist pathetisch darauf hin, daß hier Menschen wohnen und sich behaupten. Dies ist Frankenholz mit seiner Grube und den Schächten. Hier kam ich in einem Zechenhaus zur Welt.

Als der Fotograf mit klammen Händen auf dem Höcherberg stand und auf den Moment des richtigen Lichtes wartete, da lag ich unter dem gleichen Himmel in der Wärme meines Rollenbettes und lauschte auf die Stimme und die Schritte meiner Mutter. Währenddessen ging mein Vater seiner Arbeit nach, die darin bestand, die Kohlenförderung zu organisieren und für die Sicherheit der Bergleute zu sorgen. Hier machte er die ersten Versuche, das gefährliche Methangas aufzufangen, abzusaugen und zu nutzen. Nachdem diese Versuche erfolgreich waren und er sie in der Bergbauzeitung veröffentlicht hatte, holte man ihn an die Zentrale der deutschen Steinkohlenforschung nach Essen. 1939 zogen wir um.

In der Methangasforschung und der Bekämpfung der schlagenden Wetter fand mein Vater seine berufliche Erfüllung. Unter seinen Arbeiten entdeckte ich eine um 1950 veröffentlichte Formulierung, die die Essenz seiner Lebensarbeit darstellt:

„Die Methangasgewinnung unter Tage ist ein Teil der Schlagwetterbekämpfung. Während aber die Schlagwetterbekämpfung sich damit begnügte, die auftretenden Grubengasmengen durch reichliche Wetterzufuhr soweit zu verdünnen, daß sie weit unter der explosionsgefährlichen Grenze liegen, strebt die neue Art der Schlagwetterbekämpfung an, das Grubengas an seiner Austrittstelle möglichst hochprozentig, also weit über der Explosionsgrenze abzufangen, es gesondert vom Wetterstrom abzuleiten und einer Verwendung zuzuführen.

Es tritt dadurch eine Umwandlung des bergmännischen Denkens ein: Das Grubengas wird nicht mehr nur als Schadstoff, als Feind des Bergmannes angesehen, von dem man möglichst wenig zu haben wünscht, sondern es wird als nützlicher Rohstoff begehrt, von dem man möglichst viel haben möchte".[7]

In Frankenholz suche ich nach der Bergstraße mit meinem Geburtshaus, finde sie aber nicht. Ich frage eine alte Dame, die im Garten arbeitet. Sie sagt: „Die Bergstraße ist hier, sie hat jetzt nur einen anderen Namen". Sie ist in dem Haus, vor dem wir stehen, aufgewachsen und glaubt, sich an meine Mutter „die junge Frau mit den zwei kleinen Buben" zu erinnern.

Mein Geburtshaus liegt etwas erhöht an einem Hang. Es ist in einem Stil gebaut, den man heute wieder schön findet. Als ich vor dem Haus auf der Straße stehe und es in Augenschein nehme, werden seine derzeitigen Bewohner auf mich aufmerksam. Sie beobachten mich mißtrauisch. Auch die Menschen aus den Nachbarhäusern werden unruhig. Die Leute, die soeben noch friedlich in ihren Gärten gearbeitet haben, kommen mit Hacken und Spaten langsam auf mich zu. Hier bin ich ein Fremder, werde vertrieben und verfolgt. Das beschäftigt mich sehr. Vielleicht hat mein Rucksack die Leute irritiert. Ein Mann mit einer Bombe im Rucksack hat vor zwei Tagen in einem Gerichtssaal in Euskirchen etwas Schreckliches angerichtet.

Nicht weit entfernt steht die Kirche, in der ich getauft wurde. Sie ist verschlossen. Nur durch eine große Portalscheibe kann ich in das Innere schauen. Es ist wie der Blick in einen blinden Spiegel. Da ist eine Vermutung, mehr jedoch nicht.

Am Ortsrand die Reste der Zeche „Frankenholz". In der halbwegs erhaltenen Maschinenhalle hat sich ein Discounter eingerichtet. Auf den Preßholzplatten, mit denen man die Fenster zugenagelt hat, kleben grell bedruckte Plakate mit den Angeboten und Preisen. Einige alte Autos verlieren sich in der Weite eines unbefestigten Platzes, auf dem früher das Grubenholz gelagert wurde. Ein kleiner Junge, der hier einsam spielt, fragt, ob ich Soldat sei und ob Krieg ist. Er habe heute schon so viele Soldaten gesehen. Und als ich ihn beruhige, ist er zufrieden. Ich gehe an der verfallenen Zeche vorbei durch die Wälder nach Neuenkirchen und Sankt Ingbert. In den Wäldern sind tatsächlich getarnte Soldaten. Aber sie sind müde und so friedlich wie unser Sohn Benjamin auf dem Übungsplatz im Emsland.

11. März:
Sankt Ingbert – Saarbrücken

In der Kirche Sankt Engelbert lese ich auf einem Faltblatt, daß 1755, als das Gotteshaus vollendet wurde, die Stadt nur 500 Einwohner hatte. Mit der Entwicklung des Bergbaus, der Hütten- und Hammerwerke strömten jedoch bald aus den Dörfern Menschen auf der Suche nach Arbeit oder sozialem Aufstieg in die Stadt. Auch meine Vorfahren waren darunter. Sie kamen aus Tholey, Friedrichsthal, Erfweiler und Ehlingen. Sie waren Küfer, Bergleute, Seifensieder, Fuhrleute und Tagelöhner. Einige hatten Namen wie Jungbluth, Reitelstürtz und Biegel. Ein Michel Scholl war Küfer im nördlichen Bergland und wurde hier, ebenso wie sein Sohn Johann, Bergmann. Fast keiner der Männer erreichte das sechzigste Lebensjahr. Unglücke, Steinstaublunge, vielleicht auch Trunksucht. Dem Bergmann Johann Scholl wurde 1847 in Sankt Ingbert eine Tochter geboren, die sie Elisabeth nannten. Sie wurde Köchin. 1876 heiratete sie in Westfalen den Zimmermeister Clemens August Kleineher. Sie hatten viele Kinder und wurden – wie man damals sagte – wohlhabend. Ihr ältestes Kind war meine wunderbare Großmutter Maria. Das ist ein Teil des Fundus, aus dem ich lebe, sogar jetzt noch zehre: besitzen wir doch immer noch von der Urgroßmutter, der Köchin, das Gußeisen und das Rezept für harte Waffeln aus Zimt und Zucker, Butter und Mehl, Eiern und Salz. Sie stecken als eiserne Ration in meinem Rucksack.

In Sankt Ingbert suche ich nach einem Friseur, komme jedoch zunächst an zehn Apotheken vorbei, bis ich den Handwerker finde. Der Weg nach Saarbrücken ist nicht weit. Nach drei Stunden erreiche ich das Universitätsgelände. Dort wird auf Plakaten ein Vortrag angekündigt „Akademikerschwemme und Facharbeitermangel in Deutschland?". Auf dem Campus zwischen Buchen und Birken suche ich meinen Weg. Vor der Mensa sitzen die Studenten in der Sonne. Über dem Eingang zur Mensa steht „Canossa".

Mit meinem Rucksack gehe ich mitten durch Saarbrücken zum Schloß. Auf dem Weg zum Markt bin ich mit meiner Großmutter oft an ihm vorbeigekommen. Damals in der Nachkriegszeit wirkte es unbewohnt und war es auch. Die schwarzbraunen Mauern waren feucht und bröckelten, es roch nach Brand und Beschuß. Wir gingen immer schnell vorbei und kamen wenige Minuten später zu den Farben und dem Lärm des Marktes, wo meine Großmutter, die Frau Krischel, freundlich begrüßt wurde und Fragen nach meiner Person in einer Weise beantwortete, die mir nicht unangenehm war. Das dunkle Schloß gibt es nicht mehr. Gottfried Böhm hat ihm mit einem anmutigen Zentralpavillon aus Glas und Edelstahl Glanz und Proportion verliehen.

Am Stadtrand Richtung Frankreich das Haus meines Onkels Fritz, des jüngsten Bruders meiner Mutter. Tante Franziska hat einen Kuchen gebacken. Ich esse vier Stücke und trinke zu jedem eine Tasse Kaffee. Vom Onkel will ich noch etwas über die Familie hören. Aber über die Vorfahren aus Speicher und Sankt Ingbert weiß er auch nicht viel. Jedoch erfahre ich, daß meine Großeltern schon 1940 ihr Haus an der Grenze wegen des Frankreichfeldzuges für ein Jahr verlassen mußten. Im Frühjahr 1944 fiel eine Bombe auf das Haus. Als das Notwendigste repariert war, wurden meine Großeltern Ende 1944 erneut evakuiert. Mein Großvater starb 1945 in Regensburg. Meine Großmutter war robuster. Sie überlebte Splitterverletzungen und Einsamkeit. Sie baute das Haus wieder auf und dörrte das Obst aus dem Garten für ihre Enkelkinder im Ruhrgebiet. 1957 starb sie, bis dahin rüstig, drei Tage nach einem Schlaganfall von meiner Mutter gepflegt in ihrem Schlafzimmer.

Spätabends kommt ein Vetter mit seiner Frau vorbei. Sie wohnen in Alsting, einem Dorf im Lothringischen. Sie erzählen von Afrika, wo sie lange als Landwirtschaftsberater gearbeitet haben. Sie haben jetzt eine Aufgabe in Algerien, können jedoch wegen der augenblicklichen innenpolitischen Situation nicht abreisen.

10. März, 15.00

11. März, 10.00

11. März, 12.00

5

Durch Lothringen

12. März:

Saarbrücken – Saargemünd

An der „Hohen Wacht" steht das Haus meines Großvaters. Vaterländisches Pathos gab der Straße den Namen. Sie liegt am Rande des Niemandslandes. Zwei Kilometer südlich beginnt Frankreich. Vor einigen Jahren noch war hier einsames Gelände: Trockenrasen, Ginstergebüsch, Ebereschen, manchmal sah man Schafherden. Mich hat es immer dorthin gezogen. Mein Großvater jedoch mied die Gegend. Als ich vier oder fünf Jahre alt war, hörte ich einem Gespräch zu, das er vor seinem Hause mit einem Nachbarn führte. An diesem Tag war ein Bauer im Niemandsland mit seinem Pflug auf eine Mine geraten. Dem Pferd wurde der Bauch aufgerissen, und der Bauer verlor die Beine; sie hätten mit ihren Wunden im Erddreck des Minenkraters gelegen. Ich erinnere mich noch an mein Entsetzen und wie ich mir riesige Pflaster vorstellte, doch blieb ich ratlos vor dem Schmutz in den Wunden und ahnte den Tod.

Heute geht man von der „Hohen Wacht" an der immer noch erhaltenen Höckerlinie und den Bunkern des Westwalls vorbei durch ein neues Industriegebiet, überquert eine Autobahn und ist dann am Fuß der „Spicherer Höhen" in Frankreich. Mein Onkel begleitet mich. Mit seinen 84 Jahren immer noch ein hochgewachsener Mann, geht er nachdenklich, aber nicht stumm neben mir her. Der Abschied bewegt uns beide. An der Stelle, wo ich ihn verlassen habe, bleibt er eine Weile stehen. Winken ist nicht seine Art. Als ich mich noch einmal umdrehe, sehe ich ihn mit vorsichtigen Schritten zurückgehen, seine Arme bewegen sich kaum, den Kopf hält er gebeugt. In seiner Jugend gehörte er zur Mannschaft eines damals berühmten Achters. 1932 und 1936 ruderten sie um die Teilnahme an den Olympischen Spielen in Los Angeles und Berlin. Sein Bruder, mein Pate, nun schon lange tot – Krieg und sechs Jahre russische Gefangenschaft –, sprang fast acht Meter weit und lief die hundert Meter unter elf Sekunden. Idole eines Heranwachsenden.[8]

Beim Aufstieg zu den „Spicherer Höhen" beginnt es zu regnen. Überall Gedenksteine, manchmal frisch angebrachte Erklärungsschilder. Am 6. August 1870 eroberten deutsche Truppen die von 30 000 Franzosen verteidigten Höhenzüge. Es war eine mörderische Schlacht. Als nachts der Kampf zu Ende ging, hatten 10 000 Soldaten das Leben verloren. Auf einer Bergkuppe erinnert ein Denkmal an den preußischen General von François. Seine Vorfahren, Hugenotten, hatten Frankreich als Flüchtlinge verlassen. Der Urenkel, der General auf seinem verheerenden Rückweg, fiel, wie fast alle Männer seiner Bataillone, beim Sturmangriff. – Zwei Jogger. Sie sind über nasse Waldwege gekommen und mit schwarzem Schlamm bespritzt. Sie laufen vergnügt von Frankreich nach Deutschland und achten nicht auf die Namen und Steine.

Hinter Groß-Blittersdorf durch einen Wald. „Brandenbusch" steht auf der Karte. Seifige Wege, Rutschpartien. Lange Strecke an der Saar. Nach dem Hochwasser im Januar und Februar sind die Bäume und Sträucher am Ufer mit Plastik- und Papierfetzen dicht behängt. Ein Bild großer Trostlosigkeit. Da noch keine Knospen und Blätter zu sehen sind, sieht aus, als habe die Natur den Mut verloren oder schon aufgegeben. Die verfilzten Wiesen an den Steilhängen und Uferböschungen, die seit langem nicht mehr gemäht wurden, haben die Farbe von altem Beton. Manchmal Flußmühlen oder kleine Kohlenhäfen in verwahrlostem Verfall. Ich trotte durch den trüben Nachmittag, Lothringen erscheint mir wie ein verlorenes Land.

In Saargemünd zu einem ehrlichen Preis ein Zimmer mit elegantem Bad und ein Abendessen, das mich wieder auf andere Gedanken bringt.

Nachts im Traum kann ich fliegen.

13. März:
Saargemünd – Saar-Union

Früher Sonntagmorgen, Regen, funzeliges Licht. Noch keiner unterwegs. Die Verkehrsampeln treiben ihr Spiel mit sich allein.

Die Saar ist jetzt kanalisiert. Auf dem Wirtschaftsweg kommt man schnell voran. An der Kirchentür in Zetting hängt ein genau ausgearbeiteter Meßplan. Heute ist hier kein Gottesdienst. Der Pfarrer kommt nur noch alle acht Wochen vorbei. An diesem Sonntag ist er in einem anderen Dorf. Die Kirche ist alt. Aus frühen Zeiten hat sie einen runden Wehrturm. Der Staat sorgt für die Erhaltung. Zur Zeit wird das Untergeschoß des Turmes renoviert. Auf großen Schildern sind Zweck und Kosten der Baumaßnahmen angegeben. Beim Öffnen der Tür das Knack- und Schleifgeräusch von altem Eisen und Holz; danach Stille, doch keine Verlassenheit. Gebrauchsspuren halten jahrhundertelange menschliche Anwesenheit fest. Der Pfarrer hat Gedanken zur Fastenzeit ausgelegt. Im gotischen Chor Farbenfenster, die ich nach und nach betrachte: Bibelbilder von 1430.

An einem hochgelegenen Waldrand Wegverzweigungen. Kalter Wind kommt über lange Geländewellen und zerrt an der Landkarte. In der Ferne ein Dorf, aber welches? Schlammfarbene Wolken treiben heran, Regen verschleiert die Sicht. Nur mit Mühe finde ich mich zurecht.

Von Keskastel nach Saar-Union auf Wiesenwegen durch das Saartal. Fast eine Prärielandschaft. In den Wegspuren steht Wasser. Wieder rollen Wolkenkavalkaden über flache Hügel auf mich zu. Der März fackelt nicht lange, legt los: Sturmwind, Sturzregen, erbärmliche Kälte. Der Weg wird zum Bach, bald versinken auch die Wiesen. Plötzlich eine Orientierungslosigkeit wie bei einer Wattwanderung mit auflaufendem Wasser und Nebel. Da kommen mir Grimm und Trotz zu Hilfe, so daß weder Wind noch Regen, weder Kälte noch Dunkelheit mir etwas anhaben können.

Endlich in Saar-Union stoße ich die Tür eines Gasthofes auf und betrete einen verräucherten Raum. Die Menschen, die dort sitzen, verstummen und schauen mich an. Plötzliches Cowboygefühl: Stuben- und Autohocker – denke ich, doch dann bin auch ich froh, im Warmen und Trockenen zu sitzen.

Nach dem Abendessen beginnt die Wirtin, die bis dahin nur französisch gesprochen hat, mit mir ein Gespräch auf deutsch. Auch sie sei früher gerne gewandert, und als ich so durchnäßt und zerzaust mit meinem großen Rucksack durch die Tür gekommen sei, da habe sie eine große Sehnsucht erfaßt, ebenfalls loszugehen, und auch einige Gäste hätten ähnliches verspürt. Sie hätten miteinander darüber gesprochen. Doch das jäh aufgeflackerte Fernweh der Wirtin macht ihre mangelhafte Fürsorglichkeit nicht wett. In meinem Zimmer ist die Heizung defekt. Nachts liege ich klamm unter einem – wie mir scheint – sandgefüllten Plumeau und lausche den schweren Lastern auf der Route Nationale vor dem Fenster.

14. März:
Saar-Union – Mittersheim

Die Isch, so hell und munter wie ihr Name, kommt durch die Wolken und Wiesen daher. Bei Wolfskirchen wird sie von zwei Steinbögen überbrückt. Der Weg nähert sich in Windungen und wird von der Brücke sanft hinübergeleitet. Das ist – von wem auch immer – gut inszeniert.

Für einen Moment wird die verwaiste Bühne durch die Gestalt eines Wanderers, der über die Brücke geht, belebt. Dann sieht man ihn auf den Saarwiesen. Er übersteigt hohe Weidezäune. Manchmal, wenn ihn sein Rucksack dabei behindert, sieht es bedenklich aus. Als er ein altes Gemäuer entdeckt, geht er darauf zu. Er hat danach gesucht. Auf seiner Karte steht „Ruine". Dort ist es etwas trockener. Er sucht eine windgeschützte Stelle und holt Fisch und Schiffszwieback aus dem Rucksack. Anscheinend ist er zufrieden. Als ein leichter Regen einsetzt, packt er seine Sachen zusammen und geht nach Finstingen. Jetzt bleibt er vor einem Haus eine Weile stehen. Auf einem rostigen Schild liest er, daß in diesem Haus der Amtmann und Dichter Johann Michael Moscherosch gewohnt hat. Der verwaltete hier die Güter eines Herzogs aus der Eifel. Das interessiert ihn. Von Moscherosch hat er etwas gelesen, auch ein Bild von ihm gesehen. Das zeigt einen großgewachsenen Mann mit stutzerhaftem Gesicht unter einem Schlapphut mit Seitenkrempe. Er trägt einen langen Rock und Stulpenstiefel. Mit zwei Gewehren, Patronentasche, Dolch und Säbel ist er schwer bewaffnet. Im Hintergrund erkennt man ein Burg- oder Stadttor und Bauern bei der Arbeit. Das Bild enthält ein Programm, eine Idealisierung: Landarbeit im Schutze der Waffen. Man steht mitten im Dreißigjährigen Krieg.

Moscherosch hat in Lothringen viel erlitten. 1632 stirbt seine Frau auf der Flucht vor den Franzosen. 1635 – wiederum auf der Flucht, diesmal vor kaiserlichen Truppen – stirbt seine zweite Frau an der Pest. 1636 ist er Zeuge der Plünderung Finstingens durch die Schweden. „Um Muth zu kriegen" schrieb er über das Leben und die Ereignisse in dem kleinen Ort. Sein Hauptwerk, die Prosasatire „Wunderliche und Wahrhafftige Gesichte Philanders von Sittewalt" ist neben dem „Abentheuerlichen Simplicissimus" von Grimmelshausen eines der wichtigsten deutschsprachigen Bücher des 17. Jahrhunderts.[9]

Moscherosch war einer aus der Hofmeisterkaste. Ein Besitzloser, der seine Fähigkeiten als Verwalter und Hauslehrer für Lohn und Deputat zur Verfügung stellte. Ein frühes Exemplar des Intellektuellen, des höheren Angestellten. Im alten Reich gab es viele von ihnen. Manche waren wie Moscherosch unruhige, entzündbare Naturen, Menschen, die wie Sternschnuppen für kurze Zeit die Dunkelheit erhellten. In seinem Kopf sucht er nach Namen: Boehlendorf, Lenz, Hamann, Hölderlin, Grabbe, auch Struensee fallen ihm ein.

Abends geht er viele Kilometer über eine Straße nach Mittersheim. Moscherosch und die anderen beschäftigen ihn immer noch.

Nacht zwischen Teichen und Schleusen. Gurgelndes Wasser. In der Ferne Nachtzüge. Kein Gast außer ihm.

15. März:
Mittersheim – Dieuze

Amphibischer Tag. Zwischen Weihern und Wäldern mit den Wasservögeln allein. Der Saar-Kohlen-Kanal zieht mit seinem Leinpfad geradlinig durch die Idylle. Schleusen, Lokomotivschuppen und Wärterhäuser sorgen für Abwechslung. Der Kanal wurde 1866 eröffnet und verband das Saarland über den Marnekanal mit dem Rhein. Heute wird er nur noch von Sommerbooten befahren. An einer geschützten Stelle zwischen Schleuse 3 und Schleuse 2 beginnt der Vorfrühling: Schlüsselblumen und Scharbockskraut; unter dem Schirm der hohen Bäume zeigen junge Buchen die ersten Blätter. Menschen bei der Arbeit. Selbstbewußte Handwerker reparieren Kanalschleusen. Ein Bauer fährt Jauche, die Windrichtung steht für mich ungünstig, ich warte, bis er sich in die Tiefe des Feldes entfernt hat. Vor Fribourg ein Fernmeldetrupp der Armee, einige Soldaten winken mir zu. Hinter dem Dorf quer auf dem Weg ein Lkw ohne Aufschrift: Ein Abdecker zieht mit einer Seilwinde Kadaver von Rindern und Ziegen aus einem Blechstall in seinen Wagen.

Seitdem ich den Treidelweg neben dem Kanal verlassen habe, Probleme mit aufgeweichten Lehmwegen. Die Erde klebt bleischwer an den Schuhen, bildet halbrunde Stollen. Stehaufmännchen-Gang. Die Pfade im Wald werden von den Wildschweinen mitbenutzt, stellenweise sind sie aufgewühlt und sumpfig. Für zwei Kilometer brauche ich eine Stunde. Obgleich ich jetzt über einen markierten Wanderweg gehe, haben Bauern an manchen Stellen den Weg aus Gleichgültigkeit oder Gewohnheitsrecht mit Stacheldrahtbarrieren blockiert. Das kostet Zeit und manchmal ist es sogar gefährlich, diese Hindernisse zu überwinden.

Hinter Rübenmieten, schwarzen Buchenwäldern und Wiesen, die zu einem See abfallen, das Schloß Alteville. Das schmucklose Herrenhaus hebt sich in der beginnenden Dämmerung kaum von den Baumgruppen und Nebengebäuden ab, verschmilzt mit der Landschaft. Das Schloß ist nicht zu besichtigen. Aber man kann eines der fünf Gästezimmer mieten oder nach Anmeldung an der Gästetafel teilnehmen. Einen Augenblick zögere ich, möchte etwas über den „dunkelsinnigen Dichter" Stanislas de Guaïta erfahren, der hier „seine kurzen Jahre eher in Nächten als am Tag verbrachte" und von dem man erzählt, er „sei ein letzter Nachkomme Karls des Großen gewesen", wie Uwe Anhäuser in seinem Buch über Lothringen schreibt.[10] Aber irgend etwas hält mich zurück. In dieser Jahreszeit dringt man nicht in solche Häuser ein.

Glimmerschwarze Wolken treiben in endlosen Formationen über das Land. Die Weidenbäume an den Buchten des Linder Weihers sind nicht beschnitten. Manchmal, wenn das Licht weiter nachläßt und der Wind auffrischt, zieht sich eine schwarzrissige Quecksilberhaut über das Wasser. Weiter draußen auf einer Halbinsel der Kirchturm von Tarquimpol. Dort ist das Grab des Dichters.

Mir begegnet ein gut gelauntes Ehepaar. Sie halten mich für einen Holländer, fragen nach dem Woher und Wohin. Als sie hinter einer Böschung verschwunden sind, geht mir auf, daß es wohl die Leute vom Schloß gewesen sind.

Eilig kommt über den Damm von Tarquimpol ein lammgroßer Hund mit krausem, nassem Fell, ein undefinierbarer, aber hübscher Kerl. Er bleibt vor mir stehen, schaut mich ruhig an und läuft dann neben mir her. Er stöbert über die Wiesen, durch den Wald, lauscht, wenn irgendwo ein Fuchs bellt, oder fegt einem Tier nach, das er in der Tiefe des Waldes entdeckt hat. Als ich eine stark befahrene Straße benutzen muß, rennt er geschickt vor den Autos mal auf die rechte, mal auf die linke Straßenseite. Die Autofahrer schauen irritiert nach dem Mann mit dem Rucksack und dem Hund. Einmal liegt am Straßenrand eine tote Katze. Der Hund macht einen vorsichtigen Bogen. Da das Tier sich nicht rührt, kehrt er um und beschnuppert es. Anschließend läuft er wie betäubt über die Straße. Der Fahrer eines schweren Lastwagens muß scharf bremsen. Er hupt und droht wütend mit der Faust. Nun sehe ich mich mit den Augen der Autofahrer: Als Landstreicher mit Hund. Ich versuche, meinem Begleiter unter Hinweis auf den langen Weg und die vielen Gefahren, die unterwegs drohen, die Freundschaft zu kündigen. Doch er bleibt unbeirrt neben mir und schaut mich manchmal werbend an. Kurz vor Dieuze spreche ich dann ein Machtwort: „Fiche toi! Va toute de suite à la maison! – Hau ab! Verschwinde nach Hause!" und unterstreiche das mit einer herrischen, zurückweisenden Geste. Da schaut er mich verwundert an, macht kehrt, verschwindet auf dem Weg, den wir gemeinsam gegangen sind, ohne einen Blick zurück.

Übernachtung in einer regennassen Stadt. Beim Essen am Nachbartisch junge Arbeiter, die seltsam verhalten sprechen und lachen. Sie haben eine altertümliche Art an sich, die mich an irgend etwas erinnert. Später fällt mir ein, daß Ramuz solche Menschen beschrieben hat.

Nachts probiert es der Wind immer wieder an allen Fensterläden des Hotels.

16. März:
Dieuze – Lunéville

Einige Kilometer hinter Dieuze stellt die Kirche von Marsal ihr gepanzertes Westwerk den Mächten der Finsternis entgegen. Die Kirche ist das Relikt eines Stiftes, das Benediktinerinnen aus Ottweiler im Saarland gegründet haben. Da das Stift im Bistum Metz lag, wurde sein Verwalter, ein Kanoniker, vom dortigen Bischof ernannt. So fein waren die Kräfte im alten deutschen Reich ausbalanciert. Nach den Eroberungskriegen Ludwigs XIV. vergröberten sich die Methoden, und Vauban machte aus Marsal eine Festung, deren Wälle und Tore noch heute bewundert werden. Die Kirche ist ein dunkler, ernster Raum, der bei besserer Adaptation seine Düsternis verliert und eine feine Gliederung zeigt. Im Weihwasserbecken liegt Staub, das Ewige Licht brennt nicht mehr, und in der Orgel fehlen die Pfeifen. Auf einer Anzeigetafel lese ich, daß auch hier nur noch zweimal im Monat ein Priester vorbeikommt.

Die lothringische Hochebene liegt im Abseits. In den Dörfern wohnt die Leere. Noch hat die Einsamkeit Namen: Ich gehe von Juvelize nach Bezange, von Réchicourt-la-Petite nach Hénaménil und über Bauzemont am Ende nach Lunéville. 30 km Äcker, Wiesen, selten ein Schlehengehölz. Kein Platz zum Rasten, kein warmes Haus. Wind und Regen, manchmal Hagel, am Abend ein großer Regenbogen. Ich gehe mit schmerzenden Gliedern und hole Schal und Handschuhe hervor. Irgendwo fragt mich ein Kind:

„Où tu vas? – Wo gehst du hin?"

Und ich antworte: „Dans le Midi – In den Süden."

In Dures begegnet mir eine ganz alte Frau, sie lacht mich freundlich an, und ich sehe in ihren zahnlosen Mund:

„Vous cherchez du travail? – Suchen Sie Arbeit?"

„Non, Madame, merci", sage ich und lache zurück, „j'en y ai eu assez – Davon hatte ich genug."

Ich gehe ihren Gedankengängen nach: Morgen ist Gertrude, da fängt auf dem Lande die Frühjahrsarbeit an. Und wer jetzt mit seiner Habe über die Dörfer zieht, der sucht Arbeit als Knecht; jedenfalls lagen so die Dinge in der Jugend der alten Frau. Das leuchtet mir ein und beflügelt meinen Schritt in diesem nüchtern beackerten Land. Später an den Mauern einer verschlossenen Kirche esse ich Brot und Obst. Aber der Ort bietet vor dem Wind und der Kälte keinen Schutz. Ich bin in der Wüste – glücklos zufrieden.

17. März:
Lunéville

Perlmutternfarbene Wolken und der Himmel bleu céleste am Morgen über Lunéville. Die Eiseskälte der Nordkalotte strömt durch die zum Himmel geöffneten Arkaden des Schlosses und liegt in den Straßen und Plätzen der Stadt. Auf schöne Weise Frankreich. Keine Fußgängerzone, keine Ladenketten: Bars, Cafés, Gemüseläden, Confiserien mit verlockenden Auslagen, die Buchhandlungen haben noch eine Theke. Die Gartenanlagen hinter dem Schloß finden nicht wie geplant ihre Fortsetzung in der Landschaft, sondern enden nach ein paar hundert Metern auf Sportplätzen und Umgehungsstraßen.

Zwischen den Türmen der Barockkirche St. Jacques eine Uhr, wie ich noch nie eine gesehen habe: Posamental aufgeplustert zerstört sie die Proportionen der Fassade. Von der Kirche aus führt der trichterförmige Platz St. Jacques nach Osten und mündet in die Straßburger Straße. Ich nehme an, daß die romanische Vorgängerkirche eine Etappe der Jakobspilger aus dem Alemannischen war. Hier waren sie noch nicht ganz in der Fremde. Auch wenn man französisch sprach, gehörte das Herzogtum Lothringen bis 1766 offiziell zum Heiligen Römischen Reich Deutscher Nation und hatte Sitz und Stimme im Ewigen Reichstag zu Regensburg.

Wenn man Tag um Tag durch eine alte Provinz geht und immer wieder auf verwirrende historische Angaben und überraschende Besitzverhältnisse stößt, beginnt man nach den Hintergründen zu fragen. Wolfgang Braunfels sagt es in nobler Sprache: Lothringen ist „ein Land vorwiegend französischer Sprache und Kultur, das sich durch siebenhundert Jahre jener Freiheiten erfreute, die die politische Struktur des alten Reiches gewährte".[11] Nach dem Dreißigjährigen Krieg geriet Lothringen zunehmend unter den Einfluß der französischen Politik. 1736 ging der letzte Herzog als Gemahl der Kaiserin Maria Theresia nach Wien. Sein Nachfolger wurde der vertriebene Polenkönig Stanislas, der Schwiegersohn Ludwigs XV. In einem Handzettel, der unten im Hotel ausliegt, finde ich über ihn einen Satz, der anzeigt, daß auch die Lokalhistoriker nicht mehr die Scheuklappen des Nationalismus tragen: „Stanislas avait reçu la mission délicate de préparer l'intégration de la Lorraine à la France et ce n'était pas une mince tâche, car les Lorrains détestaient les français – Stanislas hatte die heikle Aufgabe, Lothringen nach Frankreich einzugliedern, und das war keine einfache Aufgabe, denn die Lothringer verabscheuten die Franzosen."

In der Nacht hört man den Fluß neben dem Hotel, es ist die Vezouze. Das fließende Wasser und die Dörfer auf beiden Seiten der Sprachgrenze besitzen besonders schöne Namen, so als habe in der Epoche der Sprachentstehung ein Wettstreit der Zungen stattgefunden.

18. März:
Lunéville – Charmes

Schwieriger Tag. Es wird nicht hell, und ständig fällt Regen aus diesen rebenholzschwarzen Wolken, die Tag für Tag über das Land ziehen. Nässe und Kälte umgeben den Körper wie eine Hülle aus beschlagenem Glas.

Auf einer abgelegenen Straße hinter Lunéville hält ein Auto neben mir. Ich schiebe die Kapuze zurück und sehe, daß es die Polizei ist. Sie wollen meinen Ausweis sehen. Lange lassen sie mich neben dem großen Mannschaftswagen im Regen stehen. Durch das halbgeöffnete Seitenfenster kommt warme Luft. Der Beifahrer tippt meinen Namen und die Nummer des Passes in einen Computer. Sie telefonieren und bekommen irgendwann eine Antwort. Es ist eine demütigende Situation. Um etwas Oberwasser zu bekommen, frage ich den Fahrer, ob man Probleme habe. Es sei in Deutschland nicht üblich, einen Fußgänger ohne Grund zu kontrollieren. Er antwortet:

„Sie sind hier in Frankreich. Im übrigen werden auch in Deutschland Ausländer überprüft."

„Einverstanden", sage ich, „aber woher wußten Sie, daß ich Ausländer bin?"

Das Gespräch führt ins Leere. Sie reichen mir den Paß, wenden ihren Wagen und fahren zurück. Irgend jemand in den Dörfern hat ihnen vermutlich einen Hinweis auf den Rucksackträger gegeben. Die Leute sind aufgestört, in der Zeitung steht heute etwas von einem rätselhaften Mord in Charmes.

Es regnet weiter. Der Wind schüttelt den Schirm. Meine Hände sind blau. Einmal hält ein Autofahrer. Er hat wohl Mitleid. Er will mich in die nächste größere Stadt bringen. Ich steige ein, es ist ein Handwerker oder Bauer in meinem Alter. Er fährt eines dieser Autos, denen Wasser und Schmutz nichts mehr anhaben können. Nach drei Kilometern, vor einer Kirche, bitte ich ihn anzuhalten. Es ist Froville. Die Kirche ist abgeschlossen. Auf der Dorfstraße führen Wasserfluten Stroh, Gartenerde und aufgeweichten Mist mit sich fort. Da ich kein Gasthaus finde, suche ich am Dorfrand Schutz in einer Scheune, esse etwas und trete wegen der Kälte von einem Bein auf das andere. Hier ist die Rückseite Frankreichs. Ich schaue über eine ansteigende Wiese auf einen alten Hof, vor dessen Stalltüren frische Misthaufen liegen, dahinter liegt die unzugängliche romanische Kirche. Wenn der Wind in die Scheune fährt, klappert träge herumhängendes Wellblech.

Abends in Charmes an der Mosel. Unscheinbares Hotel. Der Blick aus dem Fenster fällt auf alte Gärten und Mauern. Der kleine Speiseraum ist eine Überraschung. Stühle und Wandvertäfelung aus Kirschholz, die Wände und die Decke indigoblau gestrichen, Tischleinen und schönes Gedeck. Ich trinke zum Essen einen „Vaillons" aus Chablis, der gut zum Salat, zum Fisch, zum Käse und zur Marquise au chocolat paßt.

Das Hotel gehört jungen Leuten. Er kocht, sie macht die Honneurs, die Kinder spielen im Treppenhaus und auf den Fluren. Beim Abendessen neben mir ein holländisches Paar auf der Durchreise mit einem Campingwagen. Sie tragen Freizeitkleidung aus zusammengenähten bunten Lappen.

19. März:
Charmes – Vittel

Tief geschlafen. Zum Frühstück Baguette, Croissant, Brötchen, Zwieback und eine Schüssel mit Mirabellenmarmelade, starker Kaffee in großen Mengen. Als ich das Haus verlasse, Sprühregen. Eine Stunde später auf den Bergen Richtung Vittel schleudert der Westwind mir Regengüsse ins Gesicht.

Die Landschaft hat sich verändert. Stärker ausgeformte Hügel. Anstelle der riesigen Wälder und großen Felder der vergangenen Tage jetzt Wiesen, kleine Gehölze und Hecken, die Weiden sind von Steinmauern begrenzt. In meinen Gedanken hadere ich ein wenig: Sieben Tage in der Regenwüste. Aber wen Gott in die Wüste führt, dem muß er auch ein Zeichen schicken. Als ich dieses denke, kommt von oben feines Glockengeläut. Nach einigen Minuten erreiche ich den Ort Ubexy. Sehe einen großen und einen kleinen Kirchturm, gehe zum kleineren und stehe vor einer hohen Mauer und einer verschlossenen Pforte, an der zwei Zettel kleben: „Messe um 10.30 Uhr" und „zur Abtei bitte läuten". Ich läute. Nach einer Weile, in der ich mich schon zurückziehen will, öffnet eine Ordensfrau das Törchen:

„Bonjour, je voudrais bien participer à la messe. – Guten Tag, ich möchte gerne an der Messe teilnehmen."

Sie zeigt mir einen Platz für den Rucksack und führt mich durch einen überdachten Gang schweigend zur Kirche. Im südlichen Querschiff ist eine kleine Gemeinde versammelt. In der letzten Bank rücken sie für mich zusammen. Das

Wasser läuft aus meinen Kleidern und bildet Pfützen am Boden. Es ist warm, ich habe es gut getroffen.

Von hier aus sieht man auf den Altar, in das Hauptschiff hat man keinen Einblick. Von dort dringt glasklarer, fast süßer Gesang von vielen Frauenstimmen. Es ist eine lange Meßfeier. Die Zeit spielt keine Rolle. Die Worte werden sehr präzise gesprochen, die Handlungen des Priesters und der Gemeinde erfolgen mit großer Ruhe und Gelassenheit. Mir gefällt, daß der Priester bei der Wandlung spricht: „Dieses Brot, die Frucht der Erde und der Arbeit des Menschen, und dieser Wein, die Frucht des Weinbergs und der Arbeit des Menschen ..." Nach der Wandlung umschreitet er den Altar und schwenkt in byzantinischer Manier das Weihrauchfaß. Bei der Kommunion habe ich Gelegenheit, in das Kirchenschiff zu schauen und sehe dort etwa sechzig bis siebzig Ordensschwestern. Später unterhalte ich mich mit der Pfortenschwester. Ich bin in der Zisterzienserinnenabtei „Notre Dame de Saint Joseph" und heute ist St. Josephstag. Ich habe am Hochamt zu Ehren des Namenspatrons teilgenommen.

Ich bitte die Schwester um einen Stempel für mein Credencial, da sieht sie das Ziel meines Weges. Das beschäftigt sie und die anderen Schwestern, die hinzukommen, und sie fragen mich besorgt, ob ich schon gegessen habe. Ich beruhige sie und gehe, denn mein Tagesziel Vittel ist noch weit.

Jetzt stört der Regen mich nicht mehr. Durch den Kopf gehen die Gedanken. Meine derzeitige Einzelgängerexistenz hat seit Ubexy neuen Sinn und Kurs bekommen. Ich habe mich in den letzten Wochen zwar nie als Weltflüchtling oder Aussteiger gefühlt, aber jetzt habe ich erfahren, daß es auch eine spirituelle Form der Arbeit gibt. Ob das irgend einem außer mir etwas nützt, weiß ich nicht. Immerhin gibt es in der christlichen Vorstellung den Begriff der Arbeitsteilung, den Gedanken der Stellvertretung. Frühere Zeiten wußten das. Der „Homo viator" besaß sogar einen sozialen und religiösen Status. Und für einen Moment fühle ich mich den Zisterzienserinnen von Ubexy und allen anderen Ordensleuten auf eine besondere Weise verbunden.

Alle halbe Stunde ein Auto. Einmal nähert sich von hinten lärmend ein breiter Trecker. Ich gehe ganz links außen am Straßenrand. Da die Straße sehr schmal ist, will ich mich noch einmal durch eine Kopfdrehung vergewissern, daß mir genügend Platz bleibt. In diesem Augenblick rast ein Personenwagen mit hoher Geschwindigkeit zwischen mir und dem Trecker hindurch. Er fährt so dicht an mir vorbei, daß nur noch Platz für einen Engel bleibt.

Später hole ich etwas Eßbares aus dem Rucksack. Im Regen gehend zu essen, ist bei einem Apfel kein Problem, bei einem Stück Brot schon eher. Dies hat ein Autofahrer gesehen. Er hält lautlos neben mir, kurbelt das Fenster herunter und sagt:

„Kommen Sie mit mir, ich lade sie ein, sie können in meinem Hause essen."
Die überstandene Gefahr hat mich mißtrauisch und überempfindlich gemacht. Irgend etwas in seinem Gesicht und seinen Gesten gefällt mir nicht, läßt mich vorsichtig sein, so daß ich mehr von witternder Sicherung als von Höflichkeit geleitet die Einladung ablehne. Ich entwickle die Scheu und Vorsicht eines wilden Tieres.

Nach Einbruch der Dunkelheit erreiche ich Vittel. Alles sehr verlassen. Licht vom „Hotel Angleterre". Hinter der Rezeption der Patron.

„Il pleut encore? – Regnet es immer noch?" fragt er, als er mich sieht.

„Il pleut toujours en France, Monsieur", antworte ich, und wir lachen beide.

Ein alter Aufzug bringt mich nach oben in mein Zimmer. Vor dem Fenster rauscht ein Fluß, aus den Regenrinnen fällt Wasser fünfzehn Meter tief auf einen Steinboden. Es gibt einen Schreibtisch und warmes Badewasser. Wenn das Wetter morgen nicht besser ist, bleibe ich hier.

20. März:
Vittel – Bourbonne-les-Bains

Meile nach Meile auf dem hochgelegenen Römerweg von Vittel nach Bourbonne. Keine Ereignisse. Kein Haus. Kein Fahrzeug. Niemand unterwegs. Weiden und Äcker, diese schön gepflügt; wie Wellen eines langsam bewegten Meeres ziehen bewaldete Berge vorbei. Die Dörfer liegen unsichtbar in irgendwelchen Tälern, das Wasser läuft auf beiden Seiten zu ihnen hinab, der Wind trocknet den Weg. Alte, erstklassige Ingenieursarbeit, die immer noch funktioniert. Es ist ein Vergnügen, diesen Weg zu gehen. Er ist in perfekter Weise der Physiologie eines guten Marschierers angepaßt. Höhenzüge werden kompromißlos schnurgerade genommen, aber die Steigungen sind so bemessen, daß man auch bergauf, ohne zu ermüden, ein zügiges Marschtempo einhalten kann. In fünf Stunden lege ich dreißig Kilometer zurück.

Im Schaufenster einer kleinen Buchhandlung in Bourbonne liegt ein Buch mit dem Titel „1944". Auf dem Umschlag das Foto eines etwa vierzigjährigen Mannes. Ein sensibles Gesicht, müde und nachdenklich; Züge einer erschöpften Kühnheit. Der Mann lehnt an einem gepanzerten Fahrzeug, den Stahlhelm hat er abgelegt; die kurzen Haare des Kriegers. Ein deutscher Soldat, aber kein Boche.

21. März:
Bourbonne-les-Bains – Langres

Schnee und Graupelschauer. Nachmittags Pausen aus Licht. Die Landschaft oft betörend schön. Zwischen Hecken und schwarzen Waldstücken überwältigendes Grün von allen Wiesen.

Nachdenken über die Dörfer und die alten Häuser. Ganz anders als bei uns verschwinden sie nicht hinter Neubaugebieten oder durch Sanierungsmaßnahmen, sondern lösen sich auf wie gestürzte Bäume im Wald. Die Steine fallen zur Erde zurück, für einige Jahre sind die Gärten verwildert, dann dringt von den Hecken aus Gesträuch in sie ein, und alles wird erinnerungslose Wildnis.

In Coiffy-le-Haut stutzt eine Frau eine Weißdornhecke. Sie steht im Regen und wünscht mir vergnügt einen guten Tag. Die Hecke ist lang, sie wird noch viele Tage an ihr zu schaffen haben. Auf einer Weide Schafe und Lämmer. Einige kauern auf dem Rücken ihrer liegenden Mütter, andere laufen vor mir davon.

Abends eindrucksvoll Langres auf einem Berg. Festungsstadt und Zitadelle. Mauern und Bastionen umgeben sie immer noch, im Vorfeld ringsum die Forts. Der Krieg hat die Stadt nie gefunden.

Weil ich mehr als vierzig Kilometer hinter mir habe, kostet der Aufstieg meine letzte Kraft. Durch die Fangwinkel und Leerräume einer ausgeklügelten Toranlage betrete ich den Ort. Auf einem Platz steht Diderot, der Mann der Aufklärung, ein Sohn der Stadt.

Herberge in einem Haus aus schwerem Stein. Lege meine Glieder unter alten Gewölben in Badewanne und Bett.

22. März:

Langres – Dijon

Beim Frühstück Blick auf einen kleinen Platz. Graue und lehmfarbene Mauern, die Fensterlaibungen durch lange Steinblöcke akzentuiert, die oberen Abschlußsteine gewölbt. Das wirkt vornehm und paßt gut zu den Fensterläden aus leicht verwittertem Holz. Auf den trübroten Dächern stehen Kamine wie Skulpturen. Manchmal treiben Wolkenfetzen durch die hochgelegene Stadt.

Am Rande der Nationalstraße 74 kurz hinter Langres werde ich erneut von der Polizei angehalten. Wieder eine Paßkontrolle. Kurzer, relativ freundlicher Wortwechsel. Der Sergeant mustert mich und meinen Ausweis:

„Ah, vous êtes docteur! Vous avez une mission spéciale? – Ach, Sie sind Doktor! Sind Sie in einem Spezialauftrag unterwegs?"

„Nein", sage ich, „ich mache eine große Wanderung."

Mit einem kurzen militärischen Gruß gibt er mir die Papiere zurück.

Zwischen Langres und Dijon finde ich kein Gasthaus. Soweit wie möglich gehe ich nach Süden und steige abends irgendwo in den Zug nach Dijon.

15. März, 8.00

16. März, 10.00

16. März, 12.00

18. März, 12.00

20. März, 11.00

22. März, 10.00

6

Durch Burgund ins Beaujolais

23. März:
Dijon – Beaune

Die so ruhig aussehende Rue St. Anne ist nachts der Heimweg lärmender Leute. Spüre Unwohlsein und Leibschmerzen. Plötzlich die Angst, krank zu werden. Alpträume. Zum Frühstück nur Tee und Toastschnitten. Als es mir schmeckt, schöpfe ich Mut. Bald ist der Spuk verschwunden.

Noch einmal zur Kathedrale St. Bénigne. Ich bin nur flüchtiger Gast in der Stadt, nehme vieles nur am Rande wahr. Doch wegen St. Bénigne bin ich hierhergekommen. Er war ein Missionar des römisch-gallischen zweiten Jahrhunderts. Auf Wunsch des Bischofs Irenäus von Lyon wurde er von seinem Lehrer, dem heiligen Polycarp, der ein Jünger des Evangelisten Johannes war, von Kleinasien aus durch das Rhônetal nach Norden geschickt. In Dijon wurde er erschlagen, und wie über vielen Gräbern der Märtyrer und frühen Missionare erbaute man auch hier eine Kirche. Nach Zerstörung oder Verfall der Vorgängerkirche errichtete um das Jahr 1000 Wilhelm von Volpiano, ein Benediktinerabt aus einer deutsch-italienischen Familie, mit Hilfe von arbeitsuchenden Maurern vom Comer See, den Comasken, über dem Grab des Heiligen einen Neubau, einen unvergleichlichen Rundturm, drei Stockwerke hoch. Säulen füllten das Innere. Nur durch die Dachrotunde trat das Licht in den Turm, dessen unterstes Stockwerk Johannes dem Täufer, das zweite der Jungfrau Maria und das höchste der Heiligen Dreifaltigkeit geweiht waren. Die Französische Revolution hat alles zerstört und die Trümmer in das unterirdische Geschoß des Täufers geschüttet. Heute ist hier die „Krypta" der Kathedrale. Ein eindrucksvoller düsterer Säulenwald. Doch Dunkelheit sollte hier nicht sein; Lichtkaskaden, die zwischen den Säulen herabstürzen, waren die Idee. Auf einer Tafel lese ich einen Text von großer hymnischer Kraft:

„Sur ce sol impregné de la vertu des cendres
si longtemps gardées
foulé mille ans et plus par les masses croyantes,
le chrétien s'émout, s'agenouille, et prie.

Auf diesem Boden, der durchtränkt ist von der Kraft
der Gebeine, die er so lange schon bewahrt,
auf diesem Boden, der seit mehr als tausend Jahren
festgetreten und gekeltert wird von den Scharen
der Gläubigen, wird das Herz des Christen bewegt,
er beugt das Knie und betet."

An einer anderen Stelle in diesem Raum erinnert die Inschrift eines Steines an eine vor langer Zeit Verstorbene: „Alette mère de St. Bernard".

Mühsam durch Vororte und über Autobahnzubringer erreiche ich die Orte der Côte d'Or: Gévrey-Chambertin, Chambolle-Mussigny, der Clos de Vougeot, die Hänge von Echézeaux und Vosne-Romanée. Jeder Name ein kleines Lied. Landschaftlich dagegen alles eher reizlos. Gleichförmige Hügel mit Hochspannungsmasten im Gegenlicht. Zwischen den Weinfeldern weder Baum noch Strauch. Die Erde rötlich; wenn sie frisch gepflügt ist, sieht sie schön und kostbar aus. Sie ernährt ihre Leute gut, in den Dörfern keine verfallenen Häuser. Heute scheint die Sonne, die Weinfelder sind voller Menschen. Sie schneiden und binden die Reben, das Reisholz wird verbrannt. Wie auf alten Bildern erkennt man den Rauch der Brände über dem Land, riecht das Feuer, sieht die Glut. Einige Bauern fahren mit langbeinigen Traktoren über die Rebenkolonnen hinweg, versprühen schwefelgelbes Zeug. Ältere Leute arbeiten mit Handwerkszeug. Man hört das Klopfen der Hacken und einen hellen Klang, wenn sie auf einen Stein schlagen.

In Nuits-St.-Georges kaufe ich in einem dunklen Laden bei einem alten Mann ein paar Äpfel. Er hat eine Armprothese. Die Hand besteht aus einem Haken. Ich rechne nach – welcher Krieg? Vielleicht war es aber auch ein anderer außerhalb von Europa, Frankreich war nach 1945 noch in vieles verstrickt.

Im Hotel in Beaune viele Deutsche. Die Osterferien haben begonnen. Sie kommen von der Autobahn und sind vom schnellen Fahren und dem Auftauchen in einer sprachfremden Umgebung etwas verwirrt. Sie trösten sich mit der Vorfreude auf den nächsten Tag, sprechen über den vertrauten Campingplatz in der Provence und über das eigene Haus in Spanien.

24. März:
Beaune – Mercurey

Zum Frühstück stellt mir der Kellner zehn Zentimeter Baguette, ein Plastikdöschen Marmelade aus Bézier, einen Butterwürfel aus der Normandie und eine Tasse Milchkaffee hin. Es ist noch früh und wir sind allein. Ich beobachte ihn, wie er umständlich die Tische deckt. Er befestigt Papiertischtücher mit Heftzwecken am Tischrand.

Auf dem Weg durch die Stadt die mächtige Steinwand des Hôtel-Dieu. Herrisches Quaderwerk. Einziger Außenschmuck ist der Baldachin über der Pforte, ein festlich entfaltetes Banner, dem die Wimpel der kleinen Dachfenster fröhlich folgen.

Ich verlasse Beaune über die Rue Hôtel-Dieu, gehe durch den Vorort St. Jacques und über den Weg Tulivain in die Weinberge. Es ist ein leuchtender Tag. Auf den Hängen über einer ockerfarbenen Grundierung die Farbenvielfalt des Erdbodens. Dazwischen das hellere Steinwerk der Mauern. Am Himmel abziehende Wolkenbänke.

Mit ein paar Äpfeln und einem halben Pfund Käse aus Citeaux mache ich in der Palmbuschheide oberhalb von Meursault zum ersten Mal seit fünf Wochen eine ausgedehnte Mittagsrast im Freien. Vor der riesigen Ebene der Bresse wirkt das Weinland klein und spielzeughaft. Später hinter einer Brücke über den Canal du Centre eine Bar für Schiffer und Angler, vor der ein paar Stühle und Tische stehen. Ich bestelle etwas. Die Bedienung oder Wirtin sitzt mit einigen jungen Leuten an einem anderen Tisch. Sie sehen ungesund aus. Alkohol, Langeweile, Drogen, Arbeitslosigkeit? Eine junge Frau von etwa fünfundzwanzig Jahren schläft am Tisch unaufweckbar tief. Wenn sie zur Seite fällt oder mit ihrem leichten Plastiksessel umzustürzen droht, setzen die anderen sie, ohne ihr Palavern zu unterbrechen, wieder ins Gleichgewicht.

Dann verlaufe ich mich in einem Steinbruchgelände, schlage mich querfeldein durch Dornengestrüpp zum nächsten Dorf, allmählich im Wettlauf mit der Dämmerung. Weit entfernt in einem Weinberg arbeitet noch ein Mann. „Nach Mercurey, welche Richtung?" Er zeigt mir mit einer Armbewegung den Weg. Aber es ist noch weit. Auf einem unbewohnten Bergplateau erreicht mich die Nacht. Wenig später verliere ich in einem Flurbereinigungsareal zwischen Wegsperrungen und Baustellen jede Orientierung. Mühsam unterdrücke ich Hast und Panik, bleibe stehen, wittere und denke nach. Dann gehe ich zwischen dem blassen Lichtschimmer am Westhimmel und der Mondsichel im Osten hindurch nach Süden, umgehe kleine Wälder, stolpere gegen Steinhaufen, höre Tiere aufgeschreckt davonlaufen. Ein Kreuz taucht auf, steht schwarz gegen den Himmel. Der Weg fällt ab. Kurz darauf Licht in der Tiefe. Die Hunde schlagen an. Die Gerüche eines Weindorfes. Unter der einzigen Lichtreklame des Dorfes bleibe ich stehen, dort ist ein kleines Hotel. Sie geben mir ein gutes Zimmer. Zum Abendessen bestelle ich ein Menü mit vier Gängen und erhalte sieben. Ich sitze in einem hellerleuchteten Speisezimmer zusammen mit vielen Gästen. Die Wirtsleute und ihre Kinder eilen mit dampfenden Schüsseln, gefüllten Tellern und Flaschen in Windeseile von Tisch zu Tisch.

Für mich kommt das alles so unverhofft wie in einem Märchen. Eine plötzliche Tischlein-deck-dich-Geschichte. Ein königliches Vergnügen.

25. März:
Mercurey – Buxy

Unruhige Nacht. Zum Ausgleich ein Frühstück mit frischem Brot und Honigkuchen, mit Johannisbeergelee und Mirabellenmus.

Im Nachbarort stehen zwei Frauen durch ein Gittertor voneinander getrennt und unterhalten sich. Die Frau vor dem Tor dreht mir den Rücken zu, die andere, jung und schön, steht in der Auffahrt zu einem Landhaus. Im Vorbeigehen grüße ich sie. Sie unterbrechen ihr Gespräch. Dann höre ich hinter mir eine klare Stimme gedankenverloren sagen: „Un marcheur. Regardez, un marcheur. Un vrai marcheur! – Ein Wanderer. Sehen Sie doch, ein Wanderer. Ein richtiger Wanderer!"

Café-Bistro in Morages/Burgund. Nach der Karte des Nationalen Geografischen Instituts hat der Ort vierhundert Einwohner. In der Grande Rue Sonne und Wind. Der zweidimensionale Plastikkoch vor dem Lokal schwankt hin und her. Auf der linken Seite des Raumes die Theke mit karmesinroter Arbeitsplatte und beige-schwarz gestreifter Kunststoffverkleidung. An der Wand dem Eingang gegenüber ein großer Spiegel. In ihm sieht man ein Stück der Dorfstraße und etwas vom Himmel. Wenn der Wind die Jalousien hin- und herschlägt, entsteht ein rasselndes Geräusch. Auf dem bunten Kachelscherbenboden stehen ein Billardtisch und in zwei Reihen jeweils vier aneinander geschobene Tische. Auf beiden Seiten der Tischreihen befinden sich acht Holzstühle. Die Tische sind mit braunem Wachstuch gedeckt, auf jedem liegt ein Aschenbecher mit der Aufschrift „Ricard". Der Kühlschrank summt und schaltet sich klappernd aus. Im Hintergrund leise Musik aus dem Radio. Ein Mann singt mit viel Timbre ein Lied, in dem immer wieder die Worte *avec le temps* vorkommen. Die Melodie kenne ich irgendwoher, den Text kann man nicht genau verstehen, er verschwindet im Schmerz des Mannes, der singt. Die Wirtin ist das, was man so früh verblüht nennt. Sie hat die krausen Haare hinten zusammengebunden und trägt ein schwarzes T-Shirt. Sie stellt mir einen Kaffee und eine Flasche Perrier hin, dann lauscht sie einem Mann mit brauner, am Saum leicht ausgefranster Jacke, der lange Zeit mit leiser Stimme auf sie einspricht. Ein zweiter Mann mit einem Hund kommt. Er setzt sich an die Theke und gibt dem Hund, einem jungen Straßenköter, immer wieder Küsse zwischen Schnauze und Augen. Als er geht, nimmt er den Hund auf den Arm und fährt mit einem kleinen Renault davon. Auch der erste Mann geht. Er verabschiedet sich mit sanfter Stimme. Der Kühlschrank schaltet sich wieder aus. Jetzt hört man nur noch das Radio, immer noch mit Liedern. Im Spiegel an der Wand erscheint langsam eine große Wolke.

26. März:
Buxy – Tournus

Mache einen großen Umweg nach Südosten zu St. Philibert und St. Valerian in Tournus. Nach den Bildern in meinem Kopf ist dort ein Ort ohnegleichen. Ein Ort, wo man bewahrte und experimentierte, sich stritt und versöhnte, wo im Chaos Trittsteine für eine neue Ordnung gesetzt wurden.

Am Ende des 2. Jahrhunderts fand hier der Missionar Valerian den Märtyrertod. Verehrung, Wallfahrt und ein Kloster entwickelten sich. Doch als nach dem Tode Karls des Großen alle Ordnung zerbrach, überfielen Ungarn, Normannen und Sarazenen die Provinzen seines Reiches, und keine staatliche Macht stellte sich ihnen entgegen. Raub, Mord und Brand, Flucht, Seuchen und früher Tod trieben die Menschen in Teilnahmslosigkeit und Verzweiflung. Das Grauen breitete sich über die christliche Welt. In den Annalen der Zeit wird berichtet, daß „vom Hahnenschrei bis Mittag Blutstreifen am ganzen Himmel erscheinen".

Tournus wurde von den Ungarn zerstört. Etwa zur gleichen Zeit wurden die Benediktiner eines alten Klosters auf der Atlantikinsel Noirmoutier von den Normannen vertrieben. Jahrzehntelang zogen sie mit den Gebeinen ihres Patrons, des heiligen Philibert, durch Gallien und fanden nirgendwo Ruhe, bis ihnen Karl der Kahle 875 das Kloster des heiligen Valerian in Tournus schenkte. Natürlich gab es Streit zwischen den Einheimischen und den Vertriebenen. Endlich einigte man sich und baute ein neues Kloster. Philibert kam in den Altar der Kirche und Valerian in den Altar der Krypta.

Kirche und Kloster sind heute noch da. Die Mönche bauten nach neuen Ideen mit Hilfe der Comasken, den Maurern und Zementhandwerkern voller Erfahrung und Intuition. Sie liebten das Spiel zwischen den kunstvoll gesetzten, unbehauenen Steinen und dem dicken, farbigen Mörtel. Säulen errichteten sie nicht aus einem Stück und aus geglättetem Fels, sondern mauerten sie hoch Stein für Stein gleich schlanken Türmen. Die Mauern der Gebäude sind wehrhaft und undurchlässig. Es dominiert die plastisch gestaltete große Wand.

Sie bauten, um zu überleben. Nicht nur wegen der äußeren Feinde, sondern auch, weil man in der Zeit der Verwahrlosung ein Abbild der Ordnung herstellen wollte: Architektur als Mittel der politischen Erneuerung, der geistigen Regeneration. Zwar zog sich die Bauzeit lange hin, bis ins zweite Jahrtausend, doch entstand durch das Beispiel und die gleichzeitige Besserung der politischen Situation bei vielen neuer Mut. Das Land wurde allmählich wieder fruchtbar, und überall entstanden neue Kirchen. Rudolf Glaber, der Chronist der Epoche und Mönch in Cluny, schrieb: „Das freundliche Gesicht des Himmels begann zu leuchten, günstige Winde begannen zu wehen; eine sanfte Ruhe zeigte die Großherzigkeit des Schöpfers".[12]

So gehe ich nach Tournus und komme durch den großen Wald von La Ferté. Zwischen den Bäumen ist es hell. Die Gräben stehen voller Wasser, überall Märzenbecher, Schlüsselblumen und kleine Veilchen. Plenterschlag in einem Eichenforst. Es ist Samstag, aber die Holzfäller sind mitten in der Arbeit. Der Wald ist sorgfältig aufgeräumt: die langen Stämme für sich, die großen Äste auf Klafterlänge gesägt und gestapelt, dazwischen liegt gebündelt das Reisig. Man scheint alles zu verwerten. Hinter Flußwiesen ein Schloß mit auffallend weitläufigen Stallungen und Teichanlagen. Kein Hinweis, doch hier lag die Abtei La Ferté. Sie war die erste Tochter von Citeaux, 1113 noch vor Pontigny, Clairvaux und Morimond gegründet.

Seit mehreren Tagen gehe ich durch das Klosterland, das sich im machtfreien Bereich zwischen Frankreich und dem Deutschen Reich ausgebildet hatte. Doch von den großen Namen existieren nur noch ein paar Steine und Erinnerungen. Warum ist so viel verschwunden zwischen Morimond und Cluny? Waren die Klöster Fremdkörper in ihren Ländern, so daß niemand ihr Verschwinden aufhalten wollte? Standen sie der Expansion Frankreichs nach Osten im Wege? Oder verloren sie im Laufe der Zeit ihre wirtschaftlichen Grundlagen, weil die Quellen für den Nachwuchs austrockneten, die Menschen lieber in die Städte zogen und die Laienbrüder, die Konversen, die unentbehrlichen Helfer der Mönche, ausblieben? – Übrigens interessant der betriebswirtschaftliche Unterschied zwischen den Zisterziensern, die alles mit Mönchen und Konversen, also eigenen Leuten bewirtschafteten, und den cluniazensischen Benediktinern, die mit Pächtern und Lohnarbeitern eine feudale Wirtschaftsordnung hatten.

Bei Senecy-le-Grand ein Denkmal für die 1944 gefallenen Fallschirmjäger der Alliierten. Hier wird auch die Erinnerung an ein Ereignis aus dem letzten Krieg bewahrt: Ein französischer Capitain fuhr im Spätsommer 1944 mit fünfzehn Mann in vier gepanzerten Jeeps aus dem befreiten Teil Frankreichs während mehrerer Nächte auf Schleichwegen in das noch von den Deutschen besetzte Gebiet. In Senecy entdeckten sie einen stark bewaffneten motorisierten

Troß der Besatzungstruppen, den sie „Bassa Manelka!" Verwirrung und Tod stiftend, spornstreichs angriffen.

Doch anders als in Kleists Anekdote vom preußischen Reiter nach der Schlacht bei Jena faßten die Angegriffenen sich schnell und schossen zurück. Die sechzehn Männer fielen. Kein „Bassa Teremtetem!" und kein „Adies, Herr Wirt!" Nur weiße Namen auf poliertem Stein.

Weiter nach Tournus kann ich den alten Weg der Mönche über den Kamm eines Höhenrückens benutzen. Ich gehe Stunde um Stunde, obgleich das erste Stück oberhalb einer Autobahn entlang führt, in großer Einsamkeit. Doch jene, die dort unten fahren, sind mir nicht näher als die, denen ich nur noch in ihren Spuren begegne. Für einen entfernten Beobachter gehe ich wie eine Ameise unbeirrt über die Oberfläche der Erde, aber durch das Spiel der Gedanken bin ich auch Maulwurf, Fisch oder Vogel in den Fraktalen der Zeit.

Die Pforten des Westwerks von St. Philibert sind weit geöffnet. Die Abendsonne scheint in die Vorhalle. Die rötlichen Steine leuchten in ihren Mauern. Die Säulen tragen die schweren Gewölbe. Alles ist wunderbar an seinem Platz. Aber es ist nicht mehr das Haus Gottes. Ich bin in einem leeren Haus. Von einem Endlosband kommt Musik, die sich eignet. Reisende lassen ihre Hunde durch die Kirche laufen. Überall der verlegen stockende Gang, den Museumsbesucher annehmen. Der tiefe Brunnen in der Krypta ist ausgeleuchtet, und der Blick hinunter ist der Blick in einen Müllcontainer. Ich bin wie erstarrt. Der Ort ist verstummt.

27. März:
Tournus – Cortevaix

Palmsonntag. In St. Philibert keine Messe. Früh am Morgen sind die Pforten noch geschlossen. Überraschenderweise ist eine Seitentür geöffnet. Ich setze mich in eine Bank, spüre die Kälte und das Schweigen der Steine. Aus dem Rucksack hole ich die winzige Soldatenausgabe des Neuen Testamentes, die Benjamin mir geliehen hat. Lese das Evangelium vom Sonntag: Jesus reitet auf dem entwendeten jungen Esel („Der Herr braucht ihn") nach Jerusalem. Seine Jünger preisen Jesus und berichten begeistert über die Wundertaten, die sie erlebt haben. „Da riefen ihm einige Pharisäer aus der Menge zu: Meister, bring deine Jünger zum Schweigen! Er erwiderte: Ich sage euch, wenn sie schweigen, werden die Steine schreien" (Lk 19,40). Und alles, was ich gestern gedacht und empfunden habe, verschwindet mit diesem einen Satz. Alles ist jung wie am ersten Tag. Gleichmaß und Heiterkeit trotz des sperrigen Gewölbes, das so keiner mehr nachbaute.

Im Halbdunkel des Kaldariums die Statuen der Kirchenpatrone. Man hat sie zum Schutz vor weiterer Verwitterung von ihren angestammten Plätzen an den Türmen heruntergeholt. Dem Bildhauer ist hier die Darstellung der höchsten Nobilitierung des Menschen im Heiligen vollkommen geglückt. Kein Abbild. Keine Psychologie. Keine Diskussion. Das sind St. Valerian und St. Philibert. Unerschütterlich bezeugen sie die Glaubwürdigkeit des Übernatürlichen: Lege deine Augen auf unser Angesicht – wie jener den Finger in Seine Wunde.

Von Tournus nach Westen durch die Montagne. Ein Frühlingstag, die Augen haben zu tun, die Füße folgen willig, der Rucksack ist leicht. Zum Angelusläuten auf dem Hügel von Brançion. Der Blick hinunter auf Chapelle-sous-Brançion, Dorf und Landschaft perfekt. Geschockt durch so viel Schönheit. In der Kirche Reste von Wandmalereien: eine Pilgergruppe vor einer Stadt. Die Auferstehung der Toten – vom Maler als fröhliches Geschehen dargestellt. Von oben sehe ich hinter großen Wäldern den Kirchturm von Chapaize.

Als ich gehen will, tritt eine Radfahrergruppe, die ich am Vorabend im Hotel kennengelernt habe, auf. Einer der Wissenden geht voran und verkündet den übrigen, daß jetzt der „berühmte Blick nach unten" auf sie warte.

Ich selbst verlasse die Szene, gehe hinunter in das Erblickte, in das Bild, wo es am Mittag sehr heiß ist. Bleibe in Sumpfwiesen und feuchten Wäldern stecken, schaue lange vergeblich nach dem hohen Turm der Kirche von Chapaize, dem man doch nachsagt, daß er den Reisenden und den Pilgern den Weg weise.

St. Martin in Chapaize ist fast tausend Jahre alt. Im Ort leben noch hundertfünfzig Menschen. Es ist Sonntagnachmittag. Es herrscht Aufbruchstimmung. Familien kommen aus alten Häusern und fahren mit großen Autos in die Städte zurück. In der Kirche ist noch etwas Betrieb. Die Menschen wirken beeindruckt. Viele werfen Münzen in den Opferstock, die Gemeinde bittet darum; mit ihren Einwohnern kann sie die Kirche nicht erhalten. Zur Zeit aufwendige Restaurierung des Kirchenschiffes. Sandgelber Stein kommt zum Vorschein. Der Turm und die Chorgruppe haben noch die alte Wetterfarbe. Über die Außenmauern und Dächer der Kirche führt eine Treppe zum Turm, der wie ein Leuchtfeuer über dem Kirchenschiff steht.

Der Innenraum wird beherrscht von Säulenpfeilern, die schwere Mauern und Gewölbe tragen. Einmal habe ich Bilder von äthiopischen Felsenkirchen gesehen, wo der Stein eine ebensolche Bedeutung und Wucht erreichte. Statische Notwendigkeit oder gestalterische Absicht? Jedenfalls Kraft, die nicht am Boden hängen bleibt.

Ougy. Ich bin müde und setze mich in die kleine Kirche. Nach einer Weile kommen zwei Frauen und beten. Der mit großen Steinplatten belegte Fußboden steigt zum Altar hin deutlich an. Aus irgendeinem Grunde hat man das Gelände nicht ausgeglichen. Der Kirchenhügel läuft wie eine große Welle unter dem Steinboden hinweg.

Einen Mann frage ich nach dem Weg. Er überlegt, dann schickt er mich über einen, wie er sagt, „chemin très campagnard". Er hat recht, der Weg ist schön und ländlich, doch führt er oft zu verlassenen Häusern. Vor den zerrissenen Wolken des Abendhimmels sehe ich den ruinösen Turmstumpf der Kirche St. Hippolyte. Da sieht es so aus, als ginge ich durch ein ausgeplündertes, brennendes Land.

Erschöpft erreiche ich Cortevaix. Das Gasthaus liegt direkt neben der TGV-Strecke und hat nur drei Zimmer. Nach dem Abendessen Gespräch mit einem Ehepaar aus der Kölner Gegend. Sie haben mich mit dem Rucksack kommen sehen und sind neugierig geworden. Nach einer Weile nenne ich das Ziel meines Weges. Sie fragen, ob ich Priester sei.

Punkt 23.00 Uhr stellt die Bahn ihren Betrieb ein. Es wird sehr still. Mitten in der Nacht erwache ich. Ich hatte einen Traum vom Zerfall der Gemeinden in Deutschland. Die Kirchen waren leer. Die Haushälterinnen schlossen sich Sekten an und keiner wußte, ob es noch irgendwo Priester gab. Die kirchlichen Hilfswerke Misereor und Adveniat waren erloschen. Bischöfe und die „Stimmen der Zeit" gab es nicht mehr.

28. März:

Cortevaix – Cluny

In Ameugny vor Taizé belebt sich das verlassene Land: restaurierte Bauernhäuser, Hüttendörfer, Zeltplätze. Leute mit bemalten VW-Bussen; Jutetaschen, Ponchos, runde Brillen, Ökokleider. Junge Männer regeln den Fußgängerverkehr: „Rechts gehen!" herrscht mich einer an. Die Osterwoche in Taizé.

Die vielen Menschen, die plötzliche Unruhe oder mein Hochmut irritieren mich. Ich durchquere den Ort und verlasse ihn. Schon auf dem Weg ins Tal setze ich mich auf eine Mauer und kämpfe minutenlang mit mir oder meinem Engel. Dann kehre ich um. Ein Mädchen kommt auf mich zu: „Can I help you?" Ich frage sie nach der Kirche. Sie fragt: „Romanische Kirche oder Kirche der Communauté?" – „Der Communauté", sage ich. Sie liegt etwas versteckt an einem Hang und ist im Gewirr der Menschen und zwischen den vielen Lauben und Buden kaum zu erkennen.

Die Kirche ist eine undramatische Halle. Weil die Bänke fehlen, wirkt der tiefliegende Zentralraum mit den seitlich ansteigenden Sitzstufen wie eine Arena. Die einzige Fensterwand im Osten ist mit dünnen Leinentüchern verdeckt. Das eindringende milchige Licht wird noch einmal durch rote, von der Decke herabhängende Tücher verwandelt. Dies und die brennenden Kerzen in bienenwabenartigen Gestellen sowie der Duft von Weihrauch und Paschullis schaffen einen Raum von betörender Wirkung. Unten in der Arena, wo es weich und warm aussieht wie nach Sägemehl, haben ein paar Leute die Schuhe ausgezogen, hocken auf den Fersen oder den eingeschlagenen Unterschenkeln oder liegen flach auf dem Boden, den Kopf auf die Arme gelegt.

Mittags ist die Stunde des gemeinsamen Gebetes. Die Kirche füllt sich mit Tausenden von jungen Menschen. Nach und nach kommen einzeln oder in Gruppen die Mönche der Communauté in ihren weißen Gewändern. Sie schreiten durch die kauernden Menschen und verteilen sich wie Sterne in der dunklen Menge. Ganz zum Schluß erscheint Abt Roger mit zwei Kindern an den Händen. In diesem Moment geht eine Bewegung durch die Körper und die Herzen. Der Gesang: „Vigilate et orate". Der Satz aus dem Gebet am Ölberg: „Vater, wenn du willst, laß diesen Kelch an mir vorüber gehen. Aber nicht mein, sondern dein Wille geschehe." Die Mönche der Communauté sprechen die Versammelten in französischer, englischer, deutscher, spanischer und polnischer Sprache an.

Sinngemäß sagen sie folgendes: In allen Zusammenbrüchen und aller Verzweiflung können wir Jesus Christus begegnen, der auch die Mutlosigkeit und Erniedrigung erlitt und doch den Glanz der Hoffnung verkörpert. Dann kommt eine sehr lange Meditationspause, gefolgt von getragenen, sehr gemütvollen Gesängen. Die Mönche versammeln sich plötzlich in einer choreografisch eindrucksvollen Szene zu einem weißen Sternennebel, bilden eine mächtige Gruppe, ziehen dann durch die vielen Menschen nach vorn und sind plötzlich spurlos verschwunden. Alle singen immer und immer wieder das hypnotisierende Taizé-Lied: „Laudate omnes gentes, laudate Dominum", so lange, bis die Kirche leer ist. Ich finde ein gut gefülltes Weihwasserbecken und gehe auch.

Draußen hat sich vor den Verpflegungszelten eine lange Schlange gebildet. Es geht nicht anders, ich muß mit meinem Rucksack hindurch, und die hungrige Schlange teilt und schließt sich wieder wie von selbst.

Zwischen den winzigen Orten Collonge und Chevagny verdichtet sich auf wenigen hundert Metern die Landschaft zu einem Bild von halluzinatorischer Intensität. Ein kastanienbraunes Feld in grün-überfluteten Wiesen, ein Weg zwischen weißem Dornengebüsch und honigfarbenen Mauern; auf einem Hügel darüber die Giebelgruppe eines Hofes in fast schwarz glühendem Violett.

Vor Cluny das traurige Dorf Lournand. Über diesen Ort hat der französische Historiker Guy Bois eine historische Studie unter dem Titel „Umbruch im Jahr Tausend" veröffentlicht.[13] Es geht um die Auseinandersetzung zwischen der Gewaltherrschaft der ansässigen Grundherren- und Kriegerkaste und der Gottesfriedensbewegung der Mönche. Es geht um die Ablösung der immer noch existierenden antiken Sklavenwirtschaft und der fränkisch-germanischen Leibeigenschaft durch die Solidargemeinschaft zwischen Bauern und Mönchen – auch wenn diese nur in einem feudalen Abhängigkeitsverhältnis bestand. Aber die Mönche waren „Lehnsherren ohne Waffen". Im Pachtbauern sahen sie das Geschöpf Gottes. Für den Grundherrn alter Ordnung soll der Besitzlose nur „Vieh mit menschlichem Antlitz" gewesen sein. Die armen Leute liefen dem Kloster zu und suchten dort Schutz. Die bessere, glaubwürdigere Lebensweise der Mönche siegte über die Willkür der Kriegerkaste.

Das hört sich gut an; es war wohl so. Umbruchs- und Nachkriegszeiten haben, wenn langsam zwischen den Trümmern eine neue Ordnung entsteht, auch viel Faszinierendes. Und Cluny war keine lokale Erscheinung. Es war das Zentrum einer „geistigen und asketischen Internationale" (H. Rahner). Von hier aus wurden zeitweise zweitausend klösterliche Niederlassungen in ganz Europa koordiniert; alle waren Setzsteine der Erneuerung.

Doch Cluny ist verschwunden, wurde Stein um Stein nach der Französischen Revolution verkauft. War alles umsonst? Führt alles immer nur im Kreis herum, in den absteigenden Strom der Entropie? Oder blieb doch etwas zurück vom Geist von Cluny in unseren Köpfen, in unserer sozialen Konzentration, im kollektiven Denken und Wollen? War Cluny vielleicht doch eine Stufe im Aufstieg des menschlichen Bewußtseins? Hat Teilhard de Chardin mit seinen Vorstellungen über die Zukunft des Menschen recht?

29. März:
Cluny

Sechsunddreißig Stunden im abgeräumten Klosterbezirk. Lesen, ordnen, waschen, einkaufen, schreiben. Keine Suche nach mehr.

30. März:
Cluny – Beaujeu

Morgens ganz früh Champagnerluft. Keine Wolke, kein Wind, die Wiesen vom Tau etwas pelzig. Auf der anderen Seite des Tales gleiten TGV-Züge auf makellosen Trassen dahin, indessen ich zwischen tiefen Radspuren und Pfützen die Trittstellen für meine Füße suche.

Hinter dem Weiler St.-Cécile-les-Litauds steigt der Weg in die Berge des Beaujolais und bleibt dann lange Zeit leicht zu begehen auf der Höhe. Anfangs der Gesang der Vögel, später am Tage nur noch ihr Warngeschrei. Ein Bauer füllt mit einer Handpumpe einen Tankwagen. Als der Schlauch sich löst und das Wasser aus dem Spundloch auf den nassen Lehm prasselt, flucht er laut und erbärmlich. Von einem entfernten Hof das Sirren und Verstummen einer Kreissäge, immer wieder, immer wieder. Zwei junge Bauern schlagen mit einer Ramme, die an einem Schlepper befestigt ist,

Weidepfähle in den Boden. Mühelos versinken sie in der Erde, als wäre sie ein Mürbeteig.

Rast mit Blick auf gegenüberliegende Hänge: steingefaßte Äcker, Hecken und Wiesen, weiter oben Buschzungen und Baumgruppen, dann Wald.

Weiter durch Landschaften von großer Anmut und solchem Zauber, daß Müdigkeit und Erschöpfung fernzubleiben scheinen wie beim Taugenichts, der, wenn sein Dichter es wollte, sogar Tag und Nacht dahineilte, ohne zu ermüden. Irgendwann ist es aber mit der Jubellandschaft vorbei, und die Montagne zeigt ihre Zähne. Die hellen Wiesen verschwinden, und kalter Wind treibt mich durch Fichtenwälder. Einmal liegt ein Ort mit dem Namen St.-Jacques-des-Arrêts, was einer Aufforderung gleichkommt, in der Nähe, aber ich gehe vorbei.

Das einsame Dorf Avenas. Achtzig Einwohner steht auf meiner Karte. Lange bevor man das Dorf erreicht, sieht man es in einer Mulde am Hang des Gebirges liegen, und noch ehe man zwischen die Häuser tritt, riecht man den Rauch brennenden Holzes und hört das Gepolter der Tiere im Stall. Avenas, an alten Durchgangswegen in der Nähe von Bergpässen gelegen, war für die Reisenden vieler Jahrhunderte ein ersehnter Rastplatz. Wer hier ankam, war erschöpft und brauchte Zuspruch. Und immer noch spürt man an diesem Ort – vielleicht nur dann, wenn man allein ist und am Abend daherkommt – die bergende, heimholende Art der Wegführung.

Heutzutage kann man hier nicht mehr bleiben. Die wenigen Menschen sind mit sich selbst beschäftigt. Ich gehe an den bellenden Hunden vorbei erneut in den Wald und immer weiter nach oben. In der Dämmerung stehe ich, angefallen von Nebelwinden, fast tausend Meter hoch in einer keltischen Stein- und Eichenöde und schaue in einen Abgrund. Die Lichter von Beaujeu, in dessen Nähe ich mich schon wähnte, liegen schier unerreichbar siebenhundert Meter unter mir in der Tiefe. Ein paar Lichtpunkte vor schwarzen Bergkulissen, über denen das schwindende Licht erbarmungslos die Wolken verdüstert.

Jetzt bin ich zwölf Stunden unterwegs und habe fast fünfzig Kilometer zurückgelegt. Für einen Moment überkommt mich ein Schwindel. Dann erfolgt über den Maschinentelegrafen eine Weisung, und tief unter den Decksplanken beginnen die Maschinisten und Heizer die nächste Schicht.

Ich stolpere durch den rasch dunkler werdenden Wald über ausgewaschene steinige Wege in die Tiefe. Endlich Weinberge, ein lang gestreckter Ort, eine

Toreinfahrt, ein Innenhof, freundliches Licht. Ich sehe Köche hantieren, sie räumen schon auf. Es ist kurz vor neun. Man gibt mir ein Zimmer in einem seigneuralen Haus: Terrassenfenster und Kamin, das Bad vornehm und warm. Nach wenigen Minuten ist alles verwüstet, der Wanderer hat sich, so schnell er konnte, zum Abendessen fertiggemacht. Und noch einmal, am Tisch, vor Leinen und Damast, vor Gläsern und Besteck und einem nicht mehr erwarteten Abendessen, überkommt ihn der Schwindel. Später erscheint Madame an seinem Tisch und fragt, ob alles recht gewesen sei. Es ist so, und er sagt es und wie froh er sei, in ihrem angenehmen Hause zu sein. Nach der *solitude* und den *ténèbres* der abendlichen Montagne sei ihr Haus wie ein Paradies. Als sie hört, daß er von Cluny gekommen ist, sagt sie, es sei schon einmal ein anderer da gewesen, der kam vom Mont Saint-Michel und wollte nach Santiago de Compostela.

31. März:
Beaujeu – Lyon

Nachts lange wach gelegen. Revolte der Muskeln und des Kopfes. Im Halbschlaf Wahnbilder von Muskelzerfall und Nierenversagen. Die Stille der Nacht und der Blick in das graphitfarbene Zimmer trösten. Nach drei Uhr merkwürdiger Traum: Hatte meinen Weg unterbrochen. Kam in ein entfremdetes Zuhause. Mußte im Krankenhaus Aufgaben lösen, die mich quälten. Von unglücklicher Unruhe erfüllt, erwachte ich und sah wie erlöst den silberschwarzen Spiegel über dem Kamin.

Beim Frühstück geht Monsieur schon pfeifend durch das Haus. Madame hat ohne Schminke noch etwas Schwierigkeiten. Ich sage ihr noch einmal, daß sie ein *maison très agréable* habe und bedanke mich für das schöne Zimmer. Sie freut sich und wünscht mir, als ich den Rucksack schultere, *bon courage*.

Tag im Beaujolais. Nieselregen. Manchmal geben hellere Himmelsabschnitte Anlaß zur Hoffnung. Weites Land, fast wie im Rheingau zwischen Eltville und Bacharach, doch fehlt der beherrschende Strom. Auf Hügelkuppen Dörfer ohne Wiesen und Gärten, die Weinberge reichen bis an die Häuser. Rebflächen soweit das Auge reicht. Keine Gliederung durch Hohlwege, Alleen oder Buschgruppen. Die Weinstöcke sind noch kahl, nirgendwo Grün oder Blüten. Hier wurde der Erde die Haut abgezogen. Schöner ist es in den Dörfern.

Häuser aus goldrotem Stein, Schlösser ohne Ambitionen: Bussy, le Colombier, la Rigordière in St. Julien.

Auf einer Straße kommt mir ein junger Mann entgegen, ein Wanderer, der erste, seitdem ich von zu Hause weggegangen bin. Er hat den leichten Gang des geübten Gehers. Es ist kein Ort, um anzuhalten. Er ruft mir über die Straße zu: „Hallo, ça va?" und ich antworte: „Ça va, hallo!". Nur Wortfetzen, aber ein Kompendium der Empathie. Später schaue ich noch einmal zurück, da geht er mit seinem schmalen Rucksack auf die verlassenen Hänge des Gebirges zu, über das ich gestern gekommen bin.

Villefranche-sur-Saône am Rande des Ballungsraumes Lyon. Endlose Gerade einer Geschäftsstraße, abendliche Einkaufszeit. Auf dem Bürgersteig Slalom zwischen Blusenständern, Obstkisten, flinken Hausfrauen und Rotten von Halbwüchsigen, die nur mit sich selbst beschäftigt sind. In Anse finde ich in einer Seitenstraße das Hotel. Es gefällt mir, und der Blick auf die Speisekarte überwältigt meinen leeren Magen. Doch hat man keinen Platz mehr für mich. Osterreiseverkehr, Nähe von Autobahnen. Die hilfsbereite Dame an der Rezeption skizziert mir das einzige, erreichbare Hotel einige Kilometer weiter in einem Kreisel aus Autobahn, Nationalstraßen und Eisenbahnlinien. Da nehme ich lieber den letzten Bus nach Lyon. Ein unscheinbarer Mann nimmt mich ungefragt unter seine Fittiche, sagt mir, wo ich am riesigen Busbahnhof Gorge du Loup in die U-Bahn umsteigen muß, löst Fahrscheine für mich, fährt mit mir ins Zentrum der großen Stadt und verläßt mich am Bahnhof Perrache. Die Hotels am Place Carnot haben die besten Jahre hinter sich. In einem von ihnen nehme ich mir ein karges Zimmer im sechsten Stock. Über Platanen schaue ich auf die Lichter eines höher gelegenen Stadtteils. Aus der Tiefe kommen die Geräusche des Bahnhofs und der kreisenden Autos.

Später noch einmal durch die Stadt. Es sind die Stunden des *diners*. Die Lokale sind bis auf den letzten Platz gefüllt. Ich sehe die zufriedenen Menschen und spüre etwas meine Einsamkeit, doch läßt sie mich nicht leiden. In einigen Schaufenstern fesseln mich die delikaten Farben und Muster von Seidenstoffen, die meinen Bauhausgeschmack auf eine raffinierte Probe stellen und zu deklassieren drohen.

An diesem Abend ist die Stadt voller Harmonie. Als ich an die Rhône komme, sehe ich den lackschwarzen Fluß im Glanz der Uferlichter und Brückenlaternen. Über den Quais die Paläste der Museen und Präfekturen und lange, hinreißend proportionierte Fluchten von vielstöckigen Etagenhäusern. Die kaum noch zu begreifende Sicherheit und Balance des 18. und 19. Jahrhunderts.

23. März, 9.00

23. März, 10.00

24. März, 8.00

24. März, 11.00

24. März, 12.00

24. März, 18.00

25. März, 9.00

27. März, 13.00

27. März, 16.00

27. März, 17.00

28. März, 15.00

30. März, 14.00

7

In Lyon

1. / 2. April:
Karfreitag und Karsamstag

Über Nacht ist es kalt geworden. Eisige Winde. Später Schneeregen und Hagelschauer. Die Zeitungen berichten von Schneeverwehungen im Zentralmassiv. Die Berge des Pilat südwestlich von Lyon, die ich durchqueren wollte, sind bis auf dreihundert Meter Höhe verschneit. Ich nehme dies als Fügung und beschließe, die Kartage über in Lyon zu bleiben.

Hoch über dem Ufer der Saône, marmorsteif über alten Häusern, eine Kirche mit vielen Türmen. „Notre Dame de Fourvière" steht auf dem Stadtplan. Steige an römischen Ruinen vorbei nach oben zur schroffen byzantinischen Pracht mit übersteilen Treppenaufgängen, viel zu hohen Wänden und pompösen Pfeilern. Im Inneren lehmige Dunkelheit. Nach und nach erkennt man eine verwirrende Fülle von Bildern, Mosaiken und Dekorationen. Offenbar hatte man Angst vor der leeren Fläche und vor der Verwendung einfacher Baustoffe. An auffallender Stelle Büste und Name des Architekten und die Jahreszahl 1872.

Es sind viele Menschen hier, Betrachter und Beter. Nehme mir etwas Geduld und entdecke, daß diese nach einem einheitlichen Plan gebaute Kirche eine Huldigung Frankreichs an die Mutter Gottes ist. Maria steht groß unter einem byzantinischen Baldachin auf dem Zentralaltar. An den Wänden wohlgeordnet Szenen aus dem Marienleben von der Verkündigung bis zur Grablegung Christi. Darüber in größeren Darstellungen Maria als Beschützerin und Vermittlerin bei Ereignissen der Kirchengeschichte: bei der Ankunft des griechischen Missionars Pothin in Lyon, beim Konzil von Ephesus, bei den Schlachten der Johanna von Orléans, bei der Seeschlacht von Lepanto. Auf einem dieser Bilder wird Frankreich von Ludwig XIII. der Gottesmutter geweiht; die schwangere Königin und eine strahlenumkränzte Wiege weisen auf die baldige Geburt des Thronfolgers Ludwig XIV. hin. Ganz oben an den Wänden Maria als Königin der Apostel, der Patriarchen, der Märtyrer, der Engel, der Propheten und der Glaubenszeugen.

In der Unterstadt, im Viertel um die Kathedrale St. Jean, gerate ich in Gänge, die man hier mit dem Wort *traboules* bezeichnet. Es sind Gassenhöhlen, durch die man unabhängig von der Straße von einem Haus zu einem anderen und durch große Teile der Altstadt kommen kann. Die *traboules* beginnen hinter unauffälligen Öffnungen oder nicht verschlossenen Türen in den Hauswänden. Es sind lichtarme Gänge, die zu schachtartigen Innenhöfen führen. Von hier aus steigen Treppentürme – *miraboules* – zu den Wohnungen hinauf oder verschwinden in Kellergewölben. Dann geht es weiter durch neue Gangsysteme, bis man plötzlich wieder auf der Straße steht, aber einer anderen, wo neue *traboules* beginnen.

Ein wenig Flaneur, ein wenig Stadtindianer, lasse ich mich den ganzen Tag von den Augen geführt durch die Stadt treiben. Quais, Brücken, Aufgänge. Der Stadtteil Croix-Rousse: Straßen, die vor Treppen enden, Durchgänge zu Hinterhöfen, altes Werkstattgelände, Seidenmanufakturen, staubige Schaufenster mit abgelegten Utensilien. Nichts wird zur Schau gestellt, die, die hier wohnen, wissen Bescheid.

Die Stadt von gestern abend mit der spinnwebenartigen Leichtigkeit der Ufer- und Brückenlichter, der spiegelnden Flüsse und der weißen Straßenfluchten zeigt heute ihren Wurzelgrund. Eine Stadt wie Himmel und Erde.

Die renovierte Oper. Pina Bausch gibt ein Gastspiel. Die Eingangshalle und die Treppenhäuser sind schwarz gehalten. Aus der Dunkelheit der Foyers schaut man auf die Stadt wie in ein Kaleidoskop. In den Bögen der Fassade hängen Lampen aus rubinrotem Glas. Im Licht des Nachmittags sieht das aufregend und sehr kostbar aus.

Karfreitag in St. Jean. Die Feier der Kreuzverehrung. Drei Priester und der Chor singen mit verteilten Rollen die Leidensgeschichte nach Johannes. In der anderen Sprache höre ich manches wie zum ersten Mal: die Feigheit des Petrus, der bewegende Dialog zwischen Pilatus und Jesus und die demütige Konsequenz, mit der Jesus alles erträgt. Kardinal Decourtray, der Primas von Frankreich, spricht einige Gedanken zur Meditation und trägt die großen Fürbitten vor. In Frankreich gilt er als bedeutender Mann. Vor kurzem wurde er in die *Academie française* aufgenommen. Vor einigen Jahren öffnete er das Diözesanarchiv, um die Zusammenarbeit kirchlicher Kreise mit den Nationalsozialisten und dem Vichy-Regime untersuchen zu lassen.

Die Gemeinde singt sehr getragene und elegische Lieder. Eines, „O croix dressé sur le monde, o croix de Jesus Christ", singen sie nach der Melodie von „O Haupt voll Blut und Wunden, voll Schmerz und voller Hohn". Ich singe mit – aber den deutschen Text.

Vor kurzem hörte ich einen sagen, das Christentum sei die einzige Religion, die einen Versager verehre, einen, der elend am Kreuz verendete. Ach ja, denke ich, auch die anderen waren Versager: Petrus, Paulus, Jakobus, St. Sernin in Toulouse, Pothin in Lyon, St. Bénigne in Dijon, der heilige Viktor in Xanten. Gekreuzigt, geköpft, erschlagen, von wilden Tieren zerrissen. Und doch haben sie mehr Licht und Hoffnung in die Welt gebracht als die Erfolgreichen. Christus und die anderen als Manager, als planende Taktierer, als Protagonisten der Menschenrechte?

Die Osternacht in St. Jean. In meinem Reisebüchlein lese ich das Gedicht der Droste zum Karsamstag. Die klagende Stimme der ersten Strophe:

> Tiefes, ödes Schweigen,
> Die ganze Erd' wie tot!
> Lerchen ohne Lieder steigen,
> Die Sonne ohne Morgenrot.
> Auf die Welt sich legt
> Der Himmel matt und schwer,
> Starr und unbewegt,
> Wie ein gefrornes Meer,
> O Herr, erhalt uns!

Die Kerzen werden angezündet. Licht in den Händen. In der eiskalten Kirche wird es wärmer.

Lumen Christi. Deo gratias.

Die Anrufung der Heiligen in der Osternacht:

> Heilige Maria, Mutter Gottes.
> Heiliger Erzengel Michael.
> Ihr Heiligen Engel Gottes.
> Heiliger Johannes der Täufer ...

Die vielen Namen, jeder eine Beschwörung:

> Benedikt, Franziskus, Dominikus,
> Franz Xaver, Therese von Avila ...

Raum und Zeit verlieren ihre Grenzen. Es ist Nacht, und in diesem kalten, kaum erleuchteten Steinsaal spreche ich – und gehöre dazu – mit Fremden Worte in einer anderen Sprache und erfasse sie doch in aller Wucht und allem Glanz. Der Text der Liturgie spielt nicht mit Bildern. Alles ist Ereignis. Als das Taufwasser gesegnet wird, tönt das Wort mit übernatürlicher Kraft:

> Gott redet, und Quellen springen auf:
> Wasser des Lebens bricht hervor, Halleluja.

Nachts die Sirenen der Feuerwehr und der Polizei. An den weit entfernten Rändern der Stadt sind Brände ausgebrochen. Später lese ich in den Zeitungen von Zusammenrottungen arbeitsloser und unzufriedener Jugendlicher. Sie haben Turnhallen, Jugendzentren und die Tribüne eines Stadions in Brand gesteckt. Die Kommentatoren der Zeitungen haben später große Mühe, diese Feuer zu erklären.

8

Durch das Rhônetal

3. April:
(Lyon) Valence – St.-Laurent-du-Pape

Noch einmal nach St. Jean. Das Geläut der großen Glocken dröhnt durch die Straßen und rollt über die Flüsse, schwer wie das Donnern von erzbeladenen Waggons auf einem Rangierbahnhof.

Vor den Portalen der Kathedrale Trauben von Elenden. Verstümmelte, Trinker, Landstreicher mit großen Hunden. Die Kirche ist voll bis in die Seitenschiffe. Das kirchentreue Frankreich oder nur alte Gewohnheiten?

Mit dem Zug nach Valence. Durch das Fenster sehe ich über den blühenden Obstbaumplantagen die verschneite Bergpyramide des Pilat unter einem eisblauen Himmel. Auch in Valence ist es kalt. Die Tische vor den Straßencafés sind leer. Vom Nordwind bedrängt gehe ich über die Rhône und steige in die Berge des Vivarais. Das Vivarais, das Gebiet zwischen dem Ostrand des Zentralmassivs und der Rhône sowie den Ebenen des Languedoc, entspricht heute dem Departement Ardèche. Im Mittelalter ein bedeutendes Durchgangsland für Kaufleute und Pilger, war es im sechzehnten und siebzehnten Jahrhundert ein Schauplatz, auf dem sich Katholiken und Protestanten gnadenlos bekämpften.

Anfangs noch einige Osterspaziergänger und Autofahrer, die von ihren Landhäusern zurückkommen. Plötzlich ist das Land verlassen, und die Sonne hat unendlich viel Zeit, in einem Meer von Bergen unterzugehen. Im bögen Wind klatschen die Kabel einer Stromleitung wie erstarrte Schlangenleiber gegeneinander. Verlassene Höfe und Schäfereien, der Weg geht durch sie hindurch. Die Ruinen einer Burg sind im Abendlicht kaum von den Felsen zu unterscheiden. Im Macchiagebüsch eine weit versprengte Schafherde. Der Wind kämmt tiefe Scheitel in das Fell der Tiere. In den ruinösen Gebäuden einer Höhenschäferei drei müde Hunde, die mich kaum beachten, und ein etwa zehnjähriger Junge. Als er mich sieht, dreht er mir den Rücken zu und rührt sich nicht mehr. Es wirkt wie ein Totstellreflex bei einem Reptil, das, überrascht von einer Gefahr, nicht mehr fliehen will oder kann.

Wahrscheinlich schaut er mir nach, als ich den tief ausgewaschenen Weg hinuntergehe. Auch ich beschäftige mich mit ihm, dem Kind oder Gehilfen von Schäfern in einer Landschaft, die Abschied von den Menschen nimmt. Wie wird sein Geschick oder sein Gemüt ihn leiten? Wird er sein Erbe, die Einsamkeit, übernehmen oder in die Bidonvilles von Lyon oder Nîmes ziehen?

Auch an diesem Abend enden das Spiel gegen die beginnende Nacht und die Suche nach einem Nachtquartier zu meinen Gunsten. In einem Gasthof in St.-Laurent-du-Pape gibt man mir am Ende knarrender Treppen und Flure eine stille Kammer. Beim Abendessen Geselligkeit. Familien beim Ostermahl. Junge Leute. Gelächter und Parlando. Die Tochter der Wirtsleute, eine gallisch-römische Schönheit, serviert. Als ich ihr sage, daß ich mit dem Essen sehr zufrieden sei, stellt sie mir Gebäck und Pralinen als zweiten Nachtisch hin.

4. April:
St.-Laurent-du-Pape – Cruas

Harter Arbeitstag. Zehn Stunden gelaufen. Kälte und Dauerregen, manchmal mit Schnee vermischt. Schneegrenze bei fünfhundert Metern. In den Bergen jenseits des Flusses liegt die Schäferei von gestern abend im Schnee. Was der Junge wohl macht?

Im Laufe des Tages muß ich mehrfach Wasser aus meinen Schuhen entleeren und die Strümpfe auswringen. Der Regen rinnt über die Goretex-Schicht der Jacke und der Hose von oben in die wasserdichten Schuhe. Ganz interessante Erfahrung. Mittags Rast in einem Buswartehäuschen an einer Straßengabelung. In den Ecken liegt Müll. Zugluft und Spritzwasser kommen von allen Seiten. Ein paar Minuten lang starre ich auf die vorbeifahrenden Autos. Auf einer Reklametafel lockt ein drei Kilometer entferntes Schloßhotel mit seinen vier Sternen. Ich wringe meine Socken aus und mache mich wieder auf den Weg.

Bei Regen differenziert sich wenig. Auch keine Zeit für Gedanken. Die Aufmerksamkeit richtet sich ganz auf den Weg. Kein Fußtritt darf dem Zufall überlassen sein. Größere Steine sind bei Regen häufig wie mit Seife eingeschmiert. Schotter rutscht weg, auch Baumwurzeln sind gefährlich. Erstaunlich, wie gut Augen und Füße zusammenarbeiten. Stürze kommen natürlich auch vor. Beim Fallen hat man keine Kontrolle, da ist man auf die Reflexe, auf gespeicherte Reaktionen und sein Glück angewiesen.

Mehrfach den Weg verloren. Nur noch mit Hilfe einer großen Nord-Süd-Überlandleitung zurechtgekommen.

Hoch über dem Rhônetal Ruinen im Besitz der Macchia. „Ancien prieuré St. Pierre de Rompon, dites Couvent des Chèvres – Altes Priorat St. Pierre de Rompon, genannt Ziegenkloster", steht auf einem handgeschriebenen Schild. Ich erkenne die Reste einer Kirche mit einem Querschiff. Die Gewölbe sind eingestürzt, nur der Chorbogen steht noch als Spielzeug für den Wind. Die übrigen Gebäude scheinen noch länger in Gebrauch gewesen zu sein. Regen rieselt durch Dach und Decke, Wasser plätschert in die Zisterne. Ich stelle mich über deren verrosteten Eisendeckel und ziehe ihn in die Höhe. Erschrocken schaue ich in die Tiefe. Die große, glattwandige, viele Meter tiefe, halbgefüllte Kaverne ist eine perfekte Falle. Vorsichtig lege ich den Deckel zurück und mache mich davon.

Abends läßt der Regen nach. Aus nebeligen Kiefernwäldern gehe ich ins Rhônetal hinunter nach Cruas. Es gibt dort nur eine Übernachtungsmöglichkeit weit außerhalb des Ortes im Torgebäude eines Campingplatzes. Sehr abseitiger Ort. Habe Schwierigkeiten mit meinen nassen Sachen. Hänge sie über den Stuhl und über die geöffneten Schranktüren, stelle die Schuhe auf die Heizung in der Hoffnung, daß sie sich irgendwann einmal auf ihre Aufgabe besinnt, bringe das spärliche Duschwasser auf meiner Haut halbwegs auf Körperwärme und rette eine Schar Ameisen, die mit mir nicht gerechnet hat, vor dem Ertrinken im Abflußrohr. Dann gehe ich zum Abendessen. Der Speisesaal ist ein gefliester Raum von großer Brutalität, an dem keiner irgendwelche Verschönerungsversuche unternommen hat. Im Sommer wird hier bei schlechtem Wetter wahrscheinlich Tischtennis gespielt. Jetzt stehen da ein paar wachstuchbezogene Tische, Bänke und Stühle. In der Nähe eines Fernsehgerätes spielen Männer und Frauen

Karten. Sie haben ihren Spaß. Um mich kümmert sich niemand. Die Zeit vergeht, ich friere und habe Hunger. Wäre ich allein im Raum, würde ich jetzt, um mich zu erwärmen, Liegestütze machen. Ersatzweise mache ich isometrische Muskelübungen und schaukele mit dem Stuhl.

Nach einer halben Stunde löst sich eine Frau aus der Gruppe der Kartenspieler. Sie stellt mir mit rasch gesprochenen Sätzen das Abendessen vor. Ich verstehe sie nicht, stimme aber zu. Jetzt verteilen sich auch die anderen Kartenspieler auf die Tische. Die Wirtin bringt Teller mit rohem Fleisch und Fonduetöpfe mit gelbem Fett. Sie entfacht auf meinem Tisch eine Gaspatrone, und als das Fett zu schäumen beginnt, gare ich die Fleischmassen, die noch für drei weitere Personen gedacht sind, die nicht mit am Tisch sitzen, trinke Wein aus einem Krug, der irgendwann ungefragt nachgefüllt wird, und beschließe den Tag mit dem Gefühl eines eiszeitlichen Höhlenbewohners, dessen Tag eigentlich ganz gut gelaufen ist.

5. April:
Cruas – Le Teil

In der Morgensonne Cruas und seine Umgebung. Ziemlich aufregender Anblick. Vor mir frisch gepflügte Felder, an deren jenseitigem Rand Siedlungs- und Gewerbegebäude zu erkennen sind. Darüber auf einer Berglehne und von hier aus so klein wie das Nest eines Zaunkönigs ein mittelalterliches Dorf, über dem sich die Ruinen einer Burg erheben. Links und rechts sind die Berge weiß aufgerissen von riesigen Kalksteinbrüchen, auf deren Terrassen die Steinmühlen und Brennöfen großer Zementfabriken stehen. Ein Stück weiter links die gewaltigen Meiler und Kühltürme des Atomkraftwerks von Cruas-Meysse, die mit der Sanftmut künstlicher Vulkane den Südteil des Morgenhimmels mit Wolken füllen.

Die Kirche St. Marie de Cruas ist geschlossen. In einem Schreibwarengeschäft sehe ich Fotos vom Kirchenraum und den Kapitellen.

„Gibt es jemand, der den Schlüssel hat?"

„Ja, der Herr Pfarrer, – wenn er Zeit hat."

Cruas ist für mich wichtig. Ich lasse mir das Pfarrhaus zeigen. Läute.

Ein schlanker Mann von etwa fünfzig Jahren, der einen gemusterten Pullover trägt, öffnet. Er hat ein kluges Gesicht und schaut mich skeptisch an. Der Rucksackmann vor ihm hat ein fragwürdiges Ansinnen, will in die Kirche! Diese Kirche ist eine der bedeutendsten romanischen Kirchen Frankreichs. Man hat den unteren Teil der Kirche in den letzten zwanzig Jahren aus dem Geröll und dem Kiesschutt eines Überschwemmungsgebietes wieder ausgegraben. Die Grabungsarbeiten sind noch nicht abgeschlossen. Die Kirche darf nur zu den Gottesdiensten und im Rahmen von Führungen, die das Bürgermeisteramt organisiert, betreten werden. Der Pfarrer ist auf dem Weg zu einer Besprechung. Spürt er meine Enttäuschung? Er schaut auf seine Uhr und sagt: „Gut, wir haben zehn Minuten Zeit."

Er öffnet eine Tür. Wir kommen durch einen Abstellraum, in dem Bauschutt, Handwerkszeug, Kerzenreste und die Palmwedel der Ostertage liegen. Dann stehen wir in der Vierung, in einem Bereich von großer Noblesse. Nach oben, unten und nach hinten zum Kirchenschiff öffnen sich im Halbdunkel weitere Räume. Ich bin aufgeregt, kann mich in der ungewöhnlichen Raumordnung nur mühsam orientieren. Wir stehen auf einer von Säulen getragenen Empore, durch die das Kirchenschiff in eine helle Oberkirche und eine schattenreiche Unterkirche geteilt wird.

Der Pfarrer gibt Hinweise. Bei Grabungen hat man die Fundamente einer frühchristlichen und einer burgundisch-karolingischen Nachfolgerkirche gefunden. Er zeigt auf die freigelegten Grundmauern eines Westwerkes mit einem „Saal für den Herrscher wie in Aachen und Hildesheim".

Im zehnten Jahrhundert kamen Benediktiner aus Aniane, gründeten hier ein Kloster und bauten eine neue Kirche. Oben auf der Empore war die Kirche der Mönche, unten war die Kirche der *fidèles*, der Gläubigen. So waren die Mönche oben zwar ungestört, doch sei das nicht ihre ursprüngliche Absicht gewesen, vielmehr sollte die Empore Schutz vor den Überschwemmungen bieten, von denen die Kirche immer wieder heimgesucht wurde und die in den letzten Jahrhunderten die Unterkirche und eine Krypta mit Kies und Schlamm zuschütteten.

Der Pfarrer öffnet eine schmale Tür. Wir betreten die Krypta, die so lange im Steinschutt verborgen lag. Dem tausendjährigen Raum fehlen Erdenschwere und Gewölbedruck. Wir stehen in einer hohen und transparenten Säulenhalle. Der Schmuck der Kapitelle schlägt mich in Bann: Huhn und Hahn, Greif und Pfau. Keimende und reife Pflanzen. Immer wieder Spiralbänder, Wirbel mit

Sonnenscheiben, mit Labyrinthen; einige umgeben ein Kreuz oder das Christusmonogramm. Alles etwas roh, jedoch kraftvoll dargestellt. Beispiele des „Primitiven in der Kunst", das unser Jahrhundert so schätzte.

Der Pfarrer zeigt mir einen Oranten, eine kleine menschliche Figur mit runden Augen und riesigen, zum Gebet ausgebreiteten Armen. So erheben auch heute noch die Franzosen ihre Hände beim Vaterunser. Es ist eine einfache Geste, aber sie bewirkt, wenn man sie ausführt, eine vorübergehende Verwandlung.

Die Krypta war die Grabstätte des heiligen Torquat, eines Missionars und Bischofs des vierten Jahrhunderts, sowie des heiligen Josserand, der im neunten Jahrhundert von Aniane hierhergekommen war. 1585 wurden ihre Überreste von Hugenotten verbrannt. Die Flammen nahmen ein Stück Trostwerk mit sich fort. Viel später erst kam aus Wiener Ordinationsräumen und Baseler Chemiekesseln der Ersatz.

Besser kamen die Lebenden davon. Die Mönche zogen aus ihrer zerstörten Abtei in die Burg. 1574, 1586 und 1628 wurden sie belagert, aber sie verteidigten sich – „abbé en tête – mit dem Abt an der Spitze" – jedesmal erfolgreich.[14]

Die Zeit ist längst um, der Pfarrer muß weg. Ich bedanke mich und nenne ihm das Ziel meines Weges. Da läßt er mich gegen jede Vorschrift allein und sagt: „Bleiben Sie so lange wie Sie möchten und werfen Sie, wenn Sie wieder gehen wollen, den Schlüssel in meinen Briefkasten." Später entdecke ich in der Nähe des Hauptportals einen Text des Pfarrers:

> Ce lieu invite à la paix,
> à l'harmonie interieure.
> Aussi importantes que ces pierres,
> sont les „pierres vivantes"
> les croyants d'aujourd'hui,
> qui essaient de vivre leur foi
> en faisant surgir
> „le monde nouvelle de Dieu".

> Dieser Ort lädt ein zur Ruhe
> und zum inneren Frieden.
> Genauso wichtig wie diese Steine
> sind jedoch die „lebendigen Steine",
> die Christen von heute, die ihren Glauben so leben,
> auf daß „die neue Welt Gottes" entstehe.

Zusammen mit dem Schlüssel werfe ich einen Zettel mit einem Satz des Dankes in den Briefkasten. Hinter meinen Namen schreibe ich: J'espère une pierre vivante.

Die alte Stadt unter der Burg der Mönche wurde vor einigen Jahrzehnten von ihren Bewohnern verlassen. Stein und Ziegel halten noch aus, Holz und Glas sind bereits verschwunden. Das harmonische Gefüge aus engen Gassen, Treppen, Hausmauern und kleinen Plätzen ist noch nicht ruiniert. Besonders eindrucksvoll sind die kostbaren Fassungen und Steinrahmen für Türen und Fenster. Nach einer Weile ist mir, als würde ich mich innerhalb eines vollkommenen Gebildes bewegen; hier gibt es Kondensationen, die sich mit dem Weggang der Menschen nicht verflüchtigt haben.

Ich treffe einen Mann. Er spricht mit einem starken Akzent. Ich halte ihn für einen Spanier. Dann merke ich, er spricht die *langue d'oc*, die Sprache des Südens. Er beklagt sich darüber, daß dieser alte Ort mutwillig zerstört würde. Man zerschlage Kamine, Türlaibungen, Treppenstufen. Als ich nach den Tätern frage, sagt er: „Es sind die jungen Burschen. Ich glaube ja, daß das Spaß macht, aber ..." Ich frage ihn, ob man den Halbstarken, den *rabeurs*, wie er sagt, in den Schulen nicht den Begriff des *patrimoine*, des gemeinsamen Erbes, beigebracht habe. Er zuckt mit den Schultern. Ein Mann, der mit verletztem Sinn durch die Ruinen seiner Kindheit geht.

Atomkraftwerk. Der riesige Komplex liegt unzugänglich, aber gut sichtbar hinter Wassergräben und Stacheldrahtzäunen. Man hört nur leises Summen. Lautlos entstehen über den Kühltürmen die großen Dampffahnen, stürzt das Kondenswasser am aufsteigenden Luftstrom vorbei kubikmeterschwer in die Tiefe. Lasse mich faszinieren. Entziehe mich grämlicher Kritik. Franzosen sind keine Russen.

Dann wieder die Montagne. Großes Wolkentheater, viele Steh- und Schaupausen. Ein Gewitter zieht vom Vivarais über die Rhône nach Osten in die Alpen.

Übernachtung in einem Hotel an der N 86 in Le Teil. Keine Speisekarte. Auf den Tisch kommen drei dicke Kartoffeln, eine Eingeweidewurst und viel Salat. Anschließend eine Käseplatte zur freien Bedienung. Der Krug mit dem Wein ist *compris*.

6. April:
Le Teil – Bourg-St.-Andéol

Der junge Wirt im „Hotel Europa" in Le Teil lacht oft und angenehm. Häufig kommen Freunde vorbei, kräftige, friedliche Leute. Sie werfen mir freundlich interessiert ein paar Worte zu. An diesem Morgen gehöre ich dazu. Ich stelle mir vor, daß ihre Urgroßväter, bevor sie in den ersten Weltkrieg zogen, genauso unbekümmerte Burschen waren.

Der Wirt schreibt mir eine Rechnung von umgerechnet achtzig Mark für ein ordentliches Abendessen mit Wein, ein praktisches Zimmer mit Bad und ein Frühstück mit erstklassigem Kaffee. Ich spüre, er hat ein schlechtes Gewissen, weil er dem Wanderer so viel Geld abnimmt. Dabei fühle ich mich großartig bewirtet. Er beschreibt mir die nächsten Kilometer des Weges (einmal links, zweimal rechts usw.), und als ich mich trotz vieler Kurven und Abzweigungen daran halte, ist es genau richtig.

Ein paar Stunden später bin ich in Viviers, dem alten Bischofssitz des Vivarais. Der Turm der Kirche ist ein Wehrbau aus bleichem Stein. Den Fortschritten der Kriegskunst folgend immer stärker befestigt und aufgestockt, ist er ein Zeugnis der unbarmherzigen Härte, mit der in Okzitanien die Glaubenskämpfe ausgetragen wurden. Auf einer Tafel ist zu lesen, daß der Ort zur Stauferzeit zum deutschen Reich gehörte. In der Französischen Revolution übergab der Bischof die Kirche dem Staat. Sie wurde profaniert und blau-weiß-rot angemalt.

Völlig irrationaler Umweg über eine unwirtliche Hochebene nach St. Pierre in Larnas. Der Umweg ist es wert, doch entspricht er der Länge einer Nachmittagstour mit dem Auto.

Auf der Straße von St. Montant nach Bourg-St.-Andéol zwei Stunden lang somnambulisiert. In meinem Reisebüchlein Gedichte von Huchel, Eich und Benn gelesen. Die beiden ersteren kommen hier nicht so gut an. Benn dagegen macht sich vortrefflich. Hat seinen „Sopran" doch noch nicht so ganz „ausgesungen". Fände es am Ende sogar noch passabel, daß ich hier langziehe. – Oder aber: „à bas ins Hühnergefieder" – „Seelenausglanz" – „Verklärungssucht"![15]

Ende der Lesestunde. Vor der Stadt wird die Straße zu unruhig: Kurvenschneider, Beschleunigungssüchtige; andere passen nicht auf beim Überholen. Komme spät in St. Andéol an „Hôtel Prieuré" am Rhôneufer. Junge Leute. Wollen etwas hermachen. Das Abendessen knapp und vornehm. Der Patron schneidet den Käse so, daß er die Rinde los ist und ich sie auf dem Teller habe. Revanche. Lasse mir von allen Sorten auf seinem Käsewagen etwas abschneiden. Am Ende kommen wir gut miteinander zurecht.

7. April:
Bourg-St.-Andéol – Vénéjan

In der Kirche steht im rechten Nebenchor ganz unprätentiös der Sarkophag des heiligen Andéol. Er ist mit Pfauen, Greifenvögeln, Löwen und wohlgenährten Engeln, die über schlafenden Hasen schweben, geschmückt. Auf der Vorderseite des Sarkophages steht in lateinischer Sprache u.a.: „Das Gehäuse dieses kleinen Sarkophages umschließt deinen Körper, aber deine Seele freut sich mit den Heiligen über den Sternen in der Glückseligkeit. Oh, St. Andéol, glücklicher Märtyrer".[16]

Nach der lokalen Überlieferung war St. Andéol einer aus der Schar, die der heilige Polykarp aus Smyrna in Kleinasien nach Gallien schickte. Doch stimmt das nicht. St. Andéol lebte über zweihundert Jahre später. Zwar fand auch er den Märtyrertod, aber Lokalstolz oder ehrgeizige örtliche Kirchenpolitik reihten ihn unter die ersten Missionare. Man beging eine kleine genealogische Betrügerei. Um sie glaubwürdig zu machen, legte man den Heiligen in einen echten frühchristlichen Sarkophag. Wie es auch sei, ob zweites oder fünftes Jahrhundert, St. Andéol wird schon in Ordnung gewesen sein, und aus dem Spruch auf seinem Steinsarg spricht die beseelte Stimme der christlichen Frühzeit.

Sitze lange in der steinernen Dunkelheit der Kirche. Im Laufe der Zeit wird es heller. Über dem Quadrat der Vierung tragen Pfeiler das Halbrund der Kuppel. Meßbares geht über in Unermeßliches. Zeit in Ewigkeit.

Stundenlang durch stark kultivierte Landschaft. Überwiegend Reben, manchmal Erbsen, Endivien, Kohl, später auch Spargel und Obstplantagen, ab und zu Lavendel. Starker Einsatz von ätzenden Herbiziden. Boiler und Spritze haben Sichel und Sense verdrängt. Wo am Rande etwas frei wachsen wollte, sieht man nur noch fahle, verkrümmte Pflanzenreste. Dazu permanenter Regen. Auf dem Weg Kies und nasser Lehm, mühsames Fortkommen. Wenn das Licht fehlt und Regentropfen anstelle der Zikaden die Hintergrundmusik abgeben, ist diese Landschaft schwer zu ertragen. Die Klischees vom Süden wurden bei anderem Wetter geprägt. An solchen Tagen blieben die Maler des Midi zu Hause. Und Pan ist auch nicht immer in Form, heute vertritt ihn die Regentrude. Einmal hat ein Bauer den Weg umgepflügt, die Schuhe versinken tief im Schlamm.

Gegen Abend läßt der Regen nach. Komme vor Vénéjan durch eine große Obstplantage. Die Bäume stehen auf frisch gemähten Wiesen nicht in Reih und Glied. Eine kleine Freude für Augen und Nase.

Nachtquartier in einem Bauernhof mit Gästebetten. Sitze beim Abendessen an einem langen, spurenreichen Holztisch. Die dicken Bretter glänzen vom langen Gebrauch. Braun und Schwarz in allen Schattierungen. Das Leben von Generationen hat diesen Tisch imprägniert. Für mich wird er zu einem Relikt des Landes, das es nicht mehr gibt, und eines Lebens, dem wir mit unserer Zerstreuungskultur nicht mehr gewachsen sind.

Die Köchin kommt an den Tisch und stellt ihr Abendessen vor: Rohkost mit Wurstwaren, eine Kalbfleischbulette in Oliven- und Kräutersoße mit Kartoffeln. Käse und ein Stück Apfelkuchen. Neben mir am Tisch sitzen Monteure und Lkw-Fahrer, am Nachbartisch ein Bauer mit seiner Familie. Wir essen mit großem Behagen. Ist es unser Hunger oder die Kunst der Köchin, oder liegt es an dem Tisch, der schon so viele Hungrige und Erschöpfte gesehen hat?

Wahrscheinlich ist das Bett so alt wie der Tisch. Ich liege zusammengekrümmt, aber bequem, und verschwinde in einem Schneckenhaus von Träumen.

8. April:
Vénéjan – Tavel

Als ich die Fensterläden aufstoße, ist es im Hof noch dunkel. Das Rascheln von Pappeln. An den östlichen Rändern löst sich der Nachthimmel auf. Spektralfarbensequenz. Dann schiebt sich die Sonne über die Hügel. Da bin ich schon unterwegs. Das Land ist abwechslungsreich parzelliert. Überwiegend Weinanbau. Ab und zu Pinien- und Eichenwälder. Die schwarzen Rebstöcke haben oben die ersten Triebe und Blätter angesetzt. Im frühen Gegenlicht sehen sie aus wie Pechfackeln mit einem Schopf grüner Flammen. Über der lichtgefegten Ebene steht unsichtbar der Mont Ventoux unter einem Wolkenpaket.

Wie immer das Morgengebet des Iren, des heiligen Patrick. Große Heilige sind oft auch große Dichter.

Ich erhebe mich heute in gewaltiger Kraft,
in Anrufung der Heiligsten Dreifaltigkeit,
im Glauben an die Dreiheit,
im Bekenntnis der Einheit des Weltenschöpfers.
...
Ich erhebe mich heute
inmitten der Kräfte des Himmels und der Erde,
im Licht der Sonne und im Glanz des Mondes,
im Leuchten der Feuersglut und im Sprühen der Blitze,
im Brausen der Stürme und im Fluten der Meere –
unter mir die Feste der Erde,
vor mir die Härte der Felsen!
...

Bei Laudun ein blockartiger Berg mit steil abfallenden Hängen. Eine natürliche Festung. „Cäsars Lager" steht auf der Karte.

Durch die Macchia geht es hinauf auf ein Felsplateau. Hier sind Reste von Mauern und Türmen, Hausfundamente, Straßen und Treppenstufen. Soll Cäsar, der ganz Gallien bis hinauf ins heutige Lothringische und Flandrische in wenigen Jahren eroberte, soll er wirklich ein Lager aus so vielen Steinen errichtet haben? Später im Rathaus von Laudun erfahre ich in einer kleinen Ausstellung, daß auf dem Berg zunächst eine keltische Stadt stand, die später von den Römern modernisiert wurde. Ob Cäsar selbst damit etwas zu tun hatte, blieb ungeklärt.

Von oben übersieht man die riesige Ebene zwischen Orange und Avignon bis hinüber zum Mont Ventoux. Irgendwo in der Tiefe besiegten die Vorboten der Völkerwanderung, die Kimbern und Teutonen, vor langer Zeit die Römer in einer barbarischen Schlacht. Im Panorama links, aufgeräumt und weiß gestrichen, die große Atomzentrale von Marcoule. Frankreich reichert hier für seine Atomkraftwerke, wahrscheinlich aber auch für seine Bomben, Uran an.

Tavel. Ein spartanisches Zimmer in einem alten Haus. Bett, Waschbecken, drei Haken an der Tür. Das Restaurant wesentlich komfortabler. Trinke den berühmten Rosewein des Dorfes. Am Nebentisch eine englische Familie mit vier kleinen Mädchen. Der Vater spricht neben seinem Oxford-Englisch sehr gut französisch, aber auch dem Tavel tapfer zu, bestellt sich noch einen Krug. Die füllige Mutter erzählt vor dem Nachtisch den Kindern eine Geschichte. Sichtbare Verzauberung durch das gesprochene Wort.

9. April:
Tavel – Tarascon

Brutaler Midi. Den halben Tag über Straßen, von Autos bedrängt, an schmutzigen Gräben entlang dahingegangen. Eine Kette von verbrauchten Orten, die sich irgendwelchen aggressiven landwirtschaftlichen Aktivitäten hingegeben haben. Saze, Domezan, Théziers, Montfrin. Schwelende Müllkippen – der Leitgeruch des Südens abseits der Touristenwege. Klappernde, rasselnde Bambushecken; die älteren Zypressenreihen werden seltener, verdorren, halten der neuen Art der Landwirtschaft nicht stand.

Irgendwo eine fremdländische Hochzeit, Nordafrikaner. Sie veranstalten eine endlose Autokavalkade, fahren kreuz und quer durch den Ort, hupen ohne Unterlaß, halten alles mit Videokameras fest. Ihre Freude oder Betriebsamkeit pflanzt sich nicht fort. Ein Fußgängerüberweg wird von der Festgesellschaft rücksichtslos blockiert. Unter den vielen Wartenden entsteht eine zunehmende Unruhe. Gewaltbereitschaft, die sich zu entladen droht. Beißender Qualm von einem kunststoffverzehrenden Feuer reizt zusätzlich und verfinstert die Straße.

Da tritt lächelnd ein Mann auf den Zebrastreifen, breitet die Arme aus, stoppt den übermütigen Zug und setzt mühelos die Straßenverkehrsordnung wieder in Kraft.

Abends über die Brücke von Beaucaire nach Tarascon. Kalter Wind fegt über die Rhône. Früher gab es hier eine einspurige Hängebrücke. Sie ist verschwunden. Hinter der neuen verkehrsgerechten Brücke liegt das Schloß des Königs René nur noch als Kulisse. Ich bin sehr müde, stolpere über einen hohen Bordstein, drohe mit dem Rucksack lang hinzufallen, kann mich aber mit den Händen blitzschnell an einem Laternenpfahl abfangen. Dies nehme ich als unmißverständlichen Hinweis, in ein nur wenige Meter entferntes Hotel zu gehen.

10. April:
Tarascon – Arles

Über den Deich eines Bewässerungskanals an Gärtnereien und Gemüsefeldern vorbei zur Chapelle Saint-Gabriel. Der Weg wird von Baumreihen beschattet. Der Himmel hat azurblau geflaggt. Der frühe Morgen spielt noch mit dem Licht. Die kleine Kirche liegt einsam in einem Olivenhain. In der Antike und im Mittelalter kreuzten sich hier wichtige Straßen: die Via Aurelia von Italien nach Spanien, die Via Agrippa, die durch das Rhônetal nach Trier und Germanien zog, und die Via Domitia, die von den Alpenpässen kam.

An dieser Stelle, an den Ausläufern der Alpilles und am Rande des Rhônedeltas mit seinen Sümpfen und zahllosen Wasserarmen, wohnten Flußschiffer und Flößer, die Menschen und Waren durch das gefährliche Wasserlabyrinth brachten. Mit der Entwässerung und Kultivierung der Deltalandschaft verloren sie schon vor langer Zeit ihre Arbeit. Der Ort verschwand, nur die Kirche blieb. Es ist keine ländliche Kapelle. Hier, wo die Fernstraßen der alten Welt zusammenkamen und die festen Wege unterbrochen wurden, entstand, inspiriert vom Genius loci und dem Nimbus des Erzengels ein exzeptionelles Bauwerk, dessen mächtige Bilder ich in einer ungestörten Stunde betrachte.[17]

Der Erzengel Gabriel – der Überbringer göttlicher Botschaften, der Straf- und Todesengel, der Herr des Paradieses – ist kein sanfter Engel. Er besitzt eine nahezu gnadenlose Durchsetzungskraft. Er straft, aber er ist auch immer wieder Botschafter der Versöhnung, dennoch ist er kein Diplomat, denn er verhandelt nicht. Seine Botschaften unterliegen nur am Rande den Naturgesetzen und menschlicher Logik. Davon spricht die Fassade der ihm geweihten Kapelle.

Diese Fassade ist in zwei Teile gegliedert. In der unteren Hälfte erkennt man den irdisch-geschichtlichen Bereich; darüber liegt, klar abgetrennt und trotz der geringen Dimensionen unsagbar weit entrückt, die himmlische Zone, das große Bogenfeld des Firmamentes mit seinen Symbolen: dem Tierkreis, dem Tetramorph und dem archaischen Christussymbol, dem Okulus.

In der unteren Zone ist dargestellt, wie Gabriel den menschlichen Bereich betritt. Man sieht ihn als den strafenden Engel, der die Menschen aus dem Paradies vertreibt, aber auch als den beschirmenden Engel, der dem Propheten Daniel in der Löwengrube beisteht. „Mein Gott hat einen Engel gesandt und den Rachen der Löwen verschlossen. Sie taten mir nichts zuleide" (Buch Dan 6,23).

Daniel, der in die Löwengrube geschickt wurde und aus ihr entkam, war für die alte Kirche gleichnishaft ein Vorläufer Christi.

Über den Bildern aus dem Alten Testament erscheint Gabriel als Vorbereiter des Neuen Testamentes. Er kam zu dem Priester Zacharias und verhieß diesem, daß er und seine Frau Elisabeth auf ihre alten Tage noch einen Sohn bekommen würden. Und als Zacharias, ein bedächtiger Mann, berechtigterweise die Glaubwürdigkeit dieser Vorhersage bezweifelte und sogar dem Engel die Kompetenz absprach, sagte dieser: „Ich bin Gabriel, der vor Gott steht" (Lk 1,19). Der Engel strafte den alten Mann mit Stummheit bis zu dem Tag, an dem die Prophezeiung in Erfüllung ging und Elisabeth ihren Sohn, Johannes, den Täufer, zur Welt brachte.

In dieser Zeit ereignete sich auch das wunderbare Gespräch zwischen Gabriel und Maria, das von Maria mit den Worten: „Mir geschehe, wie du es gesagt hast", beendet wurde.

Auf der Fassade sind die beiden Verkündigungsszenen zu einem Ereignis zusammengefaßt. Der Engel steht zwischen Maria und Elisabeth, nur unmerklich größer als diese, also nicht mehr unnahbar über den Menschen wie in den Szenen des Alten Testamentes, sondern neben ihnen. Aber seine Flügel durchdringen die Wände der Räume als Hinweis darauf, daß er in mehreren Sphären zu Hause ist.

Auf der nächsten Stufe, exakt in der Mitte der Kirchenwand, an der Nahtstelle zwischen dem irdischen und dem himmlischen Bereich, liegt das Lamm, das Opfertier, als Zeichen dafür, daß Christus Himmel und Erde wieder verbunden hat.

Ganz oben, in der Zone des Firmamentes, der vom Tetramorph umgebene Okulus, der neben einer schmalen Mauerscharte im Osten das einzige Fenster des Gebäudes ist. Abends fällt durch diese Öffnung Licht aus dem Westen, dem Reich des Todes, in die Kirche.

Christussymbolik von großer Leichtigkeit und Überzeugungskraft. Hier sind Gelehrtenwissen und die ungebrochene Magie der Bilder noch deckungsgleich. Nichts trieft, nichts qualmt. Schöne frühe Scholastik. Nach Gottes Gedanken sind die Dinge geschaffen: „Credo, ut intellegam – Ich glaube, damit ich erkenne", sagt Anselm von Canterbury.

Nach der Betrachtung dieser Fassade ist mir, als hätte ich Zwiesprache gehalten mit den Menschen und den Zeiten, denen diese Bilder so wichtig waren.

Das erfüllt mich mit einer großen Zufriedenheit. Später finde ich in meinem Reisebüchlein einen Satz Gregors des Großen: „Durch die Betrachtung, die uns über uns selbst hinausträgt, werden wir wie aufgehoben in die Lüfte."

Ich gehe durch die Alpilles nach Fontvielle und weiter über Montmajour nach Arles. Die Straße eilt mir entgegen, Wind ist in meinem Rücken, und die Sonne scheint warm auf mein Gesicht, bis ich am Ende in Arles meine Frau wiedersehe.

3. April, 18.00

5. April, 16.00

8. April, 15.00

9. April, 10.00

9. April, 17.00

10. April, 11.00

10. April, 16.00

9

In Arles

11.–13. April:
St. Trophime. Das Arelat.
Die Alyscamps

Arles. Mistral. Blanke Kälte. Borstige Windstöße, die sich gegen die Mauern werfen und drohend an allem rütteln, was sich bewegen läßt. Licht von unerträglicher Klarheit. Blitzartig verschleudert, wenn kleine Wolken an der Sonne vorbeijagen.

Rückzug in den Kreuzgang von St. Trophime. Aber auch hier kein Schutz vor den Bosheiten des Windes.

Aus der Fülle der Szenen und Skulpturengruppen beschäftigen mich zwei besonders stark. Zunächst Christus und die Emmaus-Jünger. Alle drei in der Tracht von Reisenden mit Mützen, Schultertaschen und Stäben. Einer der Jünger trägt an seinem Hut die Jakobsmuschel. Eine wunderbare Ruhe, Zufriedenheit und Gemeinsamkeit erfüllt die Gruppe, und ich kann mich, wie schon Tausende vor mir auf dem Jakobsweg, mit dem gekennzeichneten Jünger identifizieren.

In ganz andere Dimensionen führt die Gruppe „Zeige deine Wunde". Man erkennt Christus zwischen Thomas und Jakobus. Er zeigt gelassen die Wunden an seinen Händen und in seiner Brust. Thomas steht starr aufgerichtet mit den kühlen Zügen des Skeptikers neben ihm. Noch ist seinem Gesicht nicht anzusehen, was nach seiner kühnen Forderung und der demütigen Geste des Herrn in ihm geschieht.

Ganz anders Jakobus. Sein kindliches Gesicht drückt eine unbeirrbare, fast einfältige Glaubenssicherheit aus. Sein Körper ist leicht zusammengezogen, so als sei er unter der Frage des Thomas zusammengezuckt. Das ist ganz der Jakobus, der nach dem Ereignis der Verklärung auf dem Berge Tabor Hütten bauen wollte, der erfolglose Missionar Hispaniens, der erste unter den Aposteln, der den Märtyrertod fand.

Die Ruhe und Großzügigkeit des Hotels. Nur leise dringen die Geräusche der ereignislosen Stadt in den Innenhof. Hier gehe ich auf und ab und sammle ein paar Splitter aus der Vergangenheit von Arles, der ehemaligen Hauptstadt von Roms wichtigster Provinz.

Zu Beginn der Völkerwanderung, als Trier den römischen Kaisern zu unsicher wurde, war Arles vorübergehend sogar Hauptstadt des ganzen römischen Reiches. Später war die Stadt ein Zentrum des Königreichs Burgund.

Nach dem Jahr 1000, als die deutschen Kaiser die Königswürde von Nieder- und Hochburgund erbten, kamen Stadt und Grafschaft Arelat zum Verband des Heiligen Römischen Reiches Deutscher Nation. 1156 heiratete Barbarossa in Würzburg Beatrice, die Erbin der Grafschaft Burgund, und ließ sich 1178 in St. Trophime, ebenso wie später Kaiser Karl IV., zum König von Burgund krönen.

Jedoch blieb die reale Macht der Deutschen gering. Offenbar waren ideelle Vorstellungen, träumerisches Geschichtsbewußtsein und pathetische Heerzüge zu Krönungsfeierlichkeiten durch das riesige Reich, aber auch leben und leben lassen noch Glück genug in einer Zeit, als in Frankreich königliche Machtpolitik schon mit den Zielen Besitzen, Halten und Vereinheitlichen betrieben wurde.

In St. Trophime werden keine Staatsaktionen mehr inszeniert. Die ehemalige Bischofskathedrale ist heute eine einfache Gemeindekirche. Bleibt die Erinnerung an den Heiligen. Er stammte aus Ephesus und war Schüler des Apostels Paulus. Mit Petrus ging er nach Rom und wurde von dort als Missionar nach Gallien geschickt. Er versteckte sich mit seinen ersten Schülern auf dem riesigen antiken Gräberfeld, den Alyscamps in Arles. Eines Tages aber gab er sein Versteckspiel tollkühn auf, als er durch sein entschlossenes Einschreiten die heidnische Opferung von drei Kindern verhindern konnte. Der römische Präfekt war durch seinen Mut so beeindruckt, daß er zum Christentum übertrat und fortan Trophime beschützte. Auf den Alyscamps baute der Heilige zu Ehren der Mutter Gottes, die damals noch lebte, eine Kirche.

Nach zehnjähriger Tätigkeit in der Provence kehrte Trophime nach Ephesus zurück und begleitete Paulus auf dessen Missionsreisen. Am Ende seines Lebens kam er noch einmal nach Arles und weihte in Anwesenheit vieler Bischöfe und einer großen Menschenmenge den bislang heidnischen Friedhof Alyscamps. Da erschien Christus, kniete mit der Menge nieder und segnete das Gräberfeld.[18]

Selbst wenn vieles Legende ist, so gehen die Spuren des Christentums hier dennoch bis zu den Uranfängen zurück, und der Geist und die Poesie dieser Geschichten haben lange Zeit das Leben und die Vorstellungswelt der Menschen beeinflußt und erfüllt. Über fünfzehnhundert Jahre lang hatten viele den Wunsch, auf dem von Christus selbst gesegneten Friedhof zu ruhen. Und so ließ man sie nach ihrem Tode auf führerlosen Booten oder in schwimmenden Särgen, die mit einem Obolus versehen waren, die Rhône hinuntertreiben. In Arles wurden sie aus dem Wasser gefischt und auf den Alyscamps beigesetzt.

10

Im Languedoc

14. April:
Arles – St. Gilles

Sie gehen zusammen nach St. Gilles. In der Rue de la République kaufen sie bei dem Schokoladenhändler „Leonidas" Brüsseler Pralinen als Reservenahrung. Dann überqueren sie die Rhône auf der Brücke von Trinquetaille. Auf die Kaimauer hat jemand in übermenschlicher Größe die Signatur van Goghs gemalt: „Vincent" und noch einmal „Vincent". Hier auf der Rückseite der Stadt haben diese Schriftzüge eine große Imaginationskraft. Sie stellen nach der Verdünnung der Gemälde durch die allgegenwärtigen Reproduktionen die Kraft der Bilder wieder her und erinnern an die Besessenheit des Mannes, der an seinen Bruder schrieb: „Ich male wie eine Lokomotive".

Vorstadt, heruntergekommene Gärtnereien, reisverarbeitende Industrie, armselige Pachthöfe. Über die Draillasse, den früher von Hufen zerstampften, jetzt asphaltierten Herdenweg durch die Camargue. Lange Zeit frisch gepflügte Felder, auf denen noch nichts keimt – Reisanbau? Dann Grassteppe, lange Stacheldrahtzäune mit dicht nebeneinander stehenden Pfosten, Stierweiden, doch fehlen die Tiere. Eine kleine Arena mit einer karminrot gestrichenen Holzwand, Tische und Bänke unter Schilfdächern, im Hintergrund eine Hirtenhütte. Ab und zu kommt ein wenig Sonne durch die Wolken. Der Wind spielt leise mit den Grasbüscheln. Dann wieder Felder, Reiterhöfe, Campingplätze. Die Deiche der kleinen Rhône hat man beim Hochwasser des vergangenen Winters mit weißem Geröll erhöht.

Und es kommt ein großes Dornenfeld, das sie überqueren müssen, und ein Hund, der den Weg verteidigt, und eine lange Straße in St. Gilles. Seine Frau geht zufrieden neben ihm her. Manchmal gibt sie ihm die Hand, und allmählich wird ihm klar, daß sie sich erst in elf Wochen wiedersehen werden. Aber da hat sie schon tapfer und weil die Zeit drängt, das Taxi bestellt, und er steht allein auf dem Platz vor dem großen Portal von St. Gilles, wo man allen die Köpfe zerstört hat, nur dem Erzengel Michael nicht.

In seinem Büchlein findet er Trost bei Therese von Avila: „... denke nicht verächtlich von der Liebe. Sie erfährt so viel Entzauberung, erträgt so viel Dürre und wächst doch voller Ausdauer, immer neu, wie das Gras."

15. April:
St. Gilles – Lunel

Der Himmel über der Ebene in riesigem Blau. Im Westen der Stadt, die gestern nachmittag einen so verlassenen Eindruck machte, zahlreiche Gärtnereien und dicht bestelltes Land. Auf den Feldern bunte Menschengruppen. Freizeitkleidung ersetzt auch hier das Arbeitszeug. Irgend etwas, das ich aus der Ferne nicht erkennen kann, wird geerntet. Ein Bewässerungskanal, über den das Rhônewasser tief hinein ins Languedoc transportiert wird, ist eigentlich nur eine wassergefüllte Betonschneise. Neben dem ockerroten Parallelweg weiße und gelbe Blumen. Später welliges Gelände, Weinfeld nach Weinfeld, dann Pinien – ganze Wälder, die sehr kostbar aussehen und den Hügeln Hermelinpelze um die Schultern legen.

Einmal sechs Propellerflugzeuge, die langsam und einträchtig durch den Himmel brummen. Als sie im milchigen Licht über dem Étang de Scamandre fast verschwunden sind, drehen sie wieder nach Norden ab und fliegen das Rhônetal hinauf. Ich stelle mir vor, daß meine Frau, die jetzt im Zug nach Paris sitzt, sie ebenfalls sieht.

Auf den nach Süden geneigten Hängen reißen Bagger die Rebstöcke aus dem Boden. Sie machen Platz für Obstbäume, wahrscheinlich für Pfirsichplantagen, die immer häufiger auftauchen.

Ein seit langem nicht mehr gemähtes Wiesental, verunkrautet und voller Disteln, endet vor einem Waldstück, in dem ein zusammengestürzter Holzstall und ein halbverbranntes Haus zu erkennen sind. Auf Mauerstümpfen liegen Flaschen, Töpfe, Nahrungsreste und allerlei Gerät, überall Lumpen und Müll. Inmitten dieses Desasters steht ein Wohnwagen, auf dessen Plastikhaut sich Grünalgen und Schimmelpilze angesiedelt haben. Durch die gardinenlosen Fenster erkenne ich den reglosen Oberkörper eines Mannes von etwa vierzig Jahren. Als ich stehenbleibe, verändert er langsam, wie aus tiefster Erstarrung erwachend, seine Position, erhebt sich zögernd, stolpert dann über die kleine Treppe hinaus ins Freie und ruft mir etwas zu, das ich nicht verstehe. Den Kopf leicht in den Nacken gelegt, schwankt er, wie von der Sonne geblendet, hin und her. Sein Gesicht ist gerötet und verquollen, die erloschenen Augen des Trinkers.

Als ich nicht antworte und weitergehe, versinkt er erneut in Resignation und Lethargie. Kurze Zeit später, als ich mich auf der Höhe des Weges noch einmal umwende, sehe ich ihn wieder erstarrt in seiner Bude sitzen. Erst jetzt geht mir die Tragik seiner Erscheinung auf, und daß ich mich regelrecht vor ihm verdrückt habe.

In Vauvert, einer Landstadt, Rast in einem Café. Viele Jugendliche. Sie stehen herum, bestellen aber nichts. Wenn einer neu hinzukommt, begrüßt er die anderen der Reihe nach umständlich mit Handschlag. Sie haben viel Zeit. Frankreich hat eine Arbeitslosenquote von zwölf bis dreizehn Prozent, und hier im Süden liegt sie wahrscheinlich zwei- bis dreimal höher.

In dem Gebiet hinter Vauvert viel totgespritztes Hofland. Bäume und Sträucher an den Ackerrändern blattlos. Brachliegende Felder mit kümmerlicher Verkrautung. Auf anderen ist die Ackerkrume fast schwarz von untergepflügten Frühbeetfolien. Auf großen Flächen dicht an dicht nissenhüttenartige Treibhäuser aus dünnen Plastikhäuten. Sie wirken wie Notunterkünfte für Obst- und Gemüsepflanzen.

Nach den Gewächshäusern eine Fabrik für Schwimmbäder aus riesigen Kunststoffwannen. Hektargroße Vorratshalden für Bassins verschiedener Größen von vier Meter Länge (Modell Lissabon) bis zwölf Meter Länge (Modell Brüssel). Bei den Namen für die Wannen hat man sich offenbar am Wohlstandsgefälle innerhalb der EU orientiert.

Abends ein Problem: Die Eisenbahnbrücke über den Fluß Vidourle. Sie ist die einzige Möglichkeit, ohne großen Umweg weiterzukommen. Da sie an der TGV-Strecke nach Montpellier liegt, zögere ich etwas. Mit der Trappermethode, nach der die Schienenstränge schon singen und vibrieren, lange bevor der Zug zu sehen ist, überprüfe ich die Lage. Da der TGV aber schneller ist als die Dampfzüge im Wilden Westen, hat die Methode Unsicherheiten und Schwächen. Als ich entdecke, daß die Brücke im Abstand von fünfzig Metern kleine Ausweichbuchten für Streckengänger hat, wage ich mich hinüber.

Kurze Zeit später, vor einem Bahnübergang, kommt ein Zug lautlos heran, wirft sackweise tosende Luft über mich und ist, gefährlich pfeifend, nach wenigen Sekunden wieder verschwunden.

16. April:
Lunel – Montpellier

Übernachtung im Bahnhofshotel von Lunel. Vor dem Fenster manchmal die Laute der Langue d'Oc, sanft wie die Stimmen zutraulicher Kinder.

Der Himmel grau. Kalter Wind von Norden. Cevennenwind, der über Schneefelder geglitten ist. Über einen Weg neben der Autobahn Richtung Montpellier. Faszinierendes Nebeneinander von verlassenem Lehmweg und unablässig befahrener sechsspuriger Straße. Die Aufschriften der Fahrzeuge vertreiben mir die Zeit:

Der Fuhrunternehmer Sardellitti
und der Reisebus Pollini aus Italien.
Die internationalen Kühlwagen PERE A. S. aus Spanien.
Aus Deutschland ein Lkw mit der Aufschrift: Der richtige Weg.
Ein Laster mit Croustillon – dem Gebäck für unsere Zeit.
Der Luxusbus Tusculum aus Lövenich,
    die Routiers Bretons und besonders schön verziert
    die Transports Bellagranti + Sohn aus Genua.
Mehrfach auf Containerwänden
stehen die Musketiere der Distribution aus Frankreich
    mit gezogenem Degen gerade
    für den neuen Souverän, den Verbraucher
von Käse, Bier und Entenfleisch.

Vor einer abgelegenen Mühle zwei schwarze aufgebrachte Hunde. Der jüngere hat sich von der Kette losgerissen und stürmt auf mich zu. Der andere, ungeschlacht und grausam die Zähne bleckend, zerrt wütend an Laufleine und

Kette und erreicht den Rand der Brücke, auf der sein Genosse angriffslustig mir entgegenknurrt. Ich zeige ihnen meine Entschlossenheit weiterzugehen und meinen Stock. Ihre Angriffslust bleibt unbefriedigt.

Irrwege durch ein Heidegebiet. Gerate in ein nicht erwartetes Dorf. Es wird von einem großen Schloß überlagert. Das Dorf heißt Castries. Aus diesem Schloß stammt der General de Castries, der 1954 im ersten Vietnamkrieg Bien-Dien-Phu aussichtslos verteidigte. Ich erinnere mich noch gut daran, wie man uns damals die verlorene Schlacht verkaufte, als hätte das Abendland einen wichtigen Vorposten verloren. In Wirklichkeit erhielt hier die kolonialisierende Arroganz Europas den notwendigen und historisch folgenreichen Denkzettel. Der Gegner des Generals de Castries war übrigens der vietnamesische General Giap, der später mit dem Guerillaheer des Vietcong auch die Amerikaner zum Rückzug aus Vietnam zwang. Wie tief hat das damals viele bewegt, nachdenklich gemacht und aufgerührt! Seltsames Europa: Da läuft man fast bewußtlos über eine Heide, und dann schlägt ein Name wie eine Hacke ins Gehirn.

Mühsam ins Zentrum von Montpellier. In der Rue Maguelone erinnert die Fassade des „Hotel Angleterre" an bessere Zeiten. Die wurstige Madame an der Rezeption befindet, daß für mich, den Rucksackmann, ein Zimmer im 3. Stock mit Waschbecken und kaltem Wasser genügt. Sie weist mir mit dem Rücken der Hand, zwischen deren Fingern eine Zigarette steckt, den Weg nach oben. Ich nehme es, wie es kommt, wohne für fünfzig Mark im Herzen der Stadt und schaue aus dem Fenster auf die schöne Place de la Comédie, die voller Menschen ist.

Es gibt dort eine große verspielte Skulpturengruppe von drei jungen Männern zu bewundern, die hinter hundert kleinen Fontänen bis zum Bauch im Wasser stehen und sich über die warme Luft oder die Sonne oder über das Leben selbst freuen. Straßenmusikanten mit zwei Gitarren, einer Baßgeige und einem Sänger spielen etwas, was schwebend leicht und traurig zugleich ist.

Aber noch ehe ich mich ins Flanieren und die Kaffeehäuser verliere, tragen meine Füße mich in die Rue Fabre vor eine schwarze Fassade, auf der in Stein gemeißelt steht: *Dominicain*. Das interessiert mich. Hier war Albigenserland, und die Dominikaner waren die intellektuelle Kampftruppe der römischen Kirche gegen die Häretiker. Betrete die Kirche. Dunkelheit umfängt mich. Irgendwo brennt eine Kerze vor einer kleinen holzgeschnitzten Menschengruppe. Allmählich sehe ich mehr. Über dem Altar hängt ein helles Tuch. Vor dem Altar im

Halbrund ein paar schlichte Bänke wie vom Schützenfest, auf einem einfachen Teppichboden einige Kissen. Neugierig geworden schaue ich mich um und finde einen Handzettel, den ich übersetze:

„Dies ist eine nicht an eine Pfarrgemeinde gebundene Kirche. Sie wird in schöpferischer Glaubenskraft und nach den Orientierungslinien, die durch das II. Vatikanische Konzil geschaffen worden sind, betreut und beseelt durch die brüderliche Gemeinschaft der Dominikaner. Durch das Fehlen der Kirchenbänke soll ein Ort der Freiheit und der Mobilität zur Begegnung und zur Teilhabe am Evangelium Jesu Christi geschaffen werden. ... Die Verbreitung des Wortes nimmt einen herausragenden Platz ein (Predigten, Debatten, Glaubenszeugnisse, audiovisuelle Montagen), damit das Licht der christlichen Verkündigung erhellt und vertieft und die fundamentalen Fragen des Glaubens, der Menschen und der modernen Gesellschaft besprochen werden können. Die Feier der Liturgie soll ihren festlichen und gemeinschaftsbildenden Ausdruck in einer zeitgemäßen Sprache, in einem weitgesteckten ökumenischen Rahmen und in der Freiwilligkeit des Gebetes aller Gutwilligen finden."

Es ist Samstag und eine Vorabendmesse angekündigt. In einem benachbarten Eispalast stärke ich mich mit einer riesigen Menge köstlicher Eiszubereitungen und gehe zurück zu den Dominikanern.

Wieder die packende Dunkelheit des Raumes. Die sonst in Kirchen hallenden Schritte verschluckt ein Teppichboden. Mitten im Kirchenschiff, nur matt zu erkennen, eine hohe Gestalt in weißem Habit, ein Mönch der Gemeinschaft. Er empfängt wortlos freundlich die Kirchenbesucher wie Gäste. Auf dem Tuch über dem Altar jetzt die Projektion einer frühen Buchmalerei, die die drei Frauen und den Engel am leeren Grab zeigt.

Dann geht das Licht an, und der frühgotische Raum zeigt seine Schönheit. Mit schnellen unzeremoniellen Schritten tritt der Priester vor die Gemeinde und begrüßt sie. Ein Konfrater steigt auf einen Stuhl und zündet die Osterkerze an. Jemand von den Anwesenden liest einen vorher ausgelegten Text über „den Betrug des Hananias und der Saphira" vor, jenes irritierende Ereignis aus der Apostelgeschichte, das für ein Ehepaar, Mitglieder der Urgemeinde, mit dem Tode endete (Apg 5,1–11).

Wir alle im Raum sind über diese Geschichte schockiert. Rief sie bei der ersten Gemeinde vermutlich Furcht und Schrecken hervor, so löst sie bei uns eher Ablehnung aus. Der Dominikaner, Pater Jacques Martin, fordert uns zu einer

Diskussion heraus. Eine Dame, die neben mir sitzt, hält das ganze für eine Legende. Der Pater fragt, ob sie denn die Evangelien auch für eine Legende halte. „Natürlich nicht", antwortet sie.

„Nun gut", sagt der Pater „der Evangelist Lukas hat auch die Apostelgeschichte geschrieben, und wenn wir sein Evangelium akzeptieren, dann haben wir keinen Grund, diese Geschichte für eine Legende zu halten."

Es folgt eine lange, zeitweise leidenschaftlich geführte Debatte, von der ich vieles nicht verstehe. Einige Gesprächsteilnehmer stört der radikale Kommunismus der frühen Christen, sie halten die Strafe für unangemessen. Von den Argumenten, die der Pater offenbar überzeugend vorträgt, verstehe ich wiederum nur einen Teil, offenbar verteidigt er den Kommunismus bzw. die Gütergemeinschaft als schützende Wirtschaftsform einer archaischen Gruppe; auch weist er darauf hin, daß die Beteiligung an der Gütergemeinschaft freiwillig war und stößt sich am schöntuerischen Gehabe des Ehepaares. Einen Satz wiederholt er mehrfach und bringt damit aus seiner Sicht die schwierige Geschichte auf den Punkt: „Le péché originel de l'église est l'argent. – Das Geld ist die Erbsünde der Kirche". Er sagt das als Mann, der glaubwürdig in Armut und Anspruchslosigkeit lebt.

Mich beschäftigt das weiter. Nicht das Geld an sich ist das Verwerfliche. Entscheidend ist der Gebrauch, den man von ihm macht. Armut mit ihren leeren Händen ist Hilflosigkeit und enttäuscht die Notleidenden und die Hoffenden.

Als der große Abt Wilhelm von Volpiano, der Erbauer von St. Bénigne in Dijon, während einer der großen Hungersnöte des 11. Jahrhunderts von einer langen Reise zurückkam, zeigten ihm die Mönche seiner Abtei stolz die gefüllten Vorratskammern. Da schrie Wilhelm wutentflammt seine Mönche an: „Ubi est caritas?" Er ließ sofort die Scheunen öffnen und alles verteilen. Die Vorratswirtschaft der Abtei von Aniane rettete in den Nöten und Katastrophen nach dem Untergang des Karolingerreiches den Menschen ganzer Landstriche das Leben. Auch die großen heutigen kirchlichen Hilfswerke „Adveniat", „Misereor" und „Brot für die Welt" basieren darauf, daß es Menschen gibt, die ihre gefüllten Vorratskammern öffnen.

In der Stunde vor Mitternacht im Stadtteil Antigone. Hier ist am Rande der Altstadt, auf dem Gelände einer ehemaligen Kaserne ein neuer Stadtteil entstanden. Großartiges Szenario aus abgezirkelten Plätzen, Säulengängen, monumentalen Häuserblöcken und Boulevards. Eine Kompilation aus dem klassischen Athen, dem Rom der Renaissance, den Untergeschossen der Fifth Avenue und den Speicherstädten nördlicher Häfen. Des Architekten Ricardo Bofills mediterraner Metropolentraum. Jetzt bei Nacht und Regenglanz viel Theaterkulisse. Wie im Sommerlicht – wenn die Menschen nicht schlafen oder fernsehen ...

17. April:
Montpellier – Aniane

Der Weg aus der Stadt führt durch die Straße der Medizinschule. Die Schule wurde 1180 von Wilhelm von Montpellier gegründet. In den Gründungsstatuten ist festgelegt, daß hier jedermann, gleich wer er sei oder woher er komme, ohne Beeinträchtigung Medizin lehren könne. Es war eine Einladung an die jüdischen und arabischen Ärzte, die zu jener Zeit aus Spanien vertrieben wurden. Noch herrschte eine Atmosphäre der Weltoffenheit und kultivierten Toleranz in Okzitanien. Einer der ersten Rektoren, Adalbert von Mainz, kam aus Deutschland.

Ein Schild zeigt an, daß dem Publikum der Zugang zum Gebäude der Hochschule nicht gestattet ist. Ich drücke gegen das Portal, das von zwei Bronzeärzten, deren Namen ich nicht kenne, bewacht wird, und es gibt nach. Ich trete in eine Halle mit großer Treppe und hohen Türen. Ein junger Pförtner stellt mich zur Rede. Ich sage etwas von einem „kurzen Blick". Er mustert mich eine Weile in meinen hohen Schuhen und dem Anorak neben dem abgestellten Rucksack, dann fragt er, ob ich Arzt sei.

Mit einem Schlage ist er wie umgewandelt. Stolz zeigt er mir das Treppenhaus mit den Skulpturen berühmter Ärzte und den Innenhof, der von der Kathedrale, dem *Theatrum anatomicum* und dem Kreuzgang eines ehemaligen Klosters eindrucksvoll begrenzt wird. Er führt mich in den Saal, in dem auch heute noch die Doktorandendispute, die Rigorosa, stattfinden. „Der schönste Saal der Welt", wie er meint. Mich stören die unzähligen, gleichförmigen Professorenbilder an den Wänden. Schon besser gefällt mir, daß hier nach überstandenen Disputationen viel Champagner fließen soll.

Ich frage ihn nach Rabelais (denn der ist's, der mich hier eintreten hieß und weniger das Interesse an dem akademischen Gemäuer). Der junge Mann weist in die Tiefe des Gebäudes: Dort sei heute noch sein Büro. Nun werde ich skeptisch.

Rabelais bewundere ich von allen Kollegen am meisten. 1530 ließ er sich hier immatrikulieren. 1537 erlangte er den Doktorgrad, jedoch arbeitete er in diesen Jahren auch als Arzt an einem Hospital in Lyon und schrieb gleichzeitig an „Gargantua und Pantagruel", einem Buch wie ein Urstrom, dessen Aufzweigungen, Schleifen, Totarme, Uferbereiche, Auenwälder und Sandbänke kaum zu überblicken sind. Ich habe das Buch nie von vorne bis hinten gelesen. Aber man kann in seine Seiten und Kapitel an jeder Stelle hineinsteigen und darin herumschwimmen oder sich treiben lassen, und immer ist es erfrischend. Ein Buch voll Derbheit und Vernunft, voll Humor und Großzügigkeit, voll Lebensfreude und intellektuellem Genuß. Wäre es nicht so dick, hätte ich es in meinen Rucksack gesteckt.

Schon erstaunlich, was Ärzten neben ihrem Broterwerb alles gelungen ist. Doch Rabelais stellt sie – von Büchner einmal abgesehen, dem nur ein kurzes Leben beschieden war – alle in den Schatten. Die fünfhundert Jahre, die seit der Niederschrift dieses Buches vergangen sind, haben auf ihm keinen Staub abgelegt. Karl August Horst, der Herausgeber einer deutschen Ausgabe von „Gargantua und Pantagruel" schreibt in seinem Nachwort einen Satz, der den Rang dieses Dichters fokusziert: „In gleicher Breite, wie Rabelais den Strom der Überlieferung aufgenommen hat, gab er ihn in seinem Riesenbuch durch die Jahrhunderte weiter".[19]

Über endlose Ausfallstraßen nach Westen. Als ich annehme, endlich den Stadtrand erreicht zu haben, kommt die Vorstadt La Paillade, die großstädtische Wirklichkeit hinter dem Idealplan von Antigone: Umgehungsstraßen, Tangenten, Verkehrskreisel, Hochhäuser, Sportplätze, flatternde Wäsche, Müll, Autos und staubiger kalter Wind. Hier, weit weg vom Zentrum, in der Trabantensiedlung, versammelt sich die nach Frankreich überbordende Völkerfülle des Mittelmeerraumes.

Als ich völlig orientierungslos auf einem Rasenstück zwischen Hochhäusern stehe, die Karte studiere und unauffällig den Kompaß zu Rate ziehe, umzingelt mich schnell eine Schar orientalischer Jungen.

„Können wir Ihnen helfen, Monsieur?"

„Ja, ich suche die Avenue d'Heidelberg."

Einer von ihnen weiß Bescheid. Er sagt es mir höflich und sehr genau. Jetzt endlich finde ich den Weg aus der Stadt.

An einem kleinen Fluß endet Montpellier wie abgeschnitten. Ich gehe stundenlang über eine Garrigue, eine Stein- und Trockenholzheide, doch habe ich noch lange die Hochhäuser der Außenbezirke im Rücken. Später holt mich die Großstadt mit Moto-Cross-Gelände, Karting-Bahnen, Schießständen und Flugplätzen immer wieder ein.

Abends Aniane, der Ort Benedikts. Nach all den Kriegen und Revolutionen gibt es nichts mehr, was an ihn und seine Mönche erinnert. Ein brüchiger Turm und eine Kirche stammen aus dem 12. Jahrhundert. Der Name „Kirche der Weißen Büßer" erinnert an die Ausrottung der Häresie vor mehr als 800 Jahren.

Wahrscheinlich spürt man nur, wenn man als Wanderer kommt, ob der Platz für eine Ansiedlung glücklich gewählt wurde. Witiza/Benedikt, der Nachkomme eines umherschweifenden Bauern- und Kriegervolkes, hatte noch den sicheren Blick für die den Bedürfnissen und dem Gemüt der Menschen angemessene Lage eines Ortes: Ein Tal mittlerer Größe vor vielen Hügeln, die auf zwei Seiten immer höher hinauf ins Gebirge steigen; dieses Tal wird versorgt von einem Fluß und abgeschirmt von der Ebene durch sanfte Höhenzüge. Als ich über diese Hügel komme, liegt Aniane wie eine Verheißung vor mir, wie eine Wiege für ein müdes Kind. Ich gehe einen alten Weg hinunter, und wieder kommt mir ein großer Hund lautlos entgegen und begleitet mich.

18. April:
Aniane – St.-Guilhem-le-Désert

Zwischen Aniane und dem Fuß des Gebirges räumen Maschinen das Tal der Herault aus. Sortieranlagen trennen Sand und Kies und gewaltige Lkws bringen sie weg. Neben den Wegen läuft klares Wasser durch die Bewässerungsrinnen zu Feldern, die es nicht mehr gibt. Ich überschreite den Fluß an der Stelle des „Gouffre Noir", des Schwarzen Abgrunds, auf der tausendjährigen Brücke zwischen den Klöstern und gehe auf einer einsamen Straße hinauf nach Gellone, das heute St.-Guilhem-le-Désert heißt. Auch diesen Ort schuf ein Einzelner, Wilhelm Graf von Toulouse, Vetter Karls des Großen, Kriegsmann gegen die Araber und Eroberer des Baskenlandes. Als Karl in Aachen im Sterben lag, schenkte er Wilhelm das Stück des Hl. Kreuzes, das er besaß. Wilhelm wurde wie sein Freund Benedikt Mönch und gründete hier ein Kloster, das wegen der kostbaren Kreuzreliquie bald berühmt wurde und viele Pilger, auch die auf dem Jakobswege, anzog.

St.-Guilhem-le-Désert ist auch heute noch ein besonderer Ort. Unter einer zerrissenen Felsenklippe, umgeben von hohen Bergen, die unruhige Dachlandschaft eines Dorfes, über der in absoluter Ruhe und Klarheit die Kirche steht. Der Bach Verdus durcheilt den Ort, speist Brunnen und Rinnen, stürzt über Felsen hinab und erfüllt ihn überall mit dem Geräusch fließenden Wassers.

Im Narthex, der Vorhalle der Kirche, Steinbänke, wo büßende Katharer wie im Fegefeuer saßen und Pilger nachts schlafen konnten.

Hoch oben in der Ostwand des Kirchenschiffes, über den undurchdringlichen Steinschatten des Chorhauptes, haben die Baumeister durch eine kreuzförmige Scharte und zwei runde Ausstanzungen die Wand geöffnet. Bei Tageslicht entsteht so, hoch über dem Altar, eine Golgathadarstellung von geradezu planetarischer Konstellation; eine hinreißende Lichtinszenierung, bei der sich geometrische Präzision, suggestive Kraft und makellose Spiritualität nahtlos ineinanderfügen.

In Wandnischen hinter Glas Reliquien: Wilhelms Gebeine und ein altes Silberkreuz, das immer noch die Partikel des Wahren Kreuzes birgt – verbirgt, denn es entstand in einer Zeit, als man verehren, aber noch nicht sehen wollte.

Abendmesse. Zwei junge Frauen assistieren dem Pfarrer. Sie singen sicher und geübt. Ich wundere mich über die kultivierten Stimmen in diesem abgelegenen Ort. Später erfahre ich, daß in einigen erhaltenen Gebäuden vor kurzem ein Karmeliterinnen-Kloster eingerichtet wurde. Die jungen Schwestern gehen der Krankenpflege und anderen sozialen Diensten in den Dörfern der Umgebung nach.

Aus meinem Zimmer über dem Kirchplatz sehe ich die Besucher. Der Ort ist berühmt, ein touristisches Ziel, aber schnell abgegangen. Die Kirche bietet auch keine besonderen Attraktionen, zumal der Kreuzgang an Rockefeller verkauft und im „Museum of Cloisters", am Rande von Manhattan herrlich über dem Hudson-Tal gelegen, wieder aufgebaut wurde. Hauptziel der Besucher sind die Stühle unter der großen Platane; Eis und Kaffee, Plauderei und Gelächter, schnell ein beliebiger Ort.

Nachts vom Geräusch des Wassers erfüllte Stille. Ein Nachtvogel stößt mit großer Regelmäßigkeit einen klagenden Laut aus. Gegen Mitternacht ist auch er eingeschlafen oder fortgeflogen. Da setze ich mich noch einmal an den Tisch und schreibe einen Brief an unsere Tochter in Hamburg.

15. April, 12.00

15. April, 15.00

18. April, 9.00

19. April, 8.00

11

Durch die südlichen Cevennen

19. April:
St.-Guilhem-le-Désert – Lodève

Steiler Anstieg ins Gebirge. Sonne hinter dunstigen Wolken, unbewegte Luft. Dicht an den Wegrändern, manchmal sogar zwischen den Steinen und dem Geröll lilienähnliche Pflanzen, denen ihre Anspruchslosigkeit ungeachtet der kargen Standorte zu außergewöhnlicher Schönheit verhilft. Im Süden die Ebenen des Bas Languedoc. In den weiten Tallandschaften wird Wein angebaut. Von hier oben aus wirken die Felder nackt, als seien sie mit einem Hochdruckreiniger behandelt worden. Viele Kilometer auf einer schneisenartigen, mit losem Schotter belegten Trasse für Löschfahrzeuge durch reizlosen Wald.

Als ich im Weiler Usclas du Bosc in meine Karte schaue, spricht mich, um mir zu helfen, ein alter Mann an. Ich frage ihn nach dem Weg Richtung Lodève. Da leuchtet es in seinen Augen auf: „Ach so, Sie meinen den Weg nach Compostelle", sagt er und zeigt mir die Richtung zu meinem acht Wochen entfernten Ziel. Das bewegt mich sehr und gibt mir neuen Schwung. Ich kann es gut gebrauchen. Ringsum mit jeder Stunde höhere Berge. Es wird immer kälter. Die Bäume sind noch kahl. Keine Spur von Frühling.

Auf der Hochfläche im rauhen Wind die Reste des Klosters Saint-Michel de Grandmont. Die Mönche von Grandmontain waren Vorläufer der Zisterzienser. Offenbar knallharte Asketen. Die Kirche haben sie gebaut wie eine Höhle. Sie ist ein fensterloser Tunnel aus Steinblöcken mit drei Öffnungen über dem Altar, sonst nichts. Daneben ein enger Kreuzgang mit Architekturfragmenten, die den Stein Stein sein lassen, ihn nicht ornamental auflösen.

In Lodève übernachte ich in einem Hotel aus dem vorigen Jahrhundert. Auf einer Tafel steht, daß hier 1899 der Musiker Georges Auric, der mir unbekannt ist, geboren wurde. Damals war das Haus mit seinen verandaartig nach außen geöffneten Fluren und dem gußeisernen Treppenhaus, dessen Stufen sich inzwischen irritierend zum Treppengeländer neigen, wohl sehr modern. Jetzt ist es nur noch ein interessantes Relikt.

Madame kocht und Monsieur spielt den Hausknecht. Wahrscheinlich leben sie am Rande des Existenzminimums. Bei uns hätte man ihnen längst nahegelegt, in Rente zu gehen und das Haus abzureißen.

Lodève war früher ein Zentrum der Textilindustrie. Die Stadt hatte in Frankreich das Monopol für die Herstellung von Uniformstoffen. Am besten soll es ihr zur Zeit Napoleons gegangen sein. Jetzt spielt der Bergbau die Hauptrolle. In einem großen Gebiet im Süden der Stadt arbeiten über tausend Menschen beim Uranabbau für die Fabrik von Marcoule.

20. April:
Lodève – Le Bousquet d'Orb

In der Zeitung steht, daß die Serben Gorazde angegriffen haben und daß die Stadt, die voll mit Flüchtlingen und Verwundeten ist, schon weitgehend erobert worden sei. Ich mache die „Ville martyr" – wie die französischen Zeitungen schreiben – für heute zu meinem Anliegen.

Zinnfarbener Himmel, den kein Sonnenstrahl durchdringt. Dazu eine Einsamkeit, an der auch die wenigen Dörfer nichts ändern. Manchmal wird die Stille durch den Ruf eines Kuckucks oder einen herabfallenden Kiefernzapfen unterbrochen; wenn Rabenvögel leise schnarrend vorüberfliegen, vertieft sie sich. Zwischen Ginster, der noch nicht blüht, Brombeergestrüpp und Felsbrocken, weit verstreut eine Schafherde. Jenseits der Bergschäferei zwischen den Hügeln südlich von Lodève, in einer Landschaft, die Regenwolken rasch verdunkeln, die ascheweiße Erde der Uranfelder. Dann bin ich von Wolkenwänden und Regen umschlossen. Stundenlang geht der Blick ins Leere. Wasser dringt durch die Kleidung und in die Schuhe, und es ist kalt. Seitdem ich in Arles meine Winterkleidung zurückgelassen habe, bin ich für diese Witterung viel zu leicht ausgerüstet.

Trotz größter Anspannung gehen mir viele Gedanken durch den Kopf. Im Grunde ist das, was ich hier mache, gegen jede Vernunft und gefährlich. Wann wird der nächste nach mir über diesen Weg kommen? Wahrscheinlich waren die Pilger der vergangenen Jahrhunderte niemals über lange Strecken allein. Sie gingen in Gruppen und trafen Ihresgleichen in Herbergen und Hospizen und brauchten ihr Tun nicht zu rechtfertigen. An solchen Tagen kann man nicht einmal sich selbst alles erklären, aber ich gehe meinen Weg immer weiter.

Einen Paß überquere ich auf einer Landstraße. Auf dem Asphalt erkennt man die Intensität des Regens besonders gut. Das viele Wasser, in das die Tropfen flüchtige Trichter schlagen, streicht in gleitenden Schichten girlandenförmig bergab, wirft sich über die Schuhe, rutscht pfeilschnell vorbei, wenn die Straße steiler wird. Ein Autofahrer, der mir entgegenkommt, bremst und hält ein Stück hinter mir an. Als ich weitergehe, als hätte ich nichts bemerkt, wendet er und bleibt neben mir stehen. Es ist ein junger Mann, der mir freundlich vorschlägt, mich ein Stück mitzunehmen, egal wohin. Ich lehne, so höflich es mir in der fremden Sprache möglich ist, ab und gehe weiter. Allmählich taucht wieder etwas von der Landschaft auf: Wiesen mit Schlehengebüsch, Waldränder, Weißdornhecken, auch Blicke hinunter in ein Tal.

Ich gehe sehr schnell, um mich zu erwärmen. Im Vorbeieilen nehme ich den Verfall von Feldern, Wegen und Mauern wahr, stehe auf der Schwelle von verlassenen Häusern und sehe, wie sich in den Ställen und in den Küchen Pfützen bilden und das Wasser selbst in die Feuerstellen rinnt. Da denke ich, ich bin der letzte, der die Schönheit dieser aufgegebenen Höfe sieht und über die alten Wege geht. Die kühngebaute große Hofanlage „Mas de Caïsso" hoch über dem Tal der Sourlan werde ich nie vergessen.

Jean Carrière hat mit seinem Buch „Der Sperber von Maheux" dem Leben in diesen Bergen ein unsentimentales Denkmal gesetzt.[20] Er verklärt und beschönigt nichts. Er beschreibt nur das, was er noch gesehen und empfunden hat. Das Buch ist eine packende Apotheose inzwischen weit entfernten Lebens und bäuerlicher Mühsal. Einige Passagen habe ich in mein Reisebuch geschrieben: Die Menschen lebten hier „… angesichts einer mineralischen Einsamkeit … die im Sommer von den ewigen Insekten mit ihrem Geprassel in Brand gesetzt wurde; … im Winter aber verstopfte der Druck der Stille das Blut tief in den Ohren …"

In dem Buch gibt es einen Landarzt, der als einfühlsam reflektierender „privilegierter Zeuge" fungiert. Das Tempo seiner Arbeit ist von einer archaischen Langsamkeit und Dichte. Tagelang beschäftigten ihn ausschließlich der beklemmende Tod und das Begräbnis eines alten Bauern. Er weiß, daß Jahrhunderte die Bauern von der Wirklichkeit in den Städten trennen. Denke ich darüber nach, dann ist seine ärztliche Tätigkeit vor fünfzig Jahren von dem, was ich heute mache, ebenso unvorstellbar weit entfernt und getrennt. Ich meine das ohne Überheblichkeit, und um manches beneide ich ihn.

Am Ende lebt niemand mehr auf Maheux. Die alte Bäuerin verkommt verwirrt in ihrer Kammer. Der jüngere Sohn zieht ins Tal und wird dort ein kleiner Angestellter. Abel Reilhan, der ältere Sohn, bleibt, auch als ihn seine Frau verlassen hat. Er wird ein „Robinson der Berge". Es gibt in dem Buch wunderbare Beschreibungen der Rausch- und Glückszustände, die schwere körperliche Arbeit vermitteln kann. Zuletzt verfällt Abel Reilhan einer wahnhaften, ins Mythische gerückten Besessenheit, an der er samt Grund und Boden untergeht.

Auch wenn man meint, dieser Welt nicht nachtrauern zu müssen, verschwindet mit ihr mehr als Arbeit und karges Leben. Es verschwindet auch eine an Gelände, Bodenart, Klima, Pflanzenwuchs und Tierwelt angepaßte Lebensweise, die mit Wegen, Terrassen, Stützmauern, Bachläufen, Gehölzen an Wegen und auf Viehweiden, mit Obstwiesen, Olivenhainen und Eßkastanienwäldern um die menschlichen Behausungen Gebilde großer Schönheit schuf. Dieser symbiotische Korridor, der mit großer Geduld durch die Arbeit vieler Generationen, mit dem Maß des menschlichen Auges und dem Spürsinn der Hände, aber auch durch das grasende Vieh und den schonenden Umgang mit schön gedeihenden Pflanzen entstanden ist, verschwindet immer schneller. Die Landschaft in Europa reduziert sich auf zwei Erscheinungsformen: einmal auf eine hochtechnisierte Agro-Industrie in den leicht zugänglichen und fruchtbaren Gebieten, und zum anderen auf riesige Wald- und Versteppungsareale, die nur bei oberflächlicher Betrachtung einem Zuwachs an Natur entsprechen, in Wirklichkeit jedoch eine Verödung und den unwiederbringlichen Verlust von kulturellen und ästhetischen Intermediärstrukturen bedeuten.

Am Abend vor Lunas noch einmal ein Abglanz jener ländlichen Welt, als ich glücklich im nachlassenden Regen über Saumpfade zwischen Bruchsteinmauern und terrassierten Hängen – auf denen der Ginster jedoch schon angefangen hat, die Obstbäume zu verdrängen – in das Dorf, das Geborgenheit verspricht, hinuntersteige.

Doch meine Hoffnung auf Wärme und einen trockenen Platz wird nicht erfüllt. Der einzige Gasthof hat geschlossen. Eine Dame, die mit ihrem Enkelkind vorbeikommt, möchte mir helfen. Nachdem sie an mehreren Türen erfolglos geklopft hat, findet sie endlich die Besitzerin des Gasthofes im Obergeschoß eines Nachbarhauses. Sie steht mit Haarröllchen auf dem Kopf und mit einer braungrünen Kittelschürze bekleidet über mir auf einem Balkon, unter dem ich durchnäßt auf der Straße im wiedereinsetzenden Regen warte. Unsere Verhandlung ist kurz: „Bonsoir, Madame, je voudrai bien ... – Guten Abend, ich hätte gerne ...", da fällt sie mir barsch ins Wort: „On à fermé. Il fait trop mauvais temps – Wir haben geschlossen, das Wetter ist zu schlecht", und im selben Augenblick zieht sie sich ins Haus zurück und verriegelt die Tür.

Der alten Dame, die mich unter ihre Fittiche genommen hat, ist das äußerst unangenehm. Mit Bedauern und Resignation in der Stimme sagt sie leise zu mir: „Elle est une Anglaise". Was soll's! Müde gehe ich weiter. Endlich finde ich in einem anderen Dorf Unterkunft in einem Gasthof von überaus bescheidenem Zuschnitt. Doch ist man dort freundlich und stillt meinen Hunger, wenn ich auch einige Unbequemlichkeiten inkauf nehmen muß: das Haus ist zugig und kalt. Handwerker sind mit Ausbesserungsarbeiten beschäftigt. Überall stehen Leitern und ausgehängte Türen herum, liegt Bauschutt in den Ecken. Die Heizung funktioniert nicht. Nur im Speiseraum verbreiten tragbare Gasöfen etwas Wärme.

Auch in der Nacht regnet es unaufhörlich. Die Autos auf der Straße ziehen rauschende Wasserschleppen hinter sich her. Umgeben von meinen feuchten Kleidern und Schuhen schlafe ich ohne Erwartung ein.

21. April:
Le Bousquet d'Orb –
St.-Gervais-sur-Mare

Durch Wolkenlücken dringt Licht in den Tag. Bald bin ich wieder hoch in den südlichen Cevennen. Riesige Wälder. Vogelperspektiven. Sonneninseln und Regennetze wandern über die Erde. Die Berghänge ziehen in langen Strichen und Zügen hinab, so daß man mühelos die verschiedenen Klimazonen mit ihren Pflanzen ausmachen kann. Im Tal und in den mittleren Bereichen verwilderte, schwarzstiftige Kastanien. Wesentlich ausgedehnter und bis auf die Hochflächen reichend die Buchenwälder, über deren silbrig schimmernden Stämmen an diesem Tag ein venezianischroter Knospenschleier schwebt. Von Flechten und Moosen vitriolgrün gefärbte Felsklippen bilden imposante Bastionen im Meer der Sträucher und Wälder.

Irgendwann verliere ich den Weg und irre mühsame Stunden über Brandschutzschneisen und Trassen für Uransucher. Wieder einmal sind die Bäume und Sträucher achtlos von Raupenfahrzeugen und Radladern zur Seite geschoben, wo sie an den Wegrändern mit Wurzeln und Ästen langsam verrotten. Auf dem spitzen Schotterbelag geht man wie über Glasscherben. Endlich Geräusche, ferne Stimmen, bald sehe ich unter mir ein Dorf. Auf der Karte muß ich lange suchen, bis ich es identifiziert habe. Es ist Rogas, weitab von meinem Weg. Ich bleibe stehen, stütze mich auf meinen Stock und schaue wie die Betrachter auf den Bildern der Romantik versunken hinunter auf die menschliche Siedlung, die völlig unbeschädigt wirkt.

Am Ziel des Tages in St.-Gervais-sur-Mare haben die beiden Hotels längst aufgegeben. Die Leute aber, freundlich und hilfsbereit wie immer, entfalten ihre Aktivitäten und bald bin ich beim Bürgermeister, einem jungen Mann, der spätabends noch im Rathaus sitzt. Weil ich in diesem Jahr der erste zu Fuß bin, begrüßt er mich wie einen Pionier auf der vergessenen „Via Tolosana". Er gibt mir den Schlüssel zur dorfeigenen Herberge, in der ich zwar eine Dusche, aber keine Beköstigung finde.

22. April:
St.-Gervais-sur-Mare –
Murat-sur-Vèbre

Die Bäcker haben nicht „à la bonne heure – ganz früh" geöffnet, wie mir der Bürgermeister gesagt hat, so gehe ich mit leerem Magen los. Dicht hinter dem Ort wieder die Misere der Eßkastanienwälder. Die alten Bäume sterben in der allertraurigsten Weise ab, und aus ihren Wurzeln treibt wucherndes Gestrüpp, das nichts anderes neben sich wachsen läßt und die Wälder undurchdringlich macht. Hier verliere ich schnell den Weg und stoße umherirrend an einer abgelegenen Stelle auf Spuren früherer menschlicher Tätigkeit: Mauern, Steinbänke, ein Brunnenbecken und Reste von Ställen und Schuppen. Ein Bergbach hat hier, bevor er über eine Felswand senkrecht in die Tiefe stürzt, eine flache Mulde gebildet, durch die eine gemauerte Furt zieht. Es war wohl ein Rast- und Sammelplatz der Bauern, als man die Berge noch kultivierte. Jetzt kommt keiner mehr her. Die Wildnis hat alles für sich.

Ich durchwate die Furt. Da eine Treppe auf der anderen Seite der Bachmulde zusammengestürzt und nicht mehr zu begehen ist, versuche ich seitlich über eine zwei Meter hohe Mauer nach oben zu klettern, als diese unter meinem Gewicht auf dem vom Regen aufgeweichten Boden abrutscht und zusammenstürzend mich mit sich nach unten reißt, wo ich mit großer Wucht rücklings auf den Boden schlage. An mir vorbei prasseln und poltern Steine über die Felswand in die Tiefe, doch stürze ich nicht hinterher, weil sich mein Rucksack wie ein Bremskeil zwischen mich und den Abgrund legt. Taumelnd, aber unverletzt kann ich mich erheben. Vom Schrecken bis ins Mark getroffen durchfährt mich das Gefühl, daß mehr als Glück im Spiel war.

Als ich nach einiger Zeit auf eine Landstraße stoße, wirkt diese auf mich wie eine Rettungsinsel, wie der ausgestreckte Arm der Zivilisation.

Dennoch steige ich eine Stunde später, als sei nichts gewesen, über einen exponierten Ziegenpfad im Massiv des Espinouse hinauf zur Einsiedelei St. Eutrope, einem Adlernest zwischen Felsabstürzen. Neben der Kapelle liegt die Klause des Einsiedlers, die irgend jemand wieder instand gesetzt hat. In dem kleinen Gebäude gibt es einen Tisch, einen Kamin und einen hölzernen Zwischenboden, auf dem man übernachten kann. Ich setze mich auf die Stufen zwischen Hütte und Kapelle, trinke Wasser aus der Quelle der Einsiedler und verzehre das Brot, das ich unten im Dorf gekauft habe. Der Wald, dem ich entkam, liegt gleichgültig unter mir in der Ferne. In meinem Kopf hämmern die Anfangsverse des „Epilogs auf Hamann" von Johannes Bobrowski[21], die ich nicht aussprechen will. Ich stehe auf und gehe. Den vielen Jahren der Einsiedlerzeit will ich keine Stunde hinzufügen.

Die Durchquerung des Berglandes kostet immer mehr Kraft. An einer Wegkehre ein unbewohntes, aber in Ordnung gehaltenes Bauernhaus. Das Holz der Türen sowie ein Tisch und zwei Bänke ohne Lehne unter einer noch kahlen Lindengruppe sind frisch geschwärzt. Ich lege mich auf eine der Bänke. Der Geruch des Holzteers weckt irgendwelche Erinnerungen, über denen ich einschlafe und wunderbar erfrischt erwache.

Am Ende einer kalten, trüben Dämmerung erreiche ich Murat-sur-Vèbre. Auch hier ist das Gasthaus dunkel, es rührt sich niemand; wieder einmal ein verschlossenes Haus. In der einzigen Kneipe weiß auch keiner Rat, jedoch erwähnen sie ein Hotel im Nachbarort Lacaune. Da es inzwischen finster geworden ist, lasse ich mich von einem Taxi dorthin bringen und finde ein gepflegtes ehrwürdiges Familienhotel, ein schönes Produkt der französischen Kleinstadtkultur. Es ist Freitagabend. In den Speisesälen sitzen zufriedene Menschen: die Honoratioren, die großen Familien, Kinder laufen von Tisch zu Tisch, man kennt sich, Zurufe und fröhliches Gelächter, dann wieder die gleichmäßige Brandung der Gespräche, der Eifer der Kellner und der Köche. Auch ich lasse es mir gutgehen.

23. April:
Lacaune – Angles

Von Lacaune nach Angles gehe ich dreißig Kilometer über Landstraßen durch die Montagnes noires. An manchen Stellen liegt noch Schnee, aber wenn die Sonne scheint, spürt man den Frühling. In sechs oder sieben Stunden fahren vielleicht fünfundzwanzig bis dreißig Autos an mir vorbei. Ich bin zufrieden, pfeife oder singe vor mich hin und nehme, da es zum Lagern zu kalt ist, ganz peripatetisch mein Mittagsmahl aus Käse, Äpfeln und einem süßen Nußkuchen der Region im Gehen zu mir.

Ringsum keine spektakulären Dinge. Ruhige, dunkle Bergzüge. Klar strukturierte Buchenwälder, die Knospenschleier haben heute exakt die Farbe des Laubes am Boden. Auf den Wiesen ist unlängst der Schnee verschwunden, das Gras wirkt noch stumpf. Von überall her Gewässer und Bäche, die um diese Jahreszeit unermüdlich miteinander plaudern und konzertieren. Ein Gedenkstein aus Granit erinnert an einige Partisanen, die hier ihr Leben ließen. Der Stein steht an einer eindrucksvollen Stelle oberhalb der einsamen Straße. Die Landschaft sieht genauso aus wie auf der Briefmarke, die derzeit von der französischen Post zur Erinnerung an die Résistance herausgegeben wird; nur die Maquisarden im Gebüsch fehlen, und auf der Straße ist kein feindlicher Konvoi zu sehen. Das einzige Dorf, das ich passiere, ist Lamontelarié, das seinem schönen Namen alle Ehre macht und die richtige Kulisse für einen Hahn abgibt, der einträchtig mit einer Hühnerschar die Wiesen inspiziert. Zuletzt ein Stausee, wo all das rieselnde und gurgelnde Wasser, das mich so lange begleitet hat, mit einem Male verstummt. Der randvolle See erinnert mich an das Sauerland, und ich bekomme Sehnsucht nach einem Ausflugslokal mit Kaffee und Kuchen. Doch solche kleinen Spießigkeiten bleiben hier unversorgt.

Inzwischen habe ich ungefähr zweitausend Kilometer zurückgelegt und bin einen Teil davon über Landstraßen gegangen. Frankreich ist über weite Strecken sehr dünn besiedelt, besitzt jedoch gerade in diesen Gegenden ein Netz altertümlicher, aber gut gepflegter Straßen, die einen großen Charme besitzen, weil sie noch nicht für den Massenverkehr ausgebaut worden sind. Auf ihnen begegnet man, wie heute zum Beispiel, selten einem Fahrzeug, und wenn, dann ist es ein Bauer, der es nicht eilig hat, oder der Postwagen oder eine Mutter, die Kinder zur Schule bringt.

Ich liebe diese Landstraßen und benutze sie gerne. Das Gehen auf diesen Straßen hat eine besondere Qualität und gewisse Vorzüge. Das mag dem Bild, das man sich vom Fußreisenden, den man sich als Wanderer über Stock und Stein vorstellt, widersprechen. Aber ich bin kein Wanderer, der unbedingt über Stock und Stein stolpern will; ich gehe lieber. Das Wandern durch eine unbekannte Gegend auf ständig wechselnden, meist nicht gekennzeichneten Wegen, ist, zumal im Bergland, eine nicht nur körperlich, sondern auch geistig so anstrengende Tätigkeit, daß kaum Zeit für Muße und Gedanken bleibt. Oft muß man sich ganz auf die Fortbewegung, die Erkennung von Gefahren, die Überwindung von Hindernissen und auf die eigene Absicherung konzentrieren. Ständig muß man auf eine sichere Trittfläche für die Füße achten. Da die Neigung der Wege und die Bodenbeschaffenheit ständig wechseln, findet man nie ein Gleichmaß, nie einen Rhythmus. Alles reduziert sich auf Instinkte, Reaktionen und flüchtige Wahrnehmungen. Wandern wird so zum Full-time-Job.

Das Gehen auf einer Landstraße dagegen versetzt in eine ganz andere Situation und Verfassung. Die Füße finden immer eine feste Fläche, die Schritte bald einen gleichmäßigen Rhythmus, der Verlauf des Weges ergibt sich ohne Mühe, jedes Suchen erübrigt sich. Plötzlich hat man Zeit und Gelassenheit, und es stellen sich Gedanken ein. Beim gelassenen Gehen spürt man den Körper nicht als geplagtes und vom Rucksack gedrücktes Muskel- und Skelettsystem, sondern man empfindet ihn auf eine angenehme und leichte Weise. Gleichzeitig erreicht die Wahrnehmungskraft eine ungewöhnliche Schärfe. Dazu hat Thomas Bernhard etwas geschrieben: „Gehen wir intensiver, läßt unser Denken nach, denken wir intensiver, unser Gehen.... Gleichmäßig zu gehen und gleichmäßig zu denken, die Kunst ist offensichtlich die allerschwierigste."[22]

Und überhaupt, ist das Wandern über Stock und Stein nicht auch ein erzwungenes Ausweichen ins Unwirtliche, weil die besseren Strecken heute fast alle den Autofahrern gehören und die Fußgänger überall verdrängt werden? Auf welchen Wegen ging Seume nach Sizilien, zogen die Pilger nach Santiago oder Rom? Doch nicht nur durchs Abseitige, sondern oft dort, wo heute die Autobahnen und großen Straßen verlaufen. Nur Lenz „ging durchs Gebirg ... es lag ihm nichts am Weg, bald auf- und bald abwärts". Aber da war Lenz bereits ein kranker Mann.

Das Hotel in Angles war früher einmal ein Gutshaus. Eine Tafel neben dem Eingang verrät, daß Beatrix, die Königin der Niederlande, als Kind ihre Ferien hier verbracht hat. Der Park wurde inzwischen aufgeteilt in Stellplätze für Campingwagen und Zelte. Durch die dazugehörige Infrastruktur bekommt alles einen tristen Anstrich. Vor dem Haus ein leeres Schwimmbecken, in dem der Wind mit alten Blättern raschelt und an dessen Wänden die eisblaue Farbe abblättert. Die Anlage ist noch geschlossen, doch bekomme ich von den Besitzern, die außerhalb wohnen, einen Schlüssel. Anscheinend eröffne ich die Saison. Das Haus ist kalt bis in den Kern. Eine Nacht im Eiskeller.

24. April:
Angles – Castres

Bett ohne Frühstück, der vorsaisonale Standard. Während ich meine Sachen zusammensuche und in den Rucksack stecke, verzehre ich zwei zähe Croissants, die ich gestern abend im einzigen Laden des Dorfes gekauft habe, und trinke Wasser aus der Leitung. Die Hoffnung auf eine Einkehrmöglichkeit unterwegs erfüllt sich nicht. Trotzdem halte ich mit etwas trockenem Obst und einem Rest Schokolade die 35 Kilometer bis Castres mühelos durch. Wenn die mentale Ebene die Prioritäten setzt, erreicht man schnell einen Zustand der Bedürfnislosigkeit, in dem sich Hunger, Schmerzen oder Müdigkeit bis zu einem gewissen Grad unterdrücken oder vertagen lassen. Aus dieser Erfahrung heraus verzichte ich konsequent darauf, selbst auf die Gefahr hin, einmal einen Tag lang hungern oder dürsten zu müssen, mein Gepäck durch das Mitschleppen von Eßvorräten und Getränken zusätzlich zu belasten.

Nachmittags auf dem endlosen Weg nach Castres Licht und Grün wie noch nie. Stechende Sonne, die sich allmählich eintrübt, ohne daß es sich abkühlt. Als ich aus den Bergen herabsteige, sehe ich über der Ebene vor mir mehrere Gewitterfronten. Kolossale Wolkenaufmärsche. Das Himmelspanorama des berühmten Gemäldes von der Alexanderschlacht, doch ist es still, und nichts rührt sich.

Vor Castres ist es plötzlich, als habe das Unwetter eine große Scheibe zerschlagen, die unsichtbar in der Landschaft stand. Mit einem Mal biegen sich Bäume, verlieren Büsche ihre Form, fliegen abgerissene Blätter und Äste durch die Luft. Dann jagen Eisluft und ein alles hinwegfegender lärmender Sturm mit Hagel und Klatschregen heran. Blitze und peitschender Donner – so nah, als lägen ringsum Heckenschützen auf der Lauer. Der Himmel hat sich fast nachtschwarz verfinstert und seine großartigen Perspektiven verloren. Es herrschen nur noch Aufruhr, Furcht und der Wille davonzukommen.

Zum Glück ist der Stadtrand nicht weit. Eines der ersten Gebäude ist das Krankenhaus, das neu errichtet auf einer Wiese liegt. Unter seinen Betonstelzen finde ich etwas Schutz.

Es ist Sonntagnachmittag und Besuchszeit. Von meinem Unterstand aus habe ich den Krankenhausbetrieb im Visier: Besucher, die vom Parkplatz aus mit ihren Mitbringseln zum Eingang hasten, Patienten im Joggingdress oder in Frotteemänteln beobachten durch die Fenster das Unwetter oder begrüßen ihre Angehörigen. Ein diensthabender Arzt in Fußlatschen und ausgebeultem Kittel schlurft vorbei. Ein eiliger Krankenwagen bringt eine schweratmende, abgemagerte Frau. Wenn sich die Relaistüren in Bewegung setzen, erkenne ich an der Wand der Eingangshalle die Tafeln mit den Namen der leitenden Ärzte und den Wegweisern zu den Ambulanzen.

Kurze Zeit spiele ich mit dem Gedanken, mich zum Aufwärmen in die Halle zu setzen. Aber in der Pförtnerloge sitzen zwei strenge Herren in weißen Kitteln, die den frierenden Mann draußen vor der Tür nicht aus den Augen lassen.

Was sollte ich ihnen sagen? Völlig durchnäßt erreiche ich die Innenstadt und gehe in das Grand-Hotel, das als erstes am Wege liegt. Abends rufe ich zu Hause an. Benjamin ist am Telefon. Er hat vier Wochen Urlaub und freut sich auf die Soldatenwallfahrt in der kommenden Woche nach Lourdes. Meine Frau ist von den Freunden in Honfleur, die sie von Arles aus besucht hat, zurück. Wiebke und Jan sind ebenfalls wohlbehalten. Während der vergangenen zehn Tage fehlte jeder Kontakt.

25. April:
Castres

Stiller Tag in Castres. Gönne mir wegen des anhaltenden Regens einen Ruhetag. Die Museen geschlossen. Neben dem Hotel die Kathedrale St. Bénoit mit dem Bischofspalast, den Mansart gebaut hat. Die Kirche eine dunkle Halle, schwerfälliger französischer Barock, der nicht mehr anspricht. Die Hecken im Bischofsgarten mit großem Fleiß zurechtgeschnitten. Eingefaßt von den Rocailleornamenten kniehoher Taxushecken frisch angepflanzte Stiefmütterchen, die vom Gewitter arg zerzaust worden sind. Einer Gruppe von Holländern in Gummihosen, Ponchos und Regenhüten wird die Stadt erklärt. Ich hingegen friere und setze mich in ein Café. Nach der zweiten Tasse *petit noir* verklärt sich der Regenhimmel über den schönen Häusern am Ufer der Agout zu einer Parade der Farbtöne zwischen Lichtweiß und Schiefergrau. Manchmal blaue Lücken, in die sich schnell wieder Wolken schieben. In den Regenpausen stehen Taxifahrer mit dunklen Lederjacken an der Flußmauer und rauchen. Auf dem Platz Jean Jaurès treibt der Wind mit den Fontänen seine Späße, weht sie über die Ränder der Bassins auf den Makadam.

Die Fassade meines Hotels ist halbschuhgrau gestrichen. Säulen und ein Bogen betonen den Eingang. In der Halle noch Reste alter Eleganz, doch auch Abnutzung und Dunkelheit. Das Restaurant bereits aufgegeben, der Aufzug müht sich schwerfällig nach oben. Der Begriff schäbig wäre zu hart. Das Gebäude besteht aus haltbarem Material, das altern kann, sogar Hautgout bekommt.

Unter meinem Fenster stürzt der stark angeschwollene Fluß über ein Stauwehr und verschluckt jedes andere Geräusch. Das Wasser ist lehmfarben. In den Zeitungen stehen lange Artikel über die Gewitterschäden. An manchen Orten sind in wenigen Minuten zwanzig Zentimeter Hagel gefallen. Schlimme Überschwemmungen. Unterspülte Straßen. Ganze Felder sind mit dem Mutterboden und der Frühjahrssaat fortgerissen worden.

Am anderen Ufer der Agout erhebt sich nur knapp über die Dächer der Altstadt der Turm der Kirche Saint-Jacques aus romanischer Zeit. Die Kirche selbst ist ein Neubau, Barock oder Renaissance, sie kommt mit dem Altwerden wesentlich schlechter zurecht als der immer noch ganz passable Turm. Früher, als es an dieser Stelle vor der einzigen Brücke weit und breit eine große Unterkunft für die Pilger gab, war hier viel los. Jetzt schleichen zwischen aufgegebenen Geschäften und verlassenen Werkstätten Hunde mit gesenkten Köpfen an Mülleimern vorbei. In den Schaufenstern einiger maghrebinischer Gaststätten verstauben die künstlichen Blumen so, als sei der Faubourg Villegoudou von allen verlassen. Um so erstaunter bin ich, daß an diesem Werktag eine Abendmesse in Saint-Jacques außerordentlich gut besucht ist.

19. April, 19.00

20. April, 17.00

21. April, 10.00

21. April, 14.00

23. April, 11.00

23. April, 14.00

12

Der Weg nach Toulouse

26. April:
Castres – Revel

Kein besonderer Tag. Eine Strecke von 35 Kilometern zurückgelegt, das ist schon alles.
Morgens wieder alles grau in grau. Nieselregen. Sichtweite 200 Meter. Schlammige Wege. Von den Hängen fließt mir das Wasser entgegen. Manche Wege sind einfach weggepflügt. Dann muß ich über aufgeweichte Äcker und die junge Saat gehen. Einmal sieben leibhaftige Bullen auf einer Weide. Einer kann gewaltig brummen und brüllen. Die anderen glotzen nur oder fressen, wobei sie zierlich die Beine voreinander setzen. Nachmittags wird das Wetter besser. Warme, fette Luft. Plötzlich wird der Rucksack schwer. Die Landschaft hat sich stark verändert. Nirgendwo mehr mediterranes Ambiente. Das Gras schießt in die Höhe, in grünen Reihen sprießt junges Korn auf großen Feldern. Pappeln, Eichen und Weidengehölz, und immer wieder in abgelegenem Gelände das Fußgängerelend in der Agrarwüste.
Revel ist eine Bastide, eine der Kolonistenstädte im verwüsteten Land nach den endlosen Kriegen des 12. und 13. Jahrhunderts. In der Mitte der Stadt die hölzerne Markthalle aus dem 14. Jahrhundert. Hervorragende Zimmermannsarbeit. Ein Monument der Gerüstbautechnik, ein Eiffelturm aus Holz. Nach wie vor schart sich Geschäft an Geschäft um die Markthalle. Es wimmelt von Menschen. Die bindende Kraft des Außerordentlichen.

27. April:
Revel – Port Lauragais

Unruhig geschlafen. Irgendeine Maschine brummte die ganze Nacht hindurch unter mir in der Küche. Der Wirt versöhnt mich mit einem guten Frühstück. Ein junger Geschäftsreisender macht mir Komplimente, weil ich zu Fuß unterwegs bin. Der Wirt kennt die Strecke nach Avignonet. Er sagt, es sei sehr weit.

Als ich nach einer halben Stunde die Rigole erreiche, den kleinen Kanal, der den Canal du Midi mit Wasser aus den Cevennen versorgt, steht dort auf einem Schild: 39 Kilometer bis zur Landschwelle von Narouze, doch ist das nur eine Zwischenstation. Lange Strecken gewöhnt, gehe ich mit weit ausholenden Schritten los. Der Weg ist gut; glatter, fester Boden, oft Rasen. Eichen, Kiefern, Pappeln und Eschen beschatten ihn, und ich komme schnell voran. Entschließe mich sogar, einen Abstecher nach St.-Felix-Lauragais zu machen, der viel Zeit und Kraft kostet. Vom Kanal aus sieht man den Ort mit Kirche und Burg eindrucksvoll über der Ebene, aber das ist es nicht allein, was mich anzieht. Hier fand 1167 ein Konzil der Häretiker statt, an dem neben den Katharern auch Patarener aus Norditalien und der Patriarch der Bogumilen, Nicetas aus Bulgarien, teilnahmen. Ich schwärme nicht für die Katharer. Ihre Weltfeindlichkeit, die in der Erde nur das Land der Finsternis sah, ihre Simultanethik, die ihnen Askese und moralische Ungebundenheit gleichzeitig ermöglichte, und ihr simples Erlösungssystem, durch das Menschen in eine absolute Abhängigkeit von anderen Menschen gebracht wurden, sind mir fremd. Doch übt auch auf mich, den petrinischen Christen, alles was mit dieser Bewegung zusammenhängt, eine tiefe Faszination aus.[23]

Grundlage ihrer Weltanschauung waren der Dualismus und der Gnostizismus, die in den orientalisch geprägten Ausformungen des Frühchristentums der marcionitischen und manichäischen Gemeinden, die sich auf die Apostel Paulus und Johannes bezogen, eine Rolle gespielt hatten. Vereinfacht gesagt, konnten die Gnostiker sich nicht vorstellen, daß Gott die Welt mit ihren Unvollkommenheiten und Widersprüchen selbst geschaffen hätte. Sie glaubten, daß er einen Demiurgen, einen Weltbaumeister, beauftragt hätte, der dann überfordert oder in böser Absicht von Gottes Plan abgewichen wäre. Die Schöpfung wäre daher schlecht. Jedoch nahmen die frühen Gnostiker an, daß durch das Streben nach Vollkommenheit der Mensch und die Welt zu bessern wären.

Die Bogumilen und die Katharer radikalisierten die gnostische Schöpfungsidee zum Dualismus. Der Demiurg wurde mit Satan, dem Gegenspieler Gottes, gleichgesetzt. Die Welt wäre das Werk des Teufels und damit von jeder Verbindung zum himmlischen Gottesreich abgeschnitten. Der Mensch wäre nicht des Ebenbild Gottes, sondern vom Satan als Böses geschaffen, damit das Böse weiterhin das Böse erzeugte. Es gäbe keine Erlösung durch Christus, und Rettung wäre allenfalls durch menschliche Abmachungen zwischen der Priesterkaste der Reinen und Perfekten, den *parfaits*, die den Status von Übermenschen besaßen – „Gott näher als den Menschen" – und den gewöhnlichen Gläubigen, den *croyants*, möglich.

Durch diese Abmachung, die *convenanza*, wurde der Beitritt der einfachen Menschen zur Kirche der Katharer besiegelt. Diese hatten jetzt Anspruch darauf, daß an ihrem Sterbebett ein *parfait* erschien, um ihnen in der Geisttaufe, dem *consolamentum*, die Gewißheit der ewigen Seligkeit zu spenden. Starb ein Gläubiger nach dem Empfang des *consolamentum* nicht, wurde von ihm die *endura*, die Selbsttötung durch Nahrungsverzicht erwartet.

Ohne das *consolamentum* konnte die Seele sich nicht von der Materie lösen. Die Katharer glaubten daher an eine Seelenwanderung – auch zwischen menschlichen und tierischen Körpern. Die Strenggläubigen, insbesondere die *parfaits*, waren deshalb Vegetarier.

Durch die Lehre der Katharer fühlte die katholische Kirche sich bis ins Mark getroffen, und sie nahm, wie bereits im 1. Jahrhundert nach Christus, als der Bischof Polykarp dem andersdenkenden Marcion entgegenschleuderte: „Du Erstgeburt des Satans", den Kampf auf. Zunächst mit der Kraft der Überzeugung und der Argumente. Der wortgewaltige Bernhard von Clairvaux, der damals noch lebte, scheiterte. Etwas erfolgreicher war Dominikus, dessen asketische Bettelmönche das Wissen ihrer Zeit und die Fähigkeit der überzeugenden Rede beherrschten. Jahrelang vertrat Dominikus eine „sanfte und geduldige" Ketzerbekehrung. Seine Mönche gingen weißgekleidet, mittellos und immer zu zweit wie die *parfaits* durch das Land, doch war der Erfolg nur gering. Die Ungeduld des Papstes und des französischen Königs wuchs. Sie planten einen Krieg gegen das Ketzerwesen. Aus dieser Zeit ist der Text einer Predigt des heiligen Dominikus bekannt:

„Seit mehreren Jahren habe ich euch die Sprache des Friedens hören lassen. Ich habe gepredigt, gefleht, geweint. Doch wie der Volksmund in Spanien sagt: Wo der Segen nicht hilft, hilft der Stock. So werden wir die Fürsten und Prälaten gegen euch aufbringen, und jene werden, ach! Nationen und Völker zusammenrufen, und viele werden durch das Schwert umkommen. Die Türme werden zerstört, die Mauern geschleift werden, und ihr werdet in die Sklaverei wandern. So herrscht die Gewalt, wenn die Sanftmut scheitert."[23a]

Und so kam es. Die Katharer wurden in einem grausamen Krieg vernichtet. Die sanftmütigen Dominikaner wurden zu Inquisitoren. Ihre Erbsünde ist die Entwicklung eines „polizeiwissenschaftlichen Systems zur Vernichtung Andersdenkender".

Durch die Schleier der Jahrhunderte drängt sich Verhängnis um Verhängnis bis auf den heutigen Tag. Im 15. Jahrhundert wurde der Rest des Bogumilenreiches, der bosnische Gottesstaat, von Venezianern und Türken gleichzeitig bedroht. Als 1463 die Türken Bosnien eroberten, flohen die überlebenden Bogumilen nicht in die christlichen Nachbarländer, sondern zogen es vor, zum Islam überzutreten.[23b] Erklärt das vielleicht den Haß, mit dem die Serben Bosnien zu vernichten trachten, so als sei der Lauf der Geschichte doch nur ein Teufelskreis?

In St.-Felix erinnert nichts mehr an die Katharer. In der Kirche ist auf großen Tafeln die Geschichte des Ortes dargestellt. Erwähnt wird der erfolgreiche Widerstand gegen die Hugenotten, die vielen kleinen Ereignisse im Laufe der Zeit, Hagelschlag, die Geschichte der Orgel, jedoch kein Wort über das Konzil der Häretiker. Es gibt allerdings ein Wandbild, da stürzt ein Mann, von den Zuschauern mitleidlos betrachtet, kopfüber in die Tiefe. Es ist Simon der Zauberer, er ist wie ein *parfait* weiß gekleidet.

Auf dem Rückweg zur Rigole an einem Hang eine Pyramide, auf der ein Kreuz steht. Auf dem benachbarten Friedhof von Saint-Paulet anthropomorphe Grabstelen: rechteckige Fundamentsteine, die runde Steinscheiben tragen; auf einigen sind Sterne, Kreise, Kreuze und Köpfe zu erkennen. Katharer-Reminiszenzen? Ich weiß es nicht.

Stunde um Stunde am Kanal entlang. Er windet sich um jeden Berg herum. Zuletzt sieht alles immer wieder gleich aus, man hat das Gefühl, im Kreise zu gehen. Nichts ändert sich. Kein neues Bild.

Nach neun Stunden eine Nationalstraße. Die Polizei überprüft ein paar Autofahrer. Dann wieder das schnellfließende Wasser in dem immer gleichbleibenden, von Eichen, Kiefern, Pappeln und Eschen beschatteten Graben. Endlich komplizierte Wasserkünste, Teiche, Hochwasserausgleichanlagen: Die Rigole fließt in den Canal du Midi – und zwar genau an seiner höchsten Stelle zwischen Mittelmeer und Atlantik.

Doch der Weg geht immer noch weiter. Über eine Eisenbahnlinie, über die Autobahn. Inzwischen bin ich mehr als 45 Kilometer gelaufen. Als ich an einer Autobahnraststätte vorbeikomme, bleibe ich dort, weil ich auf meinen Körper Rücksicht nehmen will. Nachmittags hatte er etwas gemurrt, jedoch blieb es bei einem flüchtigen Unwohlsein.

28. April:
Port Lauragais – Donneville

Über die baumarmen Berge des Lauragais. Im Osten Morgennebel, aus dem der Wehrturm der Kirche von Avignonet malerisch herausragt. Vor mir im Westen eine braune Dunstschicht, der Smog über Toulouse. Im Süden, in einem sehr klaren Licht, weit entfernt die verschneite Kette der Pyrenäen.

Mittags steige ich wegen der Hitze zum Canal du Midi hinunter. Ruhige Treidelpfade, auf denen man gut vorankommt. Leider gibt es auch hier nur wenig Schatten, weil die Platanen keine Blätter haben. Die Triebe sind braun und verkümmert. Frostschäden? Manchmal ein Mietboot. Der Vater steuert ernsthaft, die Familie liegt an Deck in der Sonne. Über dreihundert Jahre alte Brücken und Schleusen bringen Abwechslung.

29. April:
Donneville – Toulouse

Zwischen Nationalstraße, Autobahn und Canal du Midi in einem kleinen Haus auf grüner Wiese, umgeben von Akazien und Robinien, gut geschlafen.

In den Dörfern häufig schöne Glockenwände, die den ganzen Tag mit dem Licht und dem Wind ihre Spiele treiben, beim Glockenschlag jedoch mit ihrem Lärm den Wanderer erschrecken. Obgleich der Weg direkt nach Toulouse führt,

29. April, 10.00

bleibt die große Stadt lange verborgen. Riesige Felder, brachliegendes Land, Baugelände, auf dem die ersten Häuser entstehen. Hier, schon fast in Sichtweite der Hochhäuser, komme ich nur mit größter Anstrengung vorwärts. Der Weitwanderweg benutzt die alten Verbindungswege, die von Dorf zu Dorf und zuletzt nach Toulouse führen. Inzwischen sind es vergessene Wege, für die sich keiner mehr interessiert. Weil sie nicht mehr benutzt und gepflegt werden, wachsen sie zu, und das Regenwasser, das niemand mehr ableitet, läßt sie an manchen Stellen zu Schlammgruben, wahren Marterstrecken für den Fußgänger werden, besonders dann, wenn Traktoren, Mountainbikes oder Pferdehufe den Boden zerfurcht und zerstampft haben oder umgestürzte Bäume den Weg versperren. Die hohe Schule der Marschierkunst ist zweifellos die Überwindung eines Hohlweges, den umgestürzte Bäume mit all ihren Wurzeln, Ästen und Blättern versperren.

Etwas niedergeschlagen und erschöpft, erreiche ich am Stadtrand von Toulouse den Park von Pech-David. In einem neu angepflanzten Platanenwald, dessen Blätter vertrocknet sind, kommen zwei Mädchen mit einem Fragebogen auf mich zu und bitten mich um ein Interview:

„Haben Sie an den Platanen etwas bemerkt?"
„Halten Sie die Schäden für harmlos oder schwer?"
„Haben Sie sich deshalb Gedanken gemacht oder nicht?"
„Läßt der Zustand der Bäume Sie gleichgültig oder belastet er Sie vielleicht sogar seelisch?"

Auf einem Bogen machen sie Kreuzchen und Eintragungen. Auf meine Gegenfragen antworten sie mit den Informationen, die sie haben. Die Platanen sollen von einer Pilzkrankheit befallen sein („C'est un champignon").

Zum Schluß stellen sie mir noch die Frage: „Sind Sie für eine Behandlung der Bäume?"

Mir ist das alles zuwenig. Das mit der Pilzerkrankung mag ja stimmen. Aber ich bin nicht überzeugt davon, daß das alles ist. Der französische Pragmatismus – Diagnose, Therapie – ist mir zu oberflächlich. Die Erkrankung der Bäume kann doch nicht allein an der aggressiveren Lebensweise einer Pilzart liegen. Da die Mädchen nett, aber inkompetent sind, und mein Französisch nicht ausreicht, um mit ihnen friedlich über diese Dinge zu sprechen, einigen wir uns darauf, daß man die Platanen kurieren solle.

Dann steige ich, vorbei an einem großen Krankenhaus, an Sportplätzen und an einem Wasserwerk, zeitweise weglos hinunter in die Stadt. Von einem Steilhang aus sehe ich unter mir die Garonne. „Geh aber nun und grüße die schöne Garonne" schrieb Hölderlin, und Günter Eich hat die Erinnerung an diesen Satz in seinem Latrinengedicht kontrapunktisch eingesetzt: „Irr mir im Ohre schallen Verse von Hölderlin". Aber aus seiner Hockstellung blickte er auf „bewaldete Ufer, Gärten, gestrandetes Boot".

Wie aber soll ich den Fluß vom armen Hölderlin jetzt grüßen zwischen seinen verrotteten Ufern am Rande der riesigen Fabrik, die Teer und Asphalt für den Straßenbau herstellt und die unter dem heißen Himmel ebenso trostlos wirkt wie die endlosen Autoschlangen auf den Brücken und in den Straßen, die ich von hier oben aus sehe?

Über die alte Nord-Süd-Achse der römischen Stadt, den Cardo Maximus zum Platz Esquirol, wo ich meinen Rucksack absetze und etwas trinke. Die vielen Menschen verwirren mich. Im Straßencafé muß ich als einziger – wahrscheinlich wieder der Rucksack! – sofort bezahlen.

Place Wilson, 23 Uhr. Im inneren Rondell gestutzte Linden, die glatten Unterflächen im Bereich von Laternen grün, die Ränder und die Kronen der Bäume verlieren sich in der Dunkelheit. Vielspurig kreisen langsam, fast ohne Lärm, die Autos. Auf dem Trottoir lückenlos nebeneinander und eingefaßt von vierstöckigen Fassaden Cafés und Restaurants. Die Luft eines Frühlingsabends. Langes Wochenende. „Le retour du grand bleu – Die Rückkehr des blauen Himmels" steht als Schlagzeile in einer Abendzeitung.

Sitze vor einem Tuborg inmitten einer wachen Gesellschaft, die schnellen und präzisen Umgang mit sich hat. Dinge, die mir erst nach langem Überlegen kommen, werden hier leichthin vergeben. Überwach in der Fremde – jetzt im Besitz eines zweiten Tuborg – ambivalentes Gedankenschweifen. Witiza näher als Rabelais; potentieller Gefährte eines *parfaits*, doch ohne Hochmut gegenüber den nordfranzösischen Baronen bewundere ich die schönen Menschen Okzitaniens. Bühnenhafte Heiterkeit, Parlieren, Sich-ein-wenig-zeigen. Bei den Damen, die ich stärker beachte, unter den frischen Frisuren auch Spuren des Alltags, der Grundberührung; im Laufe des Abends jedoch allmähliches Flottkommen nach irgendeiner Ebbe. Die Männer uninteressanter, geben zunächst wenig her, genießen den Abend ganz anders. Geschäftliches oder Technisches. Flugzeugindustrie? Rote Sakkos, Jeans und Kaschmirpullover.

Gedankensprung zu Mermoz und Saint-Exupéry in ihren Fliegerjacken. Zu ihrer Zeit die bewunderten, mittlerweile allerdings ins Mythische entrückten, Pioniere der hiesigen Flugzeugindustrie.

Als Schüler einmal „Flug nach Arras" gelesen. Saint-Exupéry fliegt in einer Nacht des Jahres 1940 mit einer Aufklärungsmaschine über die nordfranzösische Ebene, auf der die deutschen Truppen vorrücken. In der Einsamkeit des Cockpits wird für ihn der Krieg in der Tiefe zu einem pathetischen Kampf von 40 Millionen französischen Bauern gegen 60 Millionen deutsche Industriearbeiter.

13

Toulouse

30. April und 1. Mai:
St. Sernin. Jakobinerkirche.
Der Nachtportier

St. Sernin. Zwischen Kapitol und St. Sernin ist die Blutspur des Märtyrers längst getilgt. Man sagt, seit dem Abbruch von Cluny sei St. Sernin die größte romanische Kirche. Größe bedeutet zunächst einmal nichts. Doch war nicht Rekordsucht im Spiel. Wegen der vielen Menschen, die zum Grabe des Märtyrers kamen oder die Stadt auf dem Weg nach Santiago besuchten, wurde eine große Kirche gebraucht. Die unglaublichen Baumeister vor 900 Jahren haben die riesigen Steinmassen schier mühelos zusammengefügt. Es ist eine Kirche für Pilger. Man kann und muß in ihr umhergehen, wobei sich immer neue Perspektiven und Räume entfalten und eins sich ins andere wölbt und türmt, doch wirkt das niemals einschüchternd oder beunruhigend.

Die Hauptpforte der Kirche ist die Porte Miégeville, die zur Stadtmitte (mieja vila) führt. Hier steht auf der rechten Seite Petrus der Apostel. Er hat drei Finger seiner rechten Hand zum apostolischen Segen erhoben. Unter seinen Füßen sieht man, umgeben von geflügelten Dämonen, Simon den Zauberer. Über diesen Mann berichtet die Apostelgeschichte: In der Zeit der Verfolgung und Zerstreuung der Urgemeinde, als Stephanus gesteinigt worden war und Saulus versuchte, die Kirche zu vernichten, ging Philippus nach Samaria. Dort lebte ein Mann namens Simon, er trieb Zauberei und verwirrte das Volk. Und es schloß sich ihm an. Als jedoch Philippus kam und dort Christus verkündigte, ließen sie sich taufen, Männer und Frauen. Auch Simon ließ sich taufen, als er die Zeichen und Wunder sah.

Später kamen auch zwei der Apostel, Petrus und Johannes, nach Samaria. Sie legten den Getauften die Hände auf, und sie empfingen den Heiligen Geist. Als Simon sah, daß durch die Handauflegung der Apostel der Geist verliehen wurde, brachte er ihnen Geld und sagte: „Gebt auch mir diese Macht." Da sagte Petrus zu ihm: „Dein Silber fahre mit dir ins Verderben, wenn du meinst, die Gabe Gottes lasse sich für Geld kaufen. Du hast weder einen Anteil daran noch ein Recht darauf, denn dein Herz ist nicht aufrichtig vor Gott..." Da antwortete Simon: „Betet ihr für mich zum Herrn, damit mich nichts von dem trifft, was ihr gesagt habt" (nach: Apg 8,4–8,25).

Nach apokryphen Texten[24] treffen später in Rom Petrus und Simon noch einmal zusammen. Simon als Führer einer Sekte vergleicht sich inzwischen mit Christus. Er läßt sich einen Turm bauen und kündigt an, daß Engel kommen werden, um ihn zu seinem Vater im Himmel zu tragen. Als tatsächlich Dämonen kommen und Simon davontragen, beschwört Petrus sie mit seinem Gebet, und der Hexenmeister und seine Helfer stürzen ab.

In der frühen Kirche galt Simon als Verkörperung des geistlichen Ämterkaufs, der Simonie – und der Häresie, der Ketzerei. Die Präsentation von Petrus und Simon an der Hauptpforte dieser wichtigen und stark besuchten Kirche bedeutet ein Programm, eine Darstellung der kirchlichen Ordnung. Die Skulpturen wurden zwischen 1110 bis 1115 angefertigt. Sicher nicht zur Dekoration, sondern als Mahnung gegen die aufkeimende Lehre der Katharer und als Zeichen uralter Erinnerung der petrinisch-römischen Kirche an die Kämpfe gegen den Dualismus.

Jakobinerkirche. Nach ihrem Kloster St. Jakob in Paris nannte man die Dominikaner in Frankreich auch Jakobiner. Dies ist ihre Kirche in Toulouse. Ein gewaltiger Bau, der sich mit braunschwarzen Backsteinwänden bedrohlich und hart über der Altstadt erhebt. Hier wird keine Kompromißbereitschaft gezeigt, sondern gnadenlose Entschlossenheit. Nach den Katharerkriegen 1230 errichtet, wirkt sie wie ein Instrument der Disziplinierung. Betritt man das Innere, erlebt man eine absolute Raumsensation. Die drückende Außenlast ist mit einem Schlage weggesprengt. Die riesige Kirche besteht aus zwei gleichhohen Schiffen, deren Gewölbe allein auf einer Reihe von sieben schlanken Mittelsäulen schweben. Hier ist Klarheit und Licht. Eine Predigerkirche, in der sich 10 000 Menschen versammeln konnten.

Im Zentrum der heute völlig ausgeräumten Kirche steht für mich unerwartet der Sarkophag des Thomas von Aquin, auch er Dominikaner. Der Orden hat seine Gebeine aus Italien, wo er starb, sozusagen als Pfand und Schlußstein zur Besiegelung der wiederhergestellten Ordnung hierhergebracht.

Die Lumineszenz seiner Gedanken findet ihre Entsprechung in dieser Kirchenhalle[25]:

- Der biblische Schöpfergott und das Sein selbst sind identisch.
- Das endlich Seiende, das Geschöpf, ist vom Sein selbst, Gott, zwar scharf zu unterscheiden; aber das Seiende ist auf Grund der Teilhabe am göttlichen Sein auf dieses bezogen.
- Der in dieser Schöpfungsordnung als Einheit von Leib und Seele definierte Mensch ist in seinem Erkenntnisstreben auf das selige Schauen Gottes, in seinem Willen auf das höchste Gut gerichtet.

An diesem Ort ahnt man, um welche Dimensionen es in der Auseinandersetzung mit den Katharern ging und welche Kräfte ins Spiel gebracht wurden.

Der Nachtportier. Am Abend frage ich ihn, einen Mann etwas jünger als ich, nach einem empfehlenswerten Speiselokal. Er nennt mir Adressen in der Nähe der Jakobinerkirche, und als ich zurückkomme und ihm sage, es sei in Ordnung gewesen, meint er, daß dies ihn nicht überrasche, denn Toulouse sei „bon pour le ventre – gut für den Bauch", aber alles andere komme in der Stadt zu kurz. Als ich hierzu etwas mehr erfahren will, geraten wir in ein Gespräch, das bis in die Morgenstunden dauert und das wir in der nächsten Nacht fortsetzen. Er macht mir Komplimente, weil ich ein wenig seine Sprache spreche, und hält es für ein Unglück, daß er des Deutschen nicht mächtig sei. Ich halte es für die übliche Höflichkeitsfloskel, jedoch ist er anscheinend einer jener legendären Franzosen in der Nachfolge der Madame de Staël, die sich von der deutschen Kultur, insbesondere der deutschen Literatur in starkem Maße angezogen fühlen. Er habe in der deutschen Literatur *une force attractive* – eine Anziehungskraft gefunden, die er in der französischen häufig vermisse. Vieles stoße ihn dort zurück („ça me repousse"), sei zu rational. Er sei Bretone, vielleicht habe er deshalb in der deutschen Literatur so viel Verwandtes gefunden.

Ich gebe mich anfangs reserviert, wer weiß, worauf das hinausläuft. Doch merke ich bald, daß es mehr ist als eine Schwärmerei. Er hatte E. T. A. Hoffmann, Stifter, Jünger und Kleist gelesen. Von Benn kannte er frühe Gedichte, von Büchner hatte er alles gelesen. Meine Reserve gebe ich endgültig auf, als er auf französisch den Anfang des Briefes zitiert, den Hölderlin 1802 auf seinem Weg nach Bordeaux an Böhlendorff geschrieben hat: „Ich habe Dir lange nicht geschrieben, bin indeß in Frankreich gewesen und habe die traurige einsame Erde gesehen; die Hirten des südlichen Frankreichs und einzelne Schönheiten, Männer und Frauen, die in der Angst des patriotischen Zweifels und des Hungers erwachsen sind. Das gewaltige Element, das Feuer des Himmels und die Stille der Menschen, ihr Leben in der Natur, und ihre Eingeschränktheit und Zufriedenheit, hat mich beständig ergriffen ..."[26]

Von nun an führen wir ein wunderbares Nachtgespräch. Ab und zu taucht jemand auf, holt sich den Zimmerschlüssel oder stellt eine Frage. Auf den Straßen wird es immer ruhiger. Wir sprechen über den Föderalismus und den Zentralstaat, über den französischen Absolutismus und das *Saint–Empire romain-germanique* – das Heilige Römische Reich deutscher Nation und seine so wenig stringente Organisation als Modell für die europäische Union. Wir sprechen über Oradour und die Kollaboration. Natürlich auch über die Katharer und die vielen Bücher, die man über sie in den Schaufenstern der Buchhandlungen sieht, und über die verrostete Chemiefabrik mitten in der Stadt.

Irgendwann reden wir auch über den Weg nach Santiago. Er ist auch schon dort gewesen, mit dem Fahrrad. Er fragt mich, welches Buch ich im Rucksack habe, und ich sage: den „Lenz" von Büchner. Den besitze er auch, in einer kommentierten Ausgabe, die einer seiner Freunde herausgegeben habe.

Natürlich war er kein Nachtportier. Irgendein Geheimnis umgab ihn. Mit Alkohol habe er einmal große Probleme gehabt, doch sei das Vergangenheit. Ich habe nicht versucht, seine Identität zu lüften. Wahrscheinlich war er ein *homme de lettres* – ein Schriftsteller. Manche Sätze, die er sagte, waren stilistisch perfekt. Als er mir die Allerweltfotos seiner Radtour nach Santiago zeigte, sagte er leichthin einen Satz, der seine Klasse bewies: „Fotografien entsprechen nicht der Realität, aber im Laufe der Zeit treten sie an die Stelle der Realität."

Wenige Stunden später verlasse ich Toulouse.

2. Mai, 18.00

14

Durch die Gascogne

2. Mai:
Toulouse – L'Isle-Jourdain

In meinem Rucksack steckt ein kleiner Zettel des Nachtportiers. Auf ihm stehen die Titel einiger Bücher (seiner Freunde?), die er für wichtig hielt und die er mir mit auf den Weg gegeben hat:
Jacques Carrière: Chemin faisant
Julien Gracq: Un balcon en forêt
Gustav Roud: Petit traité de la marche en plaine
Philippe Jaccottet: Poésies
Hinter den Namen Gustav Roud hat er in Klammern geschrieben: Traducteur de Hölderlin. Nur die Namen von Julien Gracq und Philippe Jaccottet sind mir bekannt. Ich freue mich über die Titel der Bücher und finde, daß er sie feinsinnig für mich, den Wanderer, ausgesucht hat. *Adieu, concierge de nuit.*

Bald hinter den westlichen Vorstädten und den Anlagen der Flugzeugindustrie liegt so einsam, als gäbe es nirgendwo eine große Stadt, Pibrac. Hier wird Sainte Germaine verehrt, eine kleine Heilige, die Patronin der französischen Landfrauen. Sie starb 1601 mit 22 Jahren an Tuberkulose und Unterernährung.

Sie war ein verkrüppeltes, verstoßenes, uneheliches Kind, das Tiere hütete, seine Armut mit den noch Ärmeren teilte und dessen gelegentlicher Trost der Kirchenbesuch war. Ihr Leib, der nach dem Tode nicht verfiel, wurde während der Französischen Revolution verbrannt. Aber man hat über den Knochen, die nicht zerstört wurden, aus Wachs ihr Gesicht und ihre Hände nachgebildet. Sie liegt jetzt in einem schlichten Kleid wie Schneewittchen im Glassarg in der Kirche. Anscheinend wird sie hoch verehrt, denn man hat neben der alten Kirche eine große Basilika errichtet. Später komme ich an einer Quelle vorbei, aus der sie für sich und ihre Tiere Wasser holte, und an dem Pächterhaus, in dem sie lebte und starb.

Hinter Pibrac der Wald von Bouconne. In der Mitte seiner vierstündigen Tiefe ein Gedenkstein für François Verdier, den Kommandanten der regionalen Résistance, der an dieser Stelle 1944 von der Gestapo hingerichtet wurde.

Als ich den Wald verlasse, bin ich in der Gascogne, einem anderen Land, wie mir scheint. Kastanienbraune, eigenwillig gepflügte Felder, dazwischen gut verteilt das Grünland, kunstreich angelegte Hecken, eine andere Art der Baumgruppierung. Die Häuser, einstöckig mit flachen roten Dächern, liegen auf Bergkuppen oder kapartigen Bergvorsprüngen und werden so ständig vom Wind gekühlt. Die Menschen, die hier leben, sind keine Gallier, sie gehören zur Gruppe der Basken. An diesem Nachmittag habe ich mich in ihrem Lande wohlgefühlt, es wirkte harmonischer als das schroffe, ermüdete Land zwischen den Cevennen und Toulouse. Ich war gespannt auf die nächsten Tage.

3. Mai:
L'Isle-Jourdain – Gimont

Zeitweise sehr unglücklich gewesen. Die Gascogne ist leider doch nicht, wie es gestern schien, eine Landschaft anderer Art. Gezwungenerweise über die französische und europäische Landwirtschaft nachgedacht. Mir scheint genauso groß wie die Intensität, mit der in Werbung und oberflächlichen Reiseführern die Besonderheiten und die Traditionen der europäischen Landschaften und Regionen vorgeführt und ausgeschlachtet werden, ist die Geschwindigkeit, mit der sie verschwinden. Es liegt nicht nur am heutigen Tag, auch wenn an ihm vieles kulminierte. Seit acht Wochen laufe ich durch Frankreich und beginne langsam zu begreifen, daß es „la douce France" nur noch in Rudimenten gibt.

Zum Beispiel das Departement Gers, das den größten Teil der alten Gascogne umfaßt. Es ist eine hügelreiche Landschaft mit sienabraunem, steinfreiem

Lehmboden. Das Land ist fruchtbar und wird intensiv genutzt. Die Höfe sind groß und wehrhaft gebaut, sie liegen als Einzelgehöfte fernab voneinander inmitten ausgedehnter Ländereien. Angebaut werden Getreide, Raps und auf zur Zeit noch unbestellten Flächen von unabsehbarer Größe Mais und Sonnenblumen. Abwechslung bringen künstliche Bewässerungsteiche und kleine, meist schlecht durchforstete Laubgehölze sowie in den feuchteren Bereichen Wiesen, die um diese Jahreszeit voll sind mit Blumen und quengelnden Fröschen. Kurzum ein Bauernland par excellence.

Dennoch habe ich hier bittere Stunden durchgemacht. Stand knöcheltief im Schlamm verkommener Feldwege, umgeben von Baumskeletten und kilometerlangen totgespritzten Hecken und Ackerrainen, sah Bagger und Räumfahrzeuge die Fluren bereinigen und war mit meiner Trauer über die geschundene und gerodete Kulturlandschaft allein.

Es geht mir nicht um die heile Welt, die es auch auf dem Lande nie gegeben hat. Ich weiß, daß das Leben dort hart und oft auch häßlich war. Mich erfüllt vielmehr die Trauer über den endgültigen Verlust von Lebensformen, die die französische und natürlich auch die europäische Kultur bis hin zu ihren bedeutendsten Schöpfungen und Ausprägungen stets und beständig befruchtet und genährt haben. Hier gehen zugunsten einer eindimensionalen Praktikabilität unaufhaltsam Wurzelschichten – und das, was die Franzosen *profondeur* nennen – in einem von angeblichen Zwängen diktierten Prozeß auf eine Weise zugrunde, die schwer zu ertragen ist.

Frankreich hielt sich immer für ein Bauernland. Nach wie vor ist es weltweit der größte Exporteur von Agrarprodukten. Aber um welchen Preis! Die Franzosen haben ganz auf Rationalisierung und Maximierung ihrer Landwirtschaft gesetzt und dabei an vielen Stellen die Brutalisierung der Landschaft in Kauf genommen. Gleichzeitig mit der Steigerung der Produktion ging die Zahl der Landwirte zurück. 1965 gab es in Frankreich noch vier Millionen Bauern, jetzt sind es nicht einmal mehr eine Million, und ihre Zahl schwindet weiter. Wer soll dieses große Land mit seinen Dörfern pflegen? Ist es überhaupt der richtige Weg, aus immer weniger bebautem Land mit immer weniger Menschen immer mehr Produktivität herauszuholen? Wahrscheinlich gibt es Ansätze für andere Bewirtschaftungsweisen und Bemühungen, den Verfall der bewährten Systeme aufzuhalten, aber wenn, dann spielen sie noch keine große Rolle, oder ich habe sie nicht gesehen.

Beim Abendessen sitze ich in der Nähe der *table d'hôte*. An die bei uns nicht mehr übliche Gasthaustafel werden von der Bedienung nach und nach acht Männer gesetzt, die sich offenbar alle nicht kennen. Es ist sehr interessant zu beobachten, wie schnell sie miteinander ins Gespräch kommen, wie sie höflich einander die Schüsseln reichen und nach dem Essen ganz unkompliziert, ohne daß sich eine Zechkumpanei ergibt, wieder verschwinden. Bei den großen Entfernungen und der Zentralisierung Frankreichs spielen Hotelübernachtungen für Handlungsreisende und Firmenvertreter vermutlich eine wesentlich größere Rolle als bei uns.

4. Mai:
Gimont – Auch

In der Zeitung steht, daß sich in der Fabrik Colas in Toulouse, die mir am Ufer der Garonne aufgefallen war, eine schwere Explosion von Bitumentanks ereignet hat, bei der zwei Arbeiter getötet wurden.

Der Tag beginnt dunkel mit kurzen Regenschauern, die Temperatur ist von 28 auf 10 Grad gefallen. Von Gimont aus mache ich in der Annahme, daß dort noch Mönche sind, einen Umweg über die Zisterzienserabtei Planselve. Das Tal wirkt geordnet, die Wiesenwege sind frisch gemäht und geräumt, und hinter alten Mauern, auf denen Mohn wächst, leben Rinder und Federvieh. Aber außer einem Pächter ist niemand mehr da. Wo jahrhundertelang Pilger übernachteten, bietet die Stadtverwaltung Gimont nachmittags Führungen an.

Einsam gehe ich weiter nach Westen, und trotz heftiger Regenschauer ist es ein Tag der Zufriedenheit. Das Auf und Ab der Wege wird kontrapunktisch begleitet von stattlichen und heruntergekommenen Höfen; Weizenfelder in schönster Entfaltung liegen neben ungepflügten Maisäckern, auf denen das Regenwasser nicht versickern kann; blühender Ginster folgt auf maschinell gerupfte Hecken.

Auch Geschichte oder Geschichten kommen ins Spiel. Als das Château Lussan auftaucht, lese ich in meinem Führer, dort sei Anne Esparbès de Lussan, eine der schönen Abenteuerinnen am Hof von Versailles und Freundin der Madame Pompadour, aufgewachsen. Das beschäftigt eine Weile die Gedanken, und die Zeit vergeht. Ein anderes Château taucht auf, Montégut, ein Bergnest. Neben einer modernen Straße gibt es noch die ehemalige Auffahrt für die Kutschen. Ein Fahrweg von grandseigneuralem Zuschnitt durch einen exquisiten Wald: Zwei Meilen, die mich für manch andere Wegstrecke entschädigen, die dann jedoch sofort wieder teuer bezahlt werden müssen durch die lange Passage an einer Fabrik für Tiermehl vorbei, die kilometerweit ein Tal mit Gestank verpestet.

Auch ist eine blankgeputzte Stadt mit viel Betrieb. Zentrum der Region. Aus der Ferne betrachtet liegt die Kathedrale wie eine fette Glucke auf dem Nest der Altstadt. An Ort und Stelle sieht es eleganter aus. Renaissancefassade hinter einem ansteigenden Platz, passable Architektur. Kirchenfenster aus dem 16. Jahrhundert von einem Künstler aus der Gascogne. Im Fenster über der Sakramentskapelle Sankt Jakob mit zwei Männern, die seine Nähe offenbar nötig haben: David, der sündige König, und Azarios, der König, der Gott untreu wurde.

Als ich mich noch umschaue, kommt ein Priester mit Kelch und Patene und beginnt in der Seitenkapelle unter dem Jakobsfenster mit der Abendmesse. Inzwischen haben sich einige Meßbesucher eingefunden, und ich bleibe bei ihnen, denn ich bin nicht auf einer kulturhistorischen Wanderung, um Zeugnisse der Vergangenheit zu betrachten oder nach Spuren der Jakobspilger zu suchen. Immer mehr lege ich die Rolle des passiven Beobachters ab und erlange ein wenig den Status viatori des teilnehmenden Wanderers, des Pilgers, der überall auf dem Weg eine Heimat findet.

Am Platz vor der Kirche ein kleines feines Hotel mit vier Sternen, das sehr verlockend aussieht. Stattdessen entscheide ich mich mühelos für eine einfache Herberge in einem sehr alten Haus. Im Erdgeschoß ein Bistro, in das zum Abendessen ein paar alte Leute aus der Nachbarschaft kommen. Nach oben führt ein dunkles Treppenhaus, an manchen Türen hängen verbeulte Blechbriefkästen. Ein altmodisches Zimmer mit Balkendecke und schweren Fensterläden. In der engen Gasse vor dem Haus höre ich vor dem Einschlafen noch die Schritte und Stimmen von Passanten und die Geräusche von Schlüsseln und Türen.

5. Mai:
Auch – Montesquiou

In der Nacht träume ich wieder von hektischen, fieberhaft nervösen Wanderungen, in denen irritierende Unterbrechungen vorkommen, die im Gegensatz zu der ruhigen und kontinuierlichen Entfaltung von Raum und Zeit stehen, in die ich mich begeben habe.

Immer tiefere Verstrickungen in die Landschaft. Zugewachsene Hohlwege, blumenübersäte Wiesen ohne Weg und Ende, hüfthohes Gras, Pfade, die in Äckern verschwinden oder in Sümpfen enden. Oft geht es nicht ohne den Kompaß in der Hand. Aber die Schwierigkeiten und Schönheiten des Weges nehmen mich mehr und mehr gefangen, und durch die zunehmende Einsamkeit und die ins Monumentale gesteigerte Verlassenheit und Stille dieser Landschaft beeindruckt, finde ich die negativen Beobachtungen und Ansichten der letzten Tage fast schon wieder kleinmütig. Hatte ich denn einen Spaziergang erwartet?

Abends steige ich über den Hang eines Hohlweges nach oben, schlage mich durch ein Gebüsch und stehe unvermittelt vor der Landherberge von Montesquiou – einem kleinen Ort, den zu finden ich schon aufgegeben hatte. An der Theke Abendbetrieb. Bauern mit hängenden Hosenböden stärken sich noch einmal vor dem Nachhausegehen. Der Wirt hantiert mit Gläsern und Wischlappen. Er scheint mich nicht wahrzunehmen. Der Rucksack schneidet nach zehn Stunden Marsch tief in die Schultern. Ich setze mich auf eine verschlissene Lederbank und warte. Nach einiger Zeit erscheint eine jüngere Frau mit einem Kind, offenbar die Tochter des Wirtes. Sie führt mich zu einem spartanischen Zimmer in einem Gartenhaus. Eine Stunde später ist in der Gaststube für mich gedeckt. Die scheuen und neugierigen Enkelkinder, die in der Küche flüsternd miteinander aushandeln, wer wann was zu mir herausbringen darf, bedienen mich. Ich habe Hunger und bekomme aufgetischt, was auch die Familie ißt. Es ist eine prachtvolle Mahlzeit: eine warme Brühe mit Kohlblättern, Brot und Schinken *du pays*, wie der Wirt sagt, der plötzlich Zeit für mich hat. Anschließend Rollbraten mit sehr viel Knoblauch und zum Schluß baskischen Kuchen mit süßem Maisbrei.

Allmählich komme ich mit dem Wirt, seinem Schwiegersohn und einem jungen Mann, der mir immer etwas von den Schönheiten Kretas erzählen will, ins Gespräch. Sie wollen wissen, woher ich komme, wie lange ich schon unterwegs bin, wie viele Kilometer am Tage ich schaffe. Der Wirt ist stolz auf mich und erwähnt gegenüber seinen späten Gästen mehrfach meine Wegstrecke – „2 400 Kilometer zu Fuß" – und findet wichtigtuend anerkennende Worte.

Im Fernseher hinter meinem Kopf eine endlose Sendung über den Kanaltunnel, der heute fertig geworden ist. Der Schwiegersohn bekommt seine Augen von dem Gerät nicht mehr los. Das aktuelle Ereignis hat für mich nicht die geringste Bedeutung.

Eingeschlafen mit dem Quaken von Fröschen und den Morsetönen des Nachtvogels, dessen Namen ich nicht kenne. Wieder eine unruhige Nacht. Ständig im Traum und im Halbschlaf unterwegs.

6. Mai:
Montesquiou – Marciac

Der Wirt brüht mir zum Frühstück einen Superkaffee, hat schon fette, warme Croissants besorgt, eine Baguette auf den Tisch gelegt und große Marmeladengläser dazugestellt, weil er meint, ich müsse mich stärken. Er beteuert, der Weg nach Marciac sei überall gut zu finden – obgleich er selbst ihn noch nie gegangen ist.

Noch die Kühle eines wolkenlosen Morgens. Tau, als habe es geregnet. Vor mir über den maigrünen Wiesen und dem Schieferblau fernliegender Wälder die Perlenkette der Pyrenäen. Zwei großen Hunden, die bellend auf mich zulaufen, drohe ich mit dem Stock, was sie überzeugt. Ein anderer Hund kommt mir schwanzwedelnd entgegen. Er ist etwas größer als ein Münsterländer, schwarz mit einem weißen Halsfleck. Er schaut mich an, bellt nicht, läuft neben mir her. Nach einiger Zeit bringt er mir einen Stock, den ich wegwerfe. Er apportiert ihn. Das geht so drei- bis viermal. Von nun an bleibt er unbeirrbar neben mir, verlängert lediglich vorübergehend den Abstand, wenn ich versuche, ihn zurückzuschicken.

Nach einiger Zeit verliert sich der Weg wie so oft in der Landschaft. Beim Suchen fällt mir auf, daß der Hund an bestimmten Stellen stehenbleibt und auf mich wartet. Er scheint den Weg zu kennen. Ich gehe auf seine Hinweise ein und komme plötzlich gut voran. Er weiß, wo Stege über Wassergräben und wo die

Bachfurten zu finden sind und kennt die Wege durch die Wälder. Nach zwei Stunden ist er immer noch, stets in gebührendem Abstand, neben mir. Wir kommen an der Kirche St. Cristaud, einem riesigen Backsteinbau aus dem 14. Jahrhundert, vorbei. Sie liegt an einem Durchgangsweg, den seit Jahrtausenden Viehtreiber, später die Römer und die Pilger benutzten. Abseits von den heutigen Straßen liegt sie eindrucksvoll auf einem Hügel vor den Pyrenäen. In einem Fenster über dem Altar eine schlichte Darstellung des Christophorus, der das Jesuskind durch den Fluß trägt. Ich nehme mir Zeit, untersuche die Kirche und steige auf den Turm. Als ich nach einer Stunde die Kirchentür wieder öffne, liegt der schwarze Hund auf der Schwelle und wartet. Ich schimpfe mit ihm, jage ihn sogar zurück. Nun verschwindet er endlich.

Hinter St. Cristaud hat jemand mit einer Maschine ein Stück Weg von hohem Gras und Sträuchern befreit. Dabei hat er eine große Schlange getötet und in mehrere armdicke Stücke zerhackt. Erstaunlich und beunruhigend zugleich, so vorgeführt zu bekommen, was hier alles lebt – lebte.

Dann taucht der Hund aus den Büschen wieder auf und bietet erneut sehr diskret seine Dienste an, die ich ebenso unauffällig annehme. So ziehen wir drei bis vier Stunden zusammen durch die Gegend, und es wird Zeit für eine Pause.

Neben der Scheune eines Hofes lege ich mich ins frisch gemähte Gras. Der Hund, dem ich signalisiere, daß ich ihn nach wie vor nicht akzeptiere, legt sich hundert Meter weiter ebenfalls zur Ruhe. Nach einer Weile wird es ihm zu langweilig. Er stöbert und legt sich mit den Hofhunden an. Plötzlich wird es laut. Der Bauer taucht mit seiner Sippschaft aus der Siesta auf, um nach dem Rechten zu sehen. Wieder einmal bin ich in der Rolle des Scheunenpenners mit schwarzem Hundestrolch. Eine schlechte Ausgangssituation für Diskussionen mit Bauern. Ich schultere meinen Rucksack, mache ein freundliches Gesicht und verschwinde bergaufwärts. Der Hund hinter mir her. Gemeinsam überstandene Gefahren verbinden. Vor einem kleinen Dorf läuft er außen herum über die Felder. Ich dagegen verschwinde schnell und unbemerkt in der Kirche. Als ich sie wieder verlasse, ist er nicht mehr da. Ich habe ihn überlistet, fühle mich aber nicht gut dabei.

Als ich eine halbe Stunde später über einen Fahrweg gehe, nähert sich von hinten ein Geländewagen und bleibt neben mir stehen. Zwei große Männer steigen aus, werfen die Türen hinter sich zu und umstellen mich wie in einer Szene aus einem Wildwestfilm.

„Wo ist die Dogge?"
„Ich weiß es nicht", sage ich.
„Aber man hat dich mit ihr gesehen!"
„Gut, sie ist mit mir gelaufen, aber oben in dem Dorf habe ich sie aus den Augen verloren."

Sie mustern mich, schauen noch einmal prüfend in die Runde. Das genügt ihnen, sie fahren wieder zurück. Hoffentlich verprügeln sie den Hund nicht. Immerhin hat er mich gut durch diese Graswüste gebracht. Vielleicht bietet er auch anderen seine Dienste an und macht sich so um die Reaktivierung dieses so schwierigen Weges verdient.

Quartier in der Bastide Marciac. Praktisch-schöner, angenehmer Ort. Auch dies ist eine geometrische Stadt, aber nach einem anderen Entwurf als Revel. Die Postkarten mit Luftfotos zeigen die stupende Schönheit dieser Bastiden.

Abendessen unter einem Laubengang des großen Marktplatzes. Gemächliches Leben ringsum. Die Leute hier kommen abends noch richtig zur Ruhe.

7. Mai:
Marciac – Lembeye (Morlaas)

Heute Dänemark-Wetter. Windstöße mit warmer, nasser Luft. Im Licht schmelzende Wolken, die sich jedoch nicht auflösen. Auf den Hügeln Kirchen und schön befensterte Häuser. Gehe den Weg von St. Justin über Sauveterre vorbei an Montfaulcon. Hier ist Baskenland, und nach meiner Karte sind es nur 120 Kilometer bis zum Atlantik.

Eigentümliche, völlig unzentrierte Orte, die mit ihren wenigen Häusern wie Kerne der ringsum von Höfen besetzten Landschaft wirken. Besonders gut gefällt mir St. Justin auf einer Landzunge über dem Fluß Arros, dessen weites Tal heute agrarindustriell bearbeitet und künstlich bewässert wird. Früher mußte man hier durch eine wasserreiche, schwer zu durchquerende Talaue. Der Ort auf dem jenseitigen Hügel heißt bezeichnenderweise Sauveterre – das rettende Land.

St. Justin betritt man durch ein monumentales Steintor, hinter dem der Blick auf eine große, von mehreren Wegen durchzogene Wiese fällt. Auf der Wiese stehen unregelmäßig verteilt, aber in schöner Anordnung fünf Häuser und eine Kirche. Kein Dorf, eher eine vorgeschichtliche Versammlungsstätte, wo nichts nach dörflicher oder städtischer Realisierung drängt. Ein Ort, hinter dem – so empfinde ich es – ganz andere Einflüsse stehen als hinter den Siedlungen römisch-gallisch-germanischer Tradition.

Abends heftiger Regen, frühe Dunkelheit. Bilder der Trübsal. In einer reich gegliederten Hügel- und Heckenlandschaft großflächige Rodungen. Bagger reißen systematisch jedes Gehölz aus der Erde.

In Lembeye ganz andere Probleme. Einer der beiden Gasthöfe hat aufgegeben. Im anderen hat der Wirt wegen einer Hochzeit keinen Platz. Wenn man mehr als 40 Kilometer hinter sich hat und dann hungrig und bereits durchnäßt auf einem verlassenem Dorfplatz immer noch im Regen steht, kostet es große Anstrengung, einen Ausweg zu finden. Nach einigen Minuten der Resignation mache ich in einem benachbarten Ort eine Unterkunft ausfindig.

Regen und Müdigkeit nehmen kein Ende. In Morlaas das Portal der Kirche in Schauern und Wind. Wasser plätschert aus übervollen Traufen an Bogenschmuck und Figuren vorbei. Im Kunstbuch wahrscheinlich alles sehr schön. Hier in der Nacht kein *sursum corda*, kein Aufschwung mehr. Rückzug in die Baracke, mein heutiges Domizil.

8. Mai:
Morlaas – Pau

Kurze Etappe. Früh im Hotel. Wasch- und Trockentag. Schöner Nachmittag in den Cafés auf dem Boulevard des Pyrenées. Absichtsloses, zufriedenes Umherstreifen. Keine Besichtigungen.

Vor dem Standbild Henri IV. zunächst kaum ein Gedanke an den großen König, den Hugenotten, der katholisch wurde, um in Frankreich Frieden zu stiften und dafür mit seinem Leben bezahlte.

Vorbei Heiterkeit und Balance. Ungerufen eine pucciniëske Melancholie und einem Ohrwurm gleich ein paar Verse im Sinn: „Indes Europas Edelfäule /

an Pau, Bayreuth und Epsom sog, / umarmte er zwei Droschkengäule, / bis ihn sein Wirt nach Hause zog."* Plötzlich strömt durch diese, auf den ersten Blick so unspektakuläre Stadt ein überwältigendes Glissando, bilden sich Räume für Sentiment und Epiphanie. Wenn die Wolken über den Vorgebirgen der Pyrenäen aufreißen, sieht man für Momente auf parkgeschmückten Hügelkuppen ländliche Villen, Veranden, vorgelagerte Terrassen, Pförtnerhäuser und hölzerne Remisen – unnachahmliche Retiraden, Proszenien des Fin de siècle.

9. Mai:
Pau – Lescar

Noch einmal in den Cafés des berühmten Boulevards. Schreibe Briefe und genieße die Wärme der Sonne. Ab und zu gehe ich hinunter zum Bahnhof. Aber mit keinem der Züge kommt mein Bruder Paul, der mich über die Pyrenäen begleiten will. Zwar haben wir als Treffpunkt nicht Pau, sondern Lescar vereinbart, weil ich aber weiß, daß er hier ankommen wird, habe ich plötzlich den Wunsch ihn abzuholen. Die Wochen des Alleinseins und des Schweigens fordern ihren Tribut.

Nachmittags verlasse ich Pau. Weit draußen vor der Stadt durchquere ich erstaunt die Kunstlandschaft des Hippodroms, der Pferdekoppeln und der breiten Alleen. Mein kluger Wanderführer weiß Bescheid: Nach dem Sieg über Napoleon erholten und vergnügten sich die Offiziere Wellingtons in Pau und seiner grünen Umgebung und läuteten so den Aufstieg der Stadt zu einem der Treffpunkte des vergangenen Jahrhunderts ein. – Was machten wohl die Preußen nach der Schlacht von Waterloo? Nun, Platz und Namen gab es zwischen Ostsee und Adria genug.

Auf der Dorfstraße von Lescar kommt Paul mir entgegen. Er ist schon seit einigen Stunden da. Kam mit dem Nachtzug aus Paris und ist sofort aufgebrochen. Inzwischen hat er alles gut vorbereitet und mit dem Wirt Bekanntschaft

---

* Es handelt sich um die dritte und letzte Strophe des Gedichtes „Turin" von Gottfried Benn. Sie konfrontiert den krankheitsbedingten geistigen Zusammenbruch Nietzsches mit dem Lifestyle der damaligen Zeit.

geschlossen. Zum ersten Mal werde ich in einem Gasthof erwartet. Der Wirt ist stolz auf seine weit hergekommenen Gäste und läßt es sich nicht nehmen, uns zum Käse ein Glas Rotwein zu spendieren. Wir haben uns viel zu erzählen.

Zwischendurch zum Krankenbesuch in die benachbarte Kirche. Es gibt dort ein Fußbodenmosaik aus dem 12. Jahrhundert mit allerlei Jagdszenen. Die interessanteste Gestalt ist ein stürmisch vorwärts schreitender, einen Bogen zum Schuß spannender Mann, dem der rechte Fuß fehlt. Wie die Darstellung zeigt, ist er alles andere als ein Krüppel. Die verstümmelte Extremität ist im Knie abgewinkelt, möglicherweise versteift, der Unterschenkel steht nach hinten in die Höhe. Am gebeugten Knie findet eine stabförmige, hölzerne Prothese halt, die sich gekrümmt wie ein Efeustämmchen so fest um die Mitte des Beines schmiegt, daß der Mann ohne zusätzliche Krücke auskommen kann.

Die kunstvolle Art der Konstruktion und Adaption des Fußersatzes hat man der Fähigkeit arabischer Ärzte zugeschrieben. Einer kritischen Betrachtung hält die Prothese nicht stand. Sie scheint in erster Linie durch Zauberkraft zu funktionieren. Was den Jäger so unbehindert voranstürmen läßt, ist eindeutig ein entschlossener, unbändiger Wille. Mit seiner dunklen Haut, dem fast kahlen Schädel und einem großen Mandelauge sieht er nicht wie ein durch fremde Hilfe Rehabilitierter, sondern wie ein ägyptischer Priester, ein Magier – wie Klingsor höchstpersönlich aus.

Ist es Zufall, nur mein persönliches Gedankenspiel, daß dieser gleich- und hochmütige Versehrte ausgerechnet hier am Rande des gefürchteten Pyrenäengebirges seinen Platz hat? Plan oder Zufall, die Reisenden und Pilger haben ihn gesehen, und die Zweifelnden oder Fußkranken unter ihnen konnten im Bild des unbekümmerten Mannes ohne Fuß Ansporn und Ermunterung finden.

4. Mai, 14.00

5. Mai, 11.00

5. Mai, 16.00

5. Mai, 18.00

7. Mai, 14.00

15

Die Überquerung der Pyrenäen

10. Mai:
Lescar – Oloron-Ste.-Marie

Berufs- und Schulverkehr. Unruhe von allen Seiten. Die Schwemmebene des Flusses Gave. Kiesgruben und Baggerseen. Verrostete Zäune, Gittertore, vor denen Müll liegt. Im hemmungslos wuchernden Weidengestrüpp das geglättete Gelände eines Golfplatzes. Hinter den Hügeln des Vorgebirges wolkenbeladen die Steinwand der Pyrenäen.

Viele Höfe in der Region sind verlassen. Die Gebäude bilden immer noch schöne Akzente. Die ehemaligen Wiesen jedoch werden vielerorts von jüngeren oder robusteren Bauern zu Maisfeldern umgewandelt. Doch der Mais vertreibt das Licht. Durch seinen zunehmenden Anbau wird sich die helle Kulturlandschaft allmählich verdunkeln.

Am Rande des Waldes von Laring, der sich stundenweit in Richtung Oloron-Ste.-Marie hinzieht, Lacommande – Hospital und Herberge auf dem Weg nach Santiago, Stützpunkt für die Gebirgsüberquerung.

Lacommande wurde vor kurzem restauriert. Auf dem Friedhof rätselhafte Grabstellen. Ein Kapitell in der Kirche zeigt den schlafenden Josef in der Nacht von Bethlehem. Erschöpft von den Ereignissen, ist er im Stehen eingeschlafen. Sein Kopf ruht auf der Krücke eines Hirten- oder Wanderstabes. Der Künstler, der offenbar ein Herz für ihn hatte, hat ihn überaus sympathisch dargestellt. Neben all dem Wunderbaren, dem Heiligen und Entrückten, haben auch die Erdenschwere und die Müdigkeit des Volkes ihren Platz in der Bilderwelt des Mittelalters.

Auf anderen Kapitellen Szenen mit menschenverschlingenden Tieren. Manche wirken furchterregend. Sie zerreißen und vernichten. Es sind dämonische Ungeheuer, Abbilder des Höllenrachens, des endgültigen Todes. Andere Tiere wirken sanfter, sie scheinen einer anderen Kategorie anzugehören, die nicht zerstören will. Sie lassen an die Kuh des Märchens, die den „Däumling" verschlungen hat, oder an den Walfisch des Jonas denken. Wahrscheinlich sind sie Symbole der christlichen Todesvorstellung, eines Todes, durch dessen Dunkelheit man hindurchgehen muß, um zu einem anderen Leben zu gelangen.

Das waren die Bilder, die die Verunglückten, Kranken und Sterbenden im Hospital von Lacommande vor Augen hatten. Es war eine Konfrontation. Wurden sie hierdurch beunruhigt oder getröstet?

Früher hausten im Wald von Laring Räuber und Wölfe. Gefahr droht heutzutage nur noch durch einen jungen Mann, der tollkühn auf seiner Enduro-Maschine über die Waldwege rast, und durch ein paar Fallensteller, die zwischen dem Waldboden und den Wipfeln hoher Bäume komplizierte Systeme aus Drahtseilen, Spannfedern und Klappen angelegt haben. Auf Schildern wird vor *palombières* – Fallen für wilde Tauben – gewarnt.

Paul berichtet von den mörderischen Ereignissen in Ruanda, die seit Tagen die Welt erschüttern. Ich höre davon zum ersten Mal. Plötzlich legt sich über die Harmlosigkeit dieses Waldes der ganze Schrecken der Welt.

Ein alter Mann auf einer Wiese. Er holt mit einer Hacke Steine aus dem Boden. Er macht das, was sein Vater und Großvater in der Hoffnung, ihre Lebensbedingungen zu verbessern, auch getan haben. In seiner Familie wird er keinen Nachfolger mehr haben. Sein Haus und seine Ställe sind leer. Bald wird ein anderer die Weiden kaufen oder pachten. Warum plagt er sich noch? Diese Arbeit „kann man doch vergessen"! Aber der alte Mann mit der Hacke wirkt ganz zufrieden. Er arbeitet konzentriert und unbeirrt wie der bescheidene Bruder des Sisyphos. Vielleicht stimmt es doch, was jemand in diesem Jahrhundert geschrieben hat: Vermutlich war Sisyphos ein glücklicher Mensch.

In Oloron-Ste.-Marie Abendbetrieb. Autoschlangen in der Fußgängerzone. Aus Lautsprechern dringt das aufgeregte Geschrei eines Ansagers. Klirrende Musik soll zusätzlich die Käufer stimulieren. Der Lärm dringt bis in die Marienkirche. In einer Seitenkapelle, hinter einem Vorhang, die erhobene Stimme einer Vorbeterin und die summende Monotonie respondierender Frauen beim Rosenkranzgebet.

11. Mai:
Oloron-Ste.-Marie – Etsaut

Völlig übermüdet. Die Nacht in einer miesen Herberge in Oloron verbracht. Dauerschnarcher hinter einer Sperrholzwand.

Um sechs Uhr aufgestanden, zehn bis elf Stunden gelaufen, 42 Kilometer zurückgelegt. Der Weg zum Somport-Paß eindrucksvoller als erwartet. Zwar noch keine große Höhe erreicht, aber durch die schroffen steilen Berge, die dramatischen Felsüberhänge, die nassen Wege, die Gewitterwolken sowie die dunklen, manchmal fast schwarzen Dörfer, hat man zunehmend das Gefühl einer Steigerung und Entfernung.

Schöne alte Landschaft, die vielerorts schon wieder sich selbst überlassen ist. Geschlossene und zerfallende Häuser. Wandel durch den Fremdenverkehr, der die Orte jedoch nicht erhält, sondern ins überall Übliche transformiert. Skifahrer, Drachenflieger, selbst Massenwanderer bringen ihren eigenen Betrieb mit. Vielleicht gibt es hier bald nur noch wald- und strauchbedeckte Berge, die Straßen und ein paar Häuser, die man mieten kann.

In Etsaut essen wir *garbure*, eine Suppe aus Kartoffeln, Möhren, Kohl und etwas Fleisch, ein Bauerngericht, das uns Hungrigen gut schmeckt. Ansonsten hier im Süden deutlicher Abfall der Eßkultur. Käse nur selten, und wenn, dann in dürftiger Auswahl. Immer wieder die gleichen Gerichte. Die ewigen Entenbeine und Filetstücke.

12.Mai:
Etsaut – Canfranc-Estacion

Morgens Wolken, frischer Wind. Der Wirt behauptet mit Kennermiene, es würde viel Regen geben, bekommt aber unrecht. Zum Frühstück stellt er uns einen zweiten Korb mit Brot hin.

Von Etsaut nach Borce. In der Kirche ein Weihwasserbecken aus schwarzem Granit, auf dem ein Pilgerstab und eine Jakobsmuschel zu erkennen sind. Hier wird sich mancher vor dem Aufstieg zum Somport-Paß besonders sorgfältig bekreuzigt haben.

Auf dem Friedhof Gräber von zwei Brüdern im Alter von zehn und elf Jahren, die vor 35 Jahren verunglückt sind, und ein Gedenkstein für einen Jungen, der im Alter von vierzehn Jahren verschwand und nie mehr gesehen wurde. Wahrscheinlich stürzten sie als Hirten auf den ungewöhnlich steilen Wiesen- und Felsabhängen ab oder ertranken in den reißenden Bächen.

Später das Fort von Pourtalet, das die Talenge noch bedrohlicher zuschnürt. Die Vichy-Regierung hielt dort die Minister Blum und Daladier eingesperrt – und nach der Befreiung Frankreichs wurde Marschall Pétain dort gefangen gehalten. Jetzt scheint alles zu verfallen.

An Steinmauern entlang und über Wiesen geht es allmählich aufwärts. Doch wird es immer schwieriger, dem Fußweg zu folgen. Nach den Gewittern sind die Bäche zu Sturzbächen geworden und die Furten nur mit hohem Risiko und zuletzt gar nicht mehr zu passieren. Irgendwann geben wir auf und klettern zur Straße hoch, auf der nicht viel los ist, und steigen durch das Tal, das sich noch einmal großzügig öffnet, an den letzten Höfen, an verlassenen Straßenwärterhäusern und an Staubecken für kleine E-Werke vorbei in die Höhe. Dort, wo die Eisenbahnschienen in einem langen Tunnel nach Spanien verschwinden, werden gerade Baracken für die Arbeiter, die einen umstrittenen Straßentunnel bauen sollen, errichtet. In einem verlassenen Bahnhof und herumstehenden Eisenbahnwaggons hausen junge Leute. Sie protestieren auf selbstgemalten Plakaten gegen die Großbaustelle, die hier entsteht, und gegen die Inbesitznahme dieses Tales der langsamen Progression durch die Verheerungen der modernen Verkehrsströme. Ihre Zahl ist zu klein und ihr Protest so bescheiden, daß ein Dutzend Gendarmen, die die Baustelle bewachen, wie eine Übermacht wirken. Die Polizisten erwarten uns, als wir die Straße emporkommen, mit prüfenden Blicken, als seien wir in der Lage, die Schar der Verstörten entscheidend zu verstärken.

Die Buchenwälder verlieren sich, die Straße beschreibt größere Bögen, der Wind weht heftiger, über eine Bergflanke stürzt ein Bach in die Tiefe. Die Felsentürme des Visaurin, des Pic d'Aspe und des Pic du Midi stehen mit ihren vom Sturm und den Wolken zerzausten Schneemänteln wild vor dem Himmel.

Aufgegebene Grenzanlagen. Keine Zöllner. Trotzdem habe ich das Gefühl, eine besondere Stelle erreicht zu haben. Zu Fuß von Norddeutschland nach Spanien, da spüre ich einen leichten Schwindel.

Auf der spanischen Seite beginnt der Jakobsweg mit Schildern, kleinen Holzbrücken und Stegen, so als ginge es jetzt auf einen Spazierweg. Nach wenigen Kilometern sind diese Hilfsmittel wieder verschwunden. In Canfranc-Estacion sind wir die einzigen Gäste von zwei alten Herren, deren Hotel wahrscheinlich ihre Altersversorgung ist. Es ist ihnen sichtlich unangenehm, daß das Hotel schlecht besetzt ist. Sie blättern in der Zimmerliste, überlegen und geben uns dann würdevoll die Schlüssel für die vorletzten freien Zimmer im leeren Haus.

Auf der anderen Seite des Hotels liegt das große Gebäude des internationalen Bahnhofs von Canfranc. Die Eisenbahnverbindung nach Frankreich wurde 1971 nach dem Einsturz einer Brücke eingestellt und der Bahnhof über Nacht geschlossen. Das verlassene Gebäude bewahrt wie in einem Einmachglas – neben der niemals veränderten Ausstattung aus den zwanziger Jahren – in frappierender Weise die beklemmende Atmosphäre einer Grenzstation der Franco-Zeit.

13. Mai:
Canfranc-Estacion – Jaca

Der Bahnhof zieht uns noch einmal an. Durch ein zerbrochenes Fenster schauen wir in den *Servizio sanitario*, den Ordinationsraum des Arztes. Die Dinge stehen, wie sie verlassen wurden, an ihrem Platz. Lediglich die Schubladen des Schreibtisches aus vergilbtem weißem Resopal sind herausgezogen und zerbrochen. Auf dem Boden liegen die Zeitschriften und Aufzeichnungen des Arztes zerschnitzelt und zerlegt. Die Emailleschüssel für die Desinfektionslösung ist gefüllt mit geronnenem Staub. Das Bett ist noch bezogen, doch Rost durchtränkt die Laken wie Blut nach einem verhängnisvollen Geschehen. Eindrucksvoller kann Verfall nicht sein als dieser hier im Widerschein grünschimmeliger Wände und vermoderter Farb- und Tapetenreste, die in armlangen Fetzen wie die Fangnetze krakenhafter Spinnen von der Decke hängen.

Dieser Raum als Installation in einer Kunsthalle oder einem Museum wäre ein Ereignis. Ilja Kabakow brauchte nichts hinzuzufügen. Zwanzig Jahre ohne Nutzung haben aus diesem Ort, in dem Sauberkeit und Ordnung die Voraussetzungen der Tätigkeit waren, einen Alptraum gemacht. Die Diskrepanz zwischen dem ursprünglichen Verwendungszweck und dem jetzigen Zustand ist so unglaublich groß, daß wir erst in ein vorsichtiges, dann in ein befreiendes Gelächter ausbrechen.

Hinter Canfranc gibt es auch auf der spanischen Seite eine Baustelle für den geplanten Straßentunnel. Wir sind Zeugen, wie die ersten Sprenglöcher in die Felsen gebohrt werden. Proteste auf dieser Seite scheint es nicht zu geben.

Junger Wald. Der Rio Aragon in tief eingeschnittenen Schluchten neben dem Weg. Wiesengrün. Laubwaldgrün. Auf den Bergen, die nun flacher werden, das stumpfe Grün von Nadelwäldern. Im Süden hinter Jaca die hohe Bergwand des Peña Oroel, die im Gegenlicht eine ruhige blaue Fläche bildet.

Leeres Tal. Kein Ort lebt. Ferienhaussiedlungen, in denen alle Jalousien heruntergelassen sind. In der Einöde lediglich Hundezüchter. Keine andere Tierhaltung. Das Tal gehört dem sich selbst überlassenen Fremdenverkehr.

In der Dunkelheit der Kathedrale von Jaca flackern auf dem Steinboden vor einem bleichen Crucifixus düsterrote Lichter. Betende Männer. Aus der Sakristei Stimmen von Priestern. Plötzlich ein anderes Milieu.

Punkt halb neun ist der Speisesaal im Hotel bis auf den letzten Platz besetzt. Deutsche und englische Reisegruppen. Wir in Katzentischposition. Dank guter Organisation braucht aber keiner zu warten. Lärm und Stimmung wie in einer Jugendherberge.

10. Mai, 12.00

11. Mai, 8.00

11. Mai, 9.00

11. Mai, 11.00

12. Mai, 9.00

12. Mai, 12.00

12. Mai, 15.00

16

In Aragonien und Navarra

14. Mai:
Jaca – Esculabolsas

Von der Straße Jaca–Pamplona geht nach zwei Wegstunden ein Feldweg nach Süden ab, der rasch in die Berge hinaufsteigt und in Richtung San Juan de la Peña führt. Nach wenigen hundert Metern sehen wir in einiger Entfernung, dort wo die Wiesen und Felder an den Wald grenzen, große Vögel auf den Bäumen, die im Gegenlicht nicht zu identifizieren sind. Einige kreisen über uns am Himmel, schweben nach Norden zum Rio Aragón oder treiben zu den großen Wäldern der südlichen Sierra. Im Flug sind es majestätische Tiere, sie werfen Schatten auf die Erde, und schwarz sind sie am Himmel. Etwas oberhalb auf einer Wiese scheinbar ängstlich zusammengerottet Tiere, die wir zunächst für Ziegen halten. Der Blick durch das Fernglas bringt jedoch Klarheit. Dort stehen ebenfalls zehn bis fünfzehn der über einen Meter großen Vögel. Sie haben ein braunes Federkleid, und aus ihren weißen Halskrausen ragen die Hälse und Köpfe von Gänsen. Die Schnäbel sind groß und gekrümmt wie Faustwaffen. Gänsegeier!

Stundenlanger Aufstieg durch Wiesen, Buschwerk und Felder. Dann zwischen den Bergen ein Tal, smaragdgrüne Kornfelder, lehmige, ausgewaschene Hänge. Das Dorf Antares mit Herdengeblök und freundlichen alten Männern.

„Camino de Santiago?"

„Si, Senores."

An einer Hauswand lasse ich meinen Stock stehen. Als ich zurückkomme, erwarten sie mich schon.

„Esta acqui compañero. – Das ist doch Ihr Weggefährte."

13. Mai, 16.00

Erneuter Anstieg auf regenweichen Wegen, durch Bäche, feuchte Wälder, über schöne Wiesen. Allmählicher Verlust des Orientierungssinnes, nirgendwo ein Hinweis auf das Kloster. Umkehr und Zweifel.

Plötzlich am Ende eines Waldweges ein goldfarbenes Portal, die Front des neuen Klosters. Hinter der Fassade liegt nur ein Schnellrestaurant mit lärmenden Jugendlichen.

Das alte Kloster San Juan de la Peña liegt ein Stück tiefer, versteckt und geschützt unter Nagelfluhwänden. Die besondere Lage hatte schon zur Westgotenzeit Einsiedler angezogen. Später entstand ein Kloster. Eine frühe Kirche wurde von Almansor zerstört. Trotzdem blieb hier ein Rückzugsgebiet der Christen. Die Könige von Aragonien statteten das Kloster mit Land und Vergünstigungen reich aus und errichteten in der Kirche ihre Grablege. Das Kloster liegt 1220 Meter hoch in einer Lage, die man gesehen haben muß, man kann es kaum beschreiben, so unglaublich ist der Ort.

1932 besuchte der Dichter Miguel de Unamuno San Juan. Anschließend schrieb er: „... und dort in einem Erdspalt erhebt sich das mittelalterliche Heiligtum, in das sich die Benediktinermönche, eine Art von mystischen Wildschweinen, halb Einsiedler, halb Krieger, zurückgezogen hatten".[27]

1675 nach einem Großbrand zogen die Mönche aus und bauten 150 Meter höher das neue Kloster. Was blieb, sind Krypta und Kirche sowie Teile des Kreuzganges, dessen Kapitelle in einfachen Bildern der Bibel erzählen. Hier trifft Paul zufällig einen Offizierskameraden, einen Fregattenkapitän aus Hamburg. Die beiden kennen sich ein wenig. Er gehört zu einer Gruppe von vier Männern, die mit Fahrrädern und einem Auto unterwegs nach Santiago sind.

Später beim Abstieg nach Santa Cruz de los Seros ist San Juan wiederum schnell verschwunden. In welcher Wand? In welchem Wald? Wieder diese Verwirrungen und Täuschungen. Seltsam, daß Almansor den Ort fand.

Der Kirchturm von Santa Cruz de los Seros ist der Bergfried eines mittelalterlichen Frauenklosters. Dreißig Meter über dem Kirchenboden hatten die Damen in Zeiten der Gefahr ihre Zufluchtsräume. Kamen arabische Plünderer oder einheimische Räuber, zogen sie die Leitern hoch. Nie soll sie dort oben jemand aufgestöbert haben.

Am Ende des Tages marschieren wir über eine Landstraße hinunter ins Tal des Rio Aragón, finden ein einsames Hotel an der Carretera, essen viel, trinken reichlich.

Vor dem Einschlafen drängt aus den Tümpeln von den Bergen ringsum der Lärm der Nachttiere bedrohlich gegen die Fenster der Schlafkammern.

15. Mai:
Esculabolsas – Kloster Leyre

Die Wirtsfrau hat ein ernstes und ehrliches Bauerngesicht. Beim Bezahlen fragt sie: „Camino de Santiago?" Als wir bejahen, bleibt sie ernst, und als wir schon auf der Treppe zur Straße sind, da kommt sie aus dem Haus, ruft uns etwas zu und schwenkt ein Bündel Papier. Es ist eine schöne Skizze des Weges nach Santiago mit Angaben zu allen Übernachtungsmöglichkeiten.

Durch das breite Tal des Rio Aragón nach Westen. Weizen- und Gerstenfelder, Pappelwälder, Flußwiesen, Stechginsterheiden – erstaunlich viele Grüntöne, deren Intensität durch rostpulverbraune Äcker noch gesteigert wird. Staubgraue Steinschutthalden, auf denen Pflanzen weder Halt noch Nahrung finden. Grelle Mohnblüten. Höfe mit laubenartig geöffneten Ställen. Eine Stadt auf einem Hügel, Berdun. Die sich auffächernden und wieder zusammenströmenden, schnell fließenden Arme des nicht begradigten Flusses. Immer noch beherrschend und neu geschmückt mit dem Schnee der vergangenen Nacht die Pyrenäen. Allmählich zurück treten der Peña Oroel von Jaca und die Berge, die San Juan de la Peña verstecken. Aragonien zeigt sich uns als ein Land von großer Schönheit und Harmonie.

Abends in der Stadt auf dem Hügel, in Berdun. Urtümliche Siedlungsform: auf dem Berg die Wohnhäuser, Plätze und Kirchen. In der Ebene die Scheunen und Wirtschaftsgebäude mit den schweren Maschinen, dahinter Olivenhaine und Felder – und zwischen den Steilhängen des Rio Veral archaisch anmutende kreisrunde Äcker hinter Steinwällen.

In Berdun kein Nachtquartier. Abend und frühe Wolkendunkelheit, Wetterleuchten. Schlagen uns (etwas jesuitisch) durch bis zum Kloster Leyre. Unterkunft im Hotel der Klosteranlage.

Um 22.00 Uhr läuten die Glocken zur Nacht. Dann Stille. Wind, der durch die Bäume saust. Keine Tierlaute. Flüchtig Mond und Sterne am Himmel. Nachtkühle. Die Klostermauern stellen sich um den Schlaf. Immer wieder Wind.

16. Mai:
Kloster Leyre

In der Nacht ein schweres Gewitter. Blitze, Donner und das Rauschen des Regens attackieren die Nacht und den Schlaf.

Vor den Laudes, dem klösterlichen Morgengebet, bin ich in der Kirche, die noch dunkel ist. Nach und nach dringt etwas Licht in den fast fensterlosen Raum und läßt den romanischen Chor aufglimmen wie Glut in der Asche. Paul taucht auf und setzt sich neben mich.

Im schwarzen Habit kommen die Mönche und Brüder aus der Klausur, verneigen sich demütig vor dem Altar und der Muttergottes und gehen auf ihre Plätze. Ruhiger, konzentrierter Gesang, der in einem kurzen Halleluja gipfelt. Mit dem zunehmenden Licht erwacht der Raum, umhüllt die dreißig Männer um den Altar, schärft und spannt die Sinne. Dem Schweigen der Steine und dem stillen Gesang fügt sich die Wortlosigkeit der Kapitelle ein. Zeichen, die nichts bedeuten und doch alles sind. Ihre primitive Kraft belegt den Raum mit einem Bann. Im Vergleich dazu wirken die strengen und formsicheren Skulpturgruppen des etwas rätselhaften Westportals geschwätzig wie eine Talk-Show.

Nach dem Frühstück die Messe. Die Mönche jetzt in Weiß um den Altar. Zu Beginn der Nacht die Komplet, der Abschluß und die Vollendung des Tages. Wieder die Faszination durch den fast tausend Jahre alten Raum, der keine starre Hülle bildet, sondern zu pulsieren scheint. Nur der reglose Zauber der unergründlichen Zeichen ändert sich nicht.

Zum Schluß wird das elektrische Licht gelöscht, ein junger Mönch zündet eine Kerze vor der Marienstatue an. *Te lucis ante terminum.* – Du, Licht vor des Tages Ende. Die Männer in ihren schwarzen Mänteln stellen sich zu Füßen der Mutter Gottes auf. Alle, auch die wenigen Beter im Kirchenschiff, werden vor der Nacht mit Weihwasser besprengt. Dann geht jeder für sich davon. Liturgie ist auch Theater. Die großen Regieeinfälle sind uralt.

Aber ich habe diese Männer von Leyre nicht nur in ihrer Kirche gesehen. Als ich nachmittags mehrere hundert Meter über dem Kloster auf einem Felsvorsprung stand, entdeckte ich tief unter mir ein ausgedehntes, von Hecken umgebenes und von Buschwerk und Baumreihen durchzogenes Areal von großer Ordnung. Und durch mein Fernglas sah ich, daß es große Weiden waren, auf denen viele hundert oder gar tausend Tiere friedlich grasten. Hier war das Herz des Klosters. Ich blickte in ein Paradies.

Paul ist über Pamplona und Paris wieder nach Hause gefahren. Er wäre gerne noch weiter mitgegangen. Doch war es für ihn eine Woche mit kontinuierlichen Steigerungen bis zum fast apotheotischen Finale in Leyre.

17. Mai:
Kloster Leyre – Sangüesa

In der ersten Dämmerung noch einmal zum Frühgebet und zur Meßfeier. Wiederum tiefe Faszination und Konzentration. Der Raum ganz ruhig, noch wartet das Licht im Schatten der Fenster.

Bernhard von Clairvaux, der auch ein großer Dichter war, hat die Fragilität dieser Übergangsstunde in seiner Ansprache zum Hohenlied in Worte gefaßt:

„Das Leben ersteht neu in den Spuren des Todes,
wie das Licht in den Schritten der Nacht neu entsteht.
. . .
Dies ist die letzte Stunde, die Nacht ist vorgeschritten,
der Tag naht, er atmet schon, und die Nacht ist am
Erlöschen."[28]

In Gedanken nehme ich Abschied von den Männern um den Altar, deren Köpfe mir schon vertraut sind. Ich weiß, dieser Ort ist einer der Kulminations- oder Kristallisationspunkte meines Weges. Es ist mir ein großer Trost zu erleben, daß es immer noch diese spirituellen Zentren gibt, die unveränderlichen Achsen, um die sich das Getriebe der Welt dreht.

Bezahle meine Rechnung und gehe bergab. „Die Deutschen machen manchmal so verrückte Sachen", hatte die junge Dame an der Rezeption gesagt, als sie erfuhr, daß ich schon drei Monate unterwegs bin. Sie war Französin und sprach ein gutes Deutsch, das sie in Aachen gelernt hat.

Zwei Stunden Fußmarsch weiter in den Bergen südlich des Rio Aragón die Burg Javier, ein wehrhafter Bau, lange Zeit wohl Grenzfestung des Königreichs

Navarra und Stützpunkt der Reconquista. Aus der alten und tapferen Familie der Burgbewohner stammt ein Mann, den ich schon als Kind sehr bewundert habe: Franz von Xavier. Die Burg ist gut erhalten und wird immer noch von der Familie Xavier bewohnt. In der alten Kirche steht der Taufstein, über dem der Heilige getauft wurde. Etwas weiter in einer großen Halle Darstellungen seiner Missionsreisen und eine volkstümliche Dioramaschau der wichtigsten Stationen seines Lebens: die Taufe, der Abschied von der Mutter, die Begegnung in Paris mit Ignatius von Loyola, seine Aussendung durch Papst Paul III. in den Fernen Osten, seine theologischen Diskussionen mit brahmanischen Priestern, die Ankunft in Goa, seine Fußmärsche durch Japan, sein einsamer Tod an der Küste Chinas.

In Kiel hatte ich einen indischen Studienfreund namens Francis de Souza. Seine Vorfahren waren am Strand von Goa von Franz von Xavier getauft worden, und er war mehr als 400 Jahre später immer noch ein guter Katholik. Interessant die Herkunft seines Namens. Francis hieß er nach Franz von Xavier und de Souza nach dem Taufpaten seiner Vorfahren, dem Offizier eines portugiesischen Schiffes.

Mit einem Tatmenschen, einem Draufgänger wie Franz von Xavier haben wir es heute schwer. Oskar Köhler[29] schreibt, daß er wie Bernhard von Clairvaux zu den „erschreckenden Heiligen" gehört. Hugo Rahner nennt ihn einen „baskischen Eisenkopf". Seine letzte Amtshandlung vor seinem Tode war, einen vor den Toren Chinas mutlos gewordenen Mitbruder fristlos aus dem Orden zu entlassen. Es gibt weitere Beispiele seiner Härte. Die übersteigerte Zucht und die Selbstverleugnung, die er von sich forderte, verlangte er auch von anderen.

Die katholische Kirche sah lange Zeit in ihm nur den erfolgreichen Missionar, den rastlosen Aktivisten, den „Kometen, der über die halbe Welt dahingefahren war" (Hugo Rahner). Die Zahl seiner Taufen wurde ins Unermeßliche hochgerechnet. Es ist in der Tat erstaunlich, was er geleistet hat. Zum Beispiel gab es einige Jahrzehnte nach seinem Tode in Japan eine halbe Million Katholiken, doch wurden diese, weil im Gefolge des Christentums der Kolonialismus und das Fremde nach Japan gekommen waren, blutig verfolgt und nahezu ausgerottet.

Wer die Menschen nur psychologisierend erfaßt, wird in Franz von Xavier nur den hochfahrenden, erfolgssüchtigen Mann sehen, der nach Anerkennung trachtete. Seine Antriebskräfte waren jedoch anderer Natur. Immer wieder war er Enttäuschungen und Anfechtungen ausgesetzt, denen er standhielt.

In einem Brief aus Japan schrieb der 43jährige: „Es mangelt mir alles: Eltern, Verwandte, persönliche Beziehungen und eine christliche Umwelt ... (wir müssen) uns im Glauben, in der Hoffnung und im Vertrauen auf Christus den Herrn allein stützen". Später nach der Rückkehr aus Japan notierte er: „(Ich habe dort) in die Abgründe meines Inneren geschaut". Seinen letzten Brief an Ignatius von Loyola vor seiner Reise nach China unterzeichnete er mit den Worten: „Ihr geringster Sohn und der verlassenste von allen".[30]

Wenige Monate später starb Franz von Xavier im Alter von 46 Jahren auf der chinesischen Insel Sam Tschao wahrscheinlich an einer Infektionskrankheit. Im Fieberwahn sprach er nur noch baskisch, seine Muttersprache. Sein einziger Begleiter, der chinesische Christ Antonio, der als Dolmetscher mitgekommen war, konnte die Worte des Sterbenden nicht verstehen.

So blieb sein letzter Satz, den er an Ignatius in Rom geschrieben hatte, keine Phrase.

Sangüesa. Alte Brückenstation auf dem Wege durch Aragonien und Navarra, Kleinstadt zwischen großen Feldern und versteinerten Berghängen. Aus einer Papierfabrik übelriechender Dunst. Totenmesse in der Jakobuskirche, alle fünf Minuten schlagen dumpf die Glocken.

Vor der Brücke über den reißenden Aragón-Fluß die Kirche Santa Maria la Real mit einem Portal aus dem 12. Jahrhundert, das auf den ersten Blick wie eine Mischung aus der Fassade von Chartres und einem Comic strip aussieht.

Ich komme immer wieder hierher zurück, auch noch während der Nacht, und finde allmählich den roten Faden: die Unruhe der Welt mit kämpfenden und tötenden Menschen, mit drohenden und reißenden Ungeheuern. Wolfsrudel schwärmen aus. Siegfried jagt dem Drachen das Schwert in den Hals. Ein glatzköpfiger, sehr kompetent aussehender Schmied arbeitet an einer schweren Kette (Wieland der Schmied?). Kriemhild brütet. Einer zerstört einen Baum. Unter den vielen Apostelfiguren auch Judas, fast nackt im Lendenschurz, erhängt und tot. Seine Figur ist etwas kleiner als die der Apostel neben ihm, auch löst sich sein Stein bereits in Wind und Regen auf, doch immer noch rührt seine Gestalt ein wenig. Hängt er überhaupt zur Abschreckung – hier, an der Straße der Vergebung? Auch bei der Darstellung des Jüngsten Gerichtes im Tympanon fehlt die Schwarzweißmalerei.

Nur in der oberen Hälfte der Bilderwand herrscht Ruhe. Dort thront Christus umgeben vom Tetramorph. Die Ordnung des Himmels.

Als ich nachts dort stehe, geht ein dunkler, hagerer Mann von etwa vierzig Jahren mit etwas Gepäck an mir vorbei. Er will über die Brücke irgendwohin. Ein Fahrzeug der Guardia Civil versperrt ihm den Weg. Die Polizisten sprechen laut und unfreundlich mit ihm. Ein Dieb, ein ETA-Mann oder nur ein Armer ohne Bleibe? Das Gespräch zwischen den lauten Polizisten und dem wortkargen Mann hält an. Ich kann hier nicht helfen, gehe in mein Gasthaus.

18. Mai:
Sangüesa – Monreal

Eine knappe Stunde westlich von Sangüesa der kleine Ort Rocaforte. Franz von Assisi hat auf seinem Weg nach Santiago dort Rast gemacht und das erste Franziskanerkloster auf spanischem Boden gegründet. Ein paar Ruinen und ein kleiner Rastplatz mit einer Gedenktafel erinnern daran.

Von hier aus führt eine schmale Straße durch ein mit Feldern gefülltes Hochtal. Ich gehe dahin, hänge meinen Gedanken nach und bin zufrieden. Da endet der Weg abrupt vor einem Feld. Von jetzt an ist er über viele Kilometer Feld um Feld untergepflügt. Es gibt ihn einfach nicht mehr, obgleich er nach der Karte und den spärlichen Markierungen vorhanden sein müßte. Eine alte Scheu davor, Kornfelder zu durchqueren, veranlaßt mich zu großen Umwegen über verschlammte Ackerränder und zugewucherte Feldraine. Ein paarmal rutsche ich Böschungen hinunter oder stolpere in Gräben. Für eine Strecke von zwei Kilometern brauche ich fast zwei Stunden. Ich denke an die Geschichte von Kain und Abel und den Gegensatz zwischen den Interessen der Seßhaften und der Umherziehenden. Unfriedlicher gestimmt als Abel, drohe ich einem in der Nähe pflügenden Bauern mit der Faust. Er weiß wahrscheinlich gar nicht, was ich will; denkt wohl, ich grüße.

Dann finde ich einen Weg in der Sierra de Isco, einer Hochebene von bewegender Weite und Verlassenheit. Über der aufgebahrten Landschaft entfalten sich riesig die meteorologischen Prozesse und Passagen eines von Wetterfronten beherrschten Himmels, auf dessen Grund ich in tibetanischer Einsamkeit dahingehe. Nur die Erfahrung, daß die Höhenflüge der Empfindungen spätestens mit dem Einbruch der Nacht für die Verirrten ihr Ende finden, bewahrt mich davor, die Zeit zu vergessen.

Mit Hilfe des Sonnenstandes und ein wenig Glück an den Weggabelungen komme ich gut voran, bis ich auf einen Schäfer mit großer Herde und vielen Hunden stoße, der mir einreden will, ich sei auf dem falschen Weg. Wir stehen eine Viertelstunde beisammen, und ich sehe auf den Rändern seiner Ohrmuscheln die aktinischen Verwüstungen, die Geschwüre und Präkanzerosen, die die Sonne auf seiner Haut angerichtet hat. Ich überlege, wie ich ihm klarmachen kann, daß er bei seiner extremen Exposition in diesen Höhen und Breiten anstelle der Baseballkappe besser den breitkrempigen Hut seiner Branche tragen sollte. Aber auch ohne diese Beratung führen wir ein seltsames Gespräch. Mal schreit er seine Hunde, mal mich an, ich verstehe ihn kaum, er mich fast gar nicht. Anhand meiner Karte versuche ich ihm klarzumachen, was ich will. Aber er kann weder Karten noch sonst etwas lesen. Er zeigt in alle Himmelsrichtungen, nur nicht in die, in die ich gehen will, und beschwört immer wieder die Carretera – die Autostraße unten im Tal – als das einzig Wahre.

Zum Schluß setze ich mich durch und gehe über diesen wunderbaren Weg weiter nach Westen und treffe nach Stunden irgendwo wieder auf die gekennzeichnete Route.

Es war übrigens wenig ermutigend zu sehen, wie der Hirte mich mit einem Achselzucken und kurzem Heben der Arme in mein Unglück – wie ihm schien – ziehen ließ. Seine Hunde sahen diensteifrig und sprungbereit zu ihm hoch: Freund oder Feind, der da geht?

Noch eine halbe Stunde lang konnte ich ihn erkennen. Er stand neben seiner Herde, die sich nur langsam bewegte, und schaute mir nach, wie ich in der Ginsterheide und auf den Roßweiden zwischen den halbverwilderten Tieren allmählich verschwand.

Da waren zwei archaische Gestalten zusammengekommen und ohne Kompromiß und Höflichkeitsfloskeln, aber mit offenem Visier wieder auseinandergegangen.

Kurz vor Monreal gibt es Probleme mit dem Rio Elorz. Er führt Hochwasser, und seine Furt ist zerstört. Als ich die Lage beurteile, rutsche ich auf dem seifigen Ufer aus und falle in den Schlamm. Wasser war schon immer der große Feind auf dem Weg nach Santiago. Verschmutzt kehre ich vom Fluß zurück. Da sieht mich ein Mann, der im Garten arbeitet. Er spricht von der *Gäe*, der Furt, die nicht passierbar sei, aber er zeigt mir eine Brücke und einen verwachsenen Weg, den er noch aus seiner Kindheit kennt, und erspart mir damit den Gang über die Nationalstraße.

15. Mai, 13.00

15. Mai, 15.00

15. Mai, 17.00

15. Mai, 18.00

17. Mai, 12.00

17. Mai, 18.00

18. Mai, 18.00

19. Mai, 14.00

19. Mai:
Monreal – Puente la Reina

Im Baskenhaus hinter dicken Mauern und kleinen Fenstern gut geschlafen. Die Kellnerin bringt mir, nachdem ich das Frühstück bestellt habe, ein Glas Milchkaffee. Als ich sie um Brot bitte, schaut sie mich an, als habe ich um Erbsensuppe gebeten, bringt mir dann aber ein Stück Kuchen. Erst beim Bezahlen merkt sie, daß ich im Hause übernachtet habe.

Den ganzen Vormittag hungrig. Am Hang der Berge Rosmarinheide und Magerwiesen. Hier führt ein schmaler Fußweg entlang, klettert dicht oberhalb großer Getreidefelder bergauf, bergab. Auf Bergnasen in regelmäßigen Abständen Dörfer, die besonders um die Kirche herum verfallen und verlassen wirken, aus der Ferne jedoch schön aussehen. Bei Tiebas große Steinbrüche. Berge von über tausend Meter Höhe werden hier zu Schotter verarbeitet. Pausenlos fahren riesige, mit Steinen beladene Laster an mir vorbei, biegen ab zur Autobahn oder zur Nationalstraße nach Pamplona. Zwischen den großen Straßen und einer Eisenbahnlinie, neben einer Tankstelle und inmitten von Lkw-Parkplätzen ein Gasthaus, wo ich meinen Hunger und Durst stillen kann.

Nach dem Verkehrsknotenpunkt weiße Landwege durch eine zwischen Bergen großzügig ausgebreitete Landschaft. Dörfer im Stundenabstand: Biurrun, Ucar, Eneriz. Die Basken lieben ihre Dörfer und Häuser und pflegen sie gut. Sie streichen gerne alles weiß an, betonen aber die Türen und Fenster mit großen Natursteinen, die sie so lassen, wie sie sind. Sie haben so viel Talent zum Bau guter Häuser und Siedlungen, daß ich mich frage, warum sie keinen bedeutenden Architekten hervorgebracht haben.

Endlich Eunate, die Kapelle in den Feldern. Über die Herkunft und den Zweck dieser Kapelle ist sehr viel gerätselt worden (Anlage der Templer, Reste einer Einsiedelei oder eines Klosters, Nachbau der Grabkapelle in Jerusalem). Die einsame Lage und eine gewisse Schönheit des Ortes verleiten zur Spekulation und Schwärmerei. Louis-Maria de Lojendio, Mönch in Leyre, schreibt über Eunate und vergleichbare Kapellen in Roncesvalles und Torres del Rio: „Heute hält man sie für Friedhofskapellen, die die Straße der Pilger markierten. Der Weg nach Santiago war ein Abenteuer und mit großen Risiken verbunden. Zahlreich waren die Pilger, die am Rande der Straße zu Grunde gingen. ... Selbst wenn es Kirchen sind, die ein Geheimnis bewahren, kann man mit ausreichender Sicherheit sagen, daß es sich um Begräbnisplätze handelt. Letztendlich steht hinter ihnen eine tief christliche und bewegende Idee, nämlich den Opfern des Pilgerweges ein ehrendes Gedächtnis zu erweisen".[31]

Wahrscheinlich wurden hier die in dem nahe gelegenen Hospiz von Obanos verstorbenen Pilger beigesetzt.

Der Ort hat seine Attraktion, nimmt mich jedoch nur mäßig gefangen. Es ist nicht meine Stunde. Vielleicht haben abendliche Müdigkeit, ungünstiges Licht und ein paar häßliche Wassergräben in der Nachbarschaft mich für den Genius loci unempfänglich gemacht.

In Puente la Reina trifft der Weg durch Aragonien und Navarra mit dem Hauptweg, der von Roncesvalles kommt, zusammen. Von jetzt ab führen alle Wege gemeinsam nach Santiago. Am Treffpunkt der Routen steht seit 1965 ein Pilger aus Stahl in mittelalterlichem Gewand. In der Unruhe und im Lärm der großen Straßen ringsum steht er wie auf verlorenem Posten.

Finde hier mein Hotel. Im Nachbarzimmer bis in die Morgenstunden Getöse von einem voll aufgedrehten Fernsehgerät.

20. Mai:
Puente la Reina – Estella

In der Templerkirche von Puente la Reina hängt ein Christus aus Deutschland am Gabelkreuz, am Baum des Lebens. Zur Zeit der Gotik entstanden, zeigt es das Bild eines zu Tode gequälten Menschen, aber auch die unzerstörte Majestät Christi.

Hinter mir höre ich Leute die Kirche betreten, Kamerageräusche. Dann eine deutsche Frauenstimme in unangenehmem Ergriffenheitston: „Gott, wir danken Dir für diesen Morgen ...". Eine Radlergruppe ist abgestiegen zum Gebet. Ich schnappe mein Gepäck und gehe.

In der Santiago-Kirche Rucksackträger, die mit ihren Stöcken poltern. Sie tragen Kinderhüte mit seitlich herabhängenden Bändern. Auf dem Rucksack klebt Wäsche zum Trocknen. Ich bin also nicht mehr allein. Doch fehlt mir die Demut, mich einzuordnen, das Auftauchen der anderen hinzunehmen.

Später überhole ich einen jungen Mann, den ich für einen Spanier halte, er trägt einen Knieverband und macht gerade eine Pause. Auf einen anderen

Pilger treffe ich hinter der weißen Bergstadt mit dem arabischen Namen Cirauqui (Berg der Nattern). Er hat langes Haar und einen pechschwarzen Bart. Ich versuche mit ihm ein Gespräch anzufangen, er spricht aber nur spanisch. Da es mir auch nicht gelingt, mich seinem Schritt anzupassen, lasse ich ihn bald zurück. Spät am Abend kommt der junge Mann mit dem Knieverband nach Estella. Er ist völlig erschöpft. Ich helfe ihm eine Herberge zu finden. Er weiß noch nicht, ob er am nächsten Tag weitergeht.

Für mich war es eine relativ kurze Strecke von weniger als 25 Kilometern; eine angenehme und abwechslungsreiche Etappe. Wolken, etwas Sonne, Wärme. Wege durch Weizen- und Gerstenfelder; manchmal Olivenhaine und Obstgärten. Viel Mohn und Ginster, kaum Asphalt.

Estella ist auf den ersten Blick ein wüster Ort, der jedoch nach und nach seine brutale Schönheit zeigt. Im Tal enge, ungeputzte Gassen mit dunklen Mauern und Trümmergrundstücken, die Hügel dagegen geschmückt mit hochbrandenden Kirchen und Konventen.

Besonders gut gefällt mir die dem Rio Ega zugewandte Schauseite der gotischen Kirche Santo Sepulcro. Sehr elegant, aber trotz aller Subtilität anschaulich und volkstümlich und den viel bewunderten romanischen Portalen ebenbürtig. Als ich abends zur Hauptkirche San Miguel Arcangel hochgehe, beginnt dort gerade die Messe. Wieder einmal still geleitet.

21. Mai:
Estella – Los Arcos

Eckzimmer am Marktplatz. Schlimme Nacht. Es ist Freitag, und da haben in Spanien die jungen Leute Ausgang. Bis in die Morgenstunden anschwellender Lärm unter den Fenstern. Zuletzt nur noch Grölen und Geschrei. Auch veranstaltet jede durchziehende Gruppe Schießübungen mit den herumliegenden Getränkedosen. Gegen sechs ein Moment der Stille. Dann kommt die Müllabfuhr und zeigt, daß auch der arbeitende Teil der Bevölkerung etwas von der Geräuscherzeugung versteht.

Im Etagenhotel kein Frühstück, finde eine verräucherte Cafébar. Es regnet. Die Telebanco-Automaten akzeptieren meine Kreditkarte nicht. Erstaunlicherweise öffnen am Samstagmorgen um halb neun einige Banken.

Angeschlagen losmarschiert. Kurze Zeit später das palastgroße, leerstehende Benediktinerkloster Irache, das im 17. Jahrhundert einmal Sitz einer Universität wer. Neben dem Kloster an der Außenwand einer großen Weinkellerei, und eigentlich nur den Fußgängern auf dem Camino zugänglich, ein Weinbrunnen, der kostenlos und in unbegrenzten Mengen Rotwein spendet. Man will damit an eine alte Klostertradition erinnern, dank derer Pilger hier Wein zur Stärkung erhielten. Das Glas, das ich trotz der frühen Stunde auf den fast leeren Magen trinke, bringt mich vorübergehend aus der Fassung.

Vor dem Dorf Villamajor de Monjardin in den Feldern ein Bauwerk, das mir gut gefällt, die Maurenquelle. Eine etwa zehn Meter tiefe, kostbar von Steinquadern gefaßte Quellgrube, zu der eine breite Treppe hinabführt. Über dem Erdloch ein Gewölbe, die Zugangsseite zum Brunnenhaus durch eine Säule zierlich geteilt. Durch die Fugen der Steinfassung sickert Wasser und fällt schön klingend in das Sammelbecken. *Minimal music.*

Über dem Dorf eine Burgruine. Sitz einer navarresisch-muselmanischen Familie, Widerstand und Kämpfe gegen das Heer Karls des Großen. Also gab es auch Kollaborateure, oder anders gesagt, kulturell Assimilierte.

Zwei Frauen wischen die Kirche. Sie lassen mich einen Blick hineinwerfen. Sie gefällt mir. Zum Dank erwarten sie ein Wort der Anerkennung. Sie bringen mich ein wenig in Verlegenheit, weil mir so schnell kein lobendes Adjektiv einfällt.

Fernab von allen Straßen stundenlang durch grüne Getreidefelder nach Los Arcos. Kein Haus und kein Ort. Keine Menschenseele. Ab und zu die wilden Schreie von Hirten in den Hügeln. Einmal kreuzt ein junger Mann meinen Weg. Er steht hoch aufgerichtet auf den Fußrasten seiner Enduro-Maschine wie ein Reiter in den Steigbügeln. Mit rasender Geschwindigkeit und flatternden Haaren prescht er an mir vorbei, jagt einen Hangweg hinauf, fegt haushoch den Staub in die Luft und verschwindet wie ein Phantom hinter dem Höhenrücken am Horizont.

Trotz allem Lärm, ein starker Auftritt! Ein Intermezzo, das mir gefällt. Eine geradezu theatralische Begegnung. Die eigene und die fremde Kraft. Metabolismus und Maschine – und der Anflug einer Erinnerung an Federico García Lorcas elegische Verse: „Córdoba. Einsam und fern."

Los Arcos, Ort in der Ebene mit einer Straßenkreuzung und einigen Plätzen, ist am späten Nachmittag ein verschlafener Ort. Freue mich über die Ruhe. Zimmer und Abendessen in Ordnung.

Der Ort feiert Kirchweih. Junge Leute tanzen in Tracht auf dem Platz unter meinem Fenster, drei Musikanten spielen fremde, schnelle Melodien. Ländliches Fest. Ziehe Vergleiche mit Estella.

Doch es kommt anders. Mit Einbruch der Dämmerung setzt Kirmestreiben ein. Schießbuden, Karussells und eine Geisterbahn, die bisher versteckt in Nischen neben dem Hotel standen, werden in Betrieb genommen. Wettstreit der Musikboxen und Megaphone sowie einer Superhupe, die als Attraktion der Geisterbahn von den Kindern nach Belieben bedient werden kann und die es an Lautstärke ohne weiteres mit dem Nebelhorn eines Ozeanriesen aufnehmen kann. Damit kann ich noch leben, denn auch spanische Kinder werden irgendwann einmal müde.

Aber genau Punkt Mitternacht legt 50 Meter von meinem Fenster entfernt eine Acht-Mann-Kapelle mit turmhohen Verstärkern und Lautsprecherboxen los. Das ist das Lauteste, was ich seit den Bombenangriffen auf Essen nachts gehört habe!

Noch eine Nacht hilflos im Bett auf Ruhe warten, die dann doch nicht kommt? Möglicherweise sogar zwischen drei und vier Uhr morgens völlig entnervt mit den im Zimmer herumstehenden Glasaschenbechern nach den Musikern werfen?!

Kurz nach ein Uhr packe ich den Rucksack, spreche mit dem Wirt, der ein vernünftiger Mann ist und in Düsseldorf ein gutes Deutsch gelernt hat. Er sagt mir, das geht so durch bis morgen früh. Als ich bezahlen will, nimmt er nur Geld für das Abendessen, begleitet mich noch zur Tür und wünscht mir nachdenklich und ohne Ironie eine gute Nacht.

21. Mai, 14.00

Ductore sic te praevio
vitemus omne noxium[32]

Hrabamus Maurus

17

Querwege in der Rioja

Die Nacht vor Pfingsten
22. Mai: Los Arcos – Logroño

Mit dem Gefühl, eine richtige Entscheidung getroffen zu haben, bin ich wieder auf der Straße. Gehe zügig nach Westen und freue mich über den halben Mond, der mir Licht gibt. Leider sind mehr Autos unterwegs als erwartet. Noch lange höre ich den Lärm von Los Arcos. Als ich nach Torres del Rio komme, wo in den großen Pilgerzeiten nachts immer eine Laterne für die Verirrten und die Armen Seelen auf dem Dach der Kapelle leuchtete, ist es dort dunkel. Von der anderen Seite des Flusses, von Sansol her, dringt grelles Licht aus einer Diskothek und brutaler Boxenlärm, der mich noch lange begleitet und allmählich in großer Entfernung nur noch ab und zu, wenn ich eine Höhe überquere, zu hören ist. Und ich denke an Paveses Erzählung „Die Nacht von San Rocco", in der die Nacht der Lombardei von weit entfernter Tanzmusik durchweht wird.

Und dann ist es still. Der Mond verschwindet, und die Nacht wird so schwarz, wie man es sich nicht vorstellen kann. Die Autos durchstürmen die Finsternis mit Fernlichtspießen. Sie wissen nichts von mir und machen doch Jagd auf mich. Die Straße verläuft jetzt schnurgerade, schwingt sich über kurze Hügel, und wie aus dem Nichts tauchen die Autos auf und rasen auf mich zu. Da dränge ich mich, so weit Gräben und Abhänge es zulassen, an den Straßenrand. Haste, wenn es mir sicherer erscheint, von links nach rechts. Komme mir vor wie jemand, der in eine Stierkampfarena geraten ist und nun versucht, dem wütenden Tier zu entkommen.

Irgendwann fahren lautlos mit kreisenden Signalen Polizei, Feuerwehr und Krankenwagen vorbei. Später überquere ich eine aufgeräumte Unfallstelle. Die Straße ist noch naß von der Arbeit der Feuerwehr.

Gegen vier Uhr nur noch selten Autos. Nun ist die Dunkelheit am tiefsten. Doch unter den niedrig hängenden Wolken sieht man den glimmenden Widerschein von den Orten ringsum. In der Tiefe der Nacht beginnt es zu glühen und zu leuchten. Das Licht leuchtet über den Schlafenden und auch für mich in der Unruhe und Einsamkeit dieser Nacht. Und ich weiß, daß ich gewonnen habe. Ich gehe vorbei an den nicht beseitigten Toten der Nacht: an Igel, Hund und Schlange. Erst spät kommt die Morgendämmerung. Da finde ich auch die gelben Pfeile des Camino. Auf einem verlassenen Weg und über eine alte Brücke erreiche ich die Stadt Logroño. Meine Erschöpfung ist so groß, daß ich kaum noch weiß, wo ich bin, nur noch, daß es der richtige Weg ist. Beim Pförtner eines großen Hotels erhalte ich einen Schlüssel und falle in der Stille des 7. Stockwerks sofort in den Schlaf.

22. Mai:
Logroño

Drei Stunden später stehe ich auf und schaue mir die Stadt an. Sie hat breite Straßen, große Plätze, Laubengänge; es gibt Schaufenster, Bars und Cafés, in denen man im Vorbeigehen etwas essen und trinken kann, und viele Eissalons. Trinke von allem, esse Tapas, Emparedados und Eis und kaufe für den Rucksack ein Pfund Nüsse. Die Straßen der Altstadt und die Avenidas sind voll von Menschen. Es ist Pfingsten. Manchmal regnet es ein wenig, aber das stört keinen. Wir sind alle zufrieden.

23. Mai:
Logroño – Nájera

In der Anonymität des großen Hotels und der Ruhe des 7. Stockwerks noch einmal sehr tief geschlafen. Das üppigste Frühstück seit Monaten. Was fehlt, sind Rühreier, Würstchen und Bratkartoffeln; ansonsten eine unglaubliche Auswahl an Kuchen, Pralinen, Creme, Kompott und Gebäck. Endlich kann ich einmal nach Herzenslust probieren, was in den Schaufenstern der *Pastelerias* zu bewundern ist.

Ausfallstraße Richtung Burgos. Winkelzüge durch Industriegelände. Jenseits einer mehrspurigen Straße zieht der *Camino* durch eine desperat zersiedelte Ebene. Planlos zerstreute Werkstätten und kleine Fabriken. Zehn-Mann-Betriebe, halbversteckt hinter Mauern und aufgestapelten Fässern. Autozerlegendes Gewerbe, Baustoffhändler, Schmierölverwerter. Reklametafeln ohne Publikum. Zwischen Bauernhäusern Schrott-Assemblagen, Gerät von irgendwoher endgültig abgestellt und vergessen.

Über Brachland und Schutt mit tausend Flügeln schlagend, spottendes Rot, *Papaver rhoeas* – der ganz gewöhnliche Mohn. Die große Geste des Sommers, das schöne Klischee.

Dann die erste Begegnung mit einer modernen Pilgerplage, der Nationalstraße 120. Vom ungebremsten Verkehr verdrängt, bewege ich mich wie ein Paria über den Seitenstreifen, doch werde ich beachtet. Ein Autofahrer aus Madrid tippt auf die Hupe und winkt freundlich. Ein anderer macht hinter der Windschutzscheibe ein großes Kreuzzeichen in meine Richtung. Ein Spötter? Ein Priester? Jemand, der mir signalisieren will: Bete für mich in Santiago?

In Navarrete eine gotische Hallenkirche mit elegant-verspieltem Gewölbe. Eine raumhohe Altarwand glänzt bei eingeschalteter Beleuchtung eindrucksvoll in prunkendem Gold. In die barocke Überfülle geschmackssicher eingefügt ein viel älteres Gemälde, das eine düstere Kreuzigungsszene darstellt. Irgendwo in dieser Wand steht auch Sankt Jakobus in der schmucken Reisetracht eines Kavaliers des 17. Jahrhunderts. Im Seitenschiff der Kirche ein großer Glassarg, in dem liegt der tote Christus mit all seinen Wunden.

An der Außenmauer des Friedhofs von Navarrete die Skulptur einer jungen Frau. Links über ihr ein hagerer Pilger, der der Tod sein könnte. Eine Erinnerung an Alice de Crämer, eine Belgierin, die auf dem Weg nach Santiago hier starb. Später erfahre ich, daß sie als Radfahrerin verunglückte.

Ausgerechnet auf dieser Strecke viele Kilometer über die N 120. Dabei geht es durch eine breite und fruchtbare Talebene, wo man andere Wege finden müßte. Später, wieder im Gelände, stoße ich auf zwei Peregrinas, die seit Roncesvalles unterwegs sind. Sie sprechen fließend englisch und spanisch; werde aus ihrer Nationalität nicht klug.

Die Gegend, durch die ich jetzt komme, war offenbar jahrhundertelang von Arabern besiedelt; ein Land, in dem viele Schlachten ausgetragen wurden. Nájera (Ort zwischen den Felsen), wo ich über Nacht bleibe, war eine arabische Festung und später die Hauptstadt des Königreiches Navarra. Im Kloster Maria la Real ist das Pantheon der Könige.

Abends sitze ich lange auf einer Wiese über der Stadt und kann mich nicht satt sehen. Die Klosterkirche ist umgeben von schlanken Rundtürmen; sie stehen wie Lanzenbündel über der Stadt und vor dem roten Berg, der Nájera nach Westen abschirmt. Im Osten Schutz durch den Rio Najerilla. Im Norden vom Regen arsengrün gefärbte Wälder vor der Silhouette der Sierra Cantabrica. Ein Ort für einen König.

Wohne in einem gut besuchten, neuen Hotel jenseits des Flusses. Erstklassiges Abendessen, Rioja-Wein. Nachts eine Schlägerei zwischen Spaniern auf dem Flur direkt vor meinem Zimmer.

24. Mai:
Nájera – San Millán de la Cogolla

Das Kloster Santa Maria la Real. Als Peregrino erhalte ich freien Eintritt! Die Anlage wurde 1052 gegründet. Die Westseite der Kirche ist mit dem roten Fels verwachsen und endet in einer Höhle, in der dem König Don Garcia ein Jagdwunder widerfahren sein soll. – Jagdwunder sind Einsamkeitserlebnisse, die in inspirierten Gründerjahren häufig große Folgen hatten. Auch Aachen und San Juan de la Peña gehen auf solche Ereignisse zurück.

In und vor der Höhle, im Schutz einer Madonna mit Kind, die Sarkophage der Könige von Navarra aus dem Hause Nájera. Rundköpfige Menschen mit großen Augäpfeln.

Von unvergleichlicher Schönheit der gotische Kreuzgang, der mit seinem Flamboyant-Schmuck eher an Stickereien aus flämischen Frauenklöstern als an das Werk von Steinmetzen denken läßt. Die filigranen Steingitter inszenieren das Spiel von *sol y sombra* – Licht und Schatten auf den Steinplatten der Wände und des Bodens. Ein spätes Produkt der islamisch-christlichen Verschmelzungskunst.

Hinter Nájera Aufstieg zur kastilischen Hochebene. Der Regenhimmel öffnet sich, tief schwimmende Wolken über dem roten Land. Die Felder – Gerste, Rüben, Wein – klein und urtümlich geformt. Alte Besitzverhältnisse, die noch an die Oberfläche der Erde angepaßt sind. Die Heiterkeit und das Glück des Gehens.

Vor dem Haus eines Handwerkers bleibe ich stehen. Die Tür der Werkstatt ist mir aufgefallen: rätselhafte Zeichen, Wortandeutungen, abgeknickte, rostige Nägel, zersplittertes Holz, zufällig entstandener, fast schmerzhaft unvollendeter Farbauftrag. Dies fotografiere ich für Johann van der Zanden, den nachdenklichen Gesprächsfreund, der heute in Nordhorn beerdigt wird.

In Azofra entschließe ich mich, einen Abstecher zum Zisterzienserkloster Cañas zu machen, das 1170 gegründet wurde. Wieder auf den Spuren des heiligen Franziskus, der hier zu Gast war. Ich habe Glück. Ein Pater, der gerade in die Siesta gehen will, zeigt mir die Kirche und das kleine Museum. Über seinem weißen Habit trägt er einen sehr kleidsamen breiten, hellbraunen Ledergürtel. Er spricht zwar nur spanisch, aber wir kommen gut miteinander zurecht. Er weist mit einer großen zusammenfassenden Geste auf die Mauern, Pfeiler und Gewölbe und sagt: „total claro". Ich kann nur zustimmen. Von ihm erfahre ich, daß das Kloster keine Landwirtschaft mehr betreibt: „sólo horticultura". Später kommt ein junger Pater, der mich mit Handschlag begrüßt, hinzu. Mit ihm kann ich französisch reden. Beide sind der Meinung, daß ich jetzt auch noch nach San Millán de la Cogolla gehen müsse, das 15 Kilometer südlich von hier in der Sierra de la Demanda liegt. Nachdem ich schon vorher mit dem Gedanken gespielt habe, mache ich die Meinung der Patres zu meiner eigenen und gehe los.

Ein langes Stück über eine heiße Landstraße. Die Berge der Sierra de la Demanda, auf denen sogar noch etwas Schnee liegt, bringen Abwechslung, und die Erwartung hält die Müdigkeit fern.

Nach allem, was ich vom Kloster San Millán de la Cogolla weiß,[33] muß es ein Schacht hinab in die Tiefe der Vergangenheit sein, in dem immer noch die blanken Erzgänge der Geschichte zu erkennen sind. San Millán, ein regionaler Heiliger, war Hirte und das Kind von Hirten. Angeregt durch das Beispiel eines Eremiten, des heiligen Felices, der in einer Höhle in den Bergen lebte, auf denen Millán seine Tiere hütete, wurde er dessen Schüler und im Laufe der Zeit Vater einer Gruppe von Einsiedlermönchen, die sich bald, wahrscheinlich unter dem Einfluß Isidors von Sevilla, der Reform des Mönchstums durch Benedikt von Nursia anschlossen. Sie bauten neben und über ihren Höhlen ein Kloster. Das geschah noch in der Frühzeit des Westgotenreiches, also im 5. und 6. Jahrhundert. Irgendwie hat das Kloster in den Bergen die arabische Invasion überlebt, und seine Kirche – ein Organismus aus Erdhöhlen, Gräbern, westgotischen Mauern und Bögen, Arkaden und Gewölben der Mozaraber und Zufügungen aus frühromanischer Zeit – steht immer noch.

Weil das Kloster zu eng wurde, bauten die Mönche ab 1053 im Tal ein neues, gaben das alte jedoch nicht auf. Zur Unterscheidung nannte man das alte Kloster San Millán de Suso (oben) und das neue San Millán de Yuso (unten). Das neue Kloster wurde in der Renaissancezeit abgerissen und durch einen palastartigen Neubau ersetzt, der ebenfalls noch vorhanden ist.

In Suso, das weitab in den Wäldern liegt, war meine Stunde. Die Tür der Kirche war geöffnet. Lange blieb ich allein. Nirgendwo taubes Gestein. Das blanke Erz lag offen zutage.

Später in Yuso führt mich ein freundlicher Augustinerpater, der etwas Deutsch spricht, durch die Anlage. Er zeigt mir alles: die Kirche mit der Statue einer Heiligen, die echte Wimpern hat, die Sakristei mit den Malereien eines Juan de Ricci, die majestätischen Treppenhäuser und Kreuzgänge, die Bibliothek und die Schatzkammer mit den Schreinen, in denen die Gebeine der Heiligen Felices und Millán liegen. Sagt der Pater es mir zu Gefallen? Vor über tausend Jahren sollen zwei deutsche Künstler hier gewesen sein, Engelram und Rudolfus, Vater und Sohn. Sie schnitzten die Elfenbeintafeln für den Schrein des heiligen Millán, und einen Moment lang bin ich stolz und gerührt und sehe Deutschland von der anderen Seite der Zeit.

Zuletzt wird es zuviel, ich kann es nicht mehr fassen. Die Führung war lang. Darüber ist es so spät geworden, daß ich keine Unterkunft mehr erreichen kann. Da bieten die Patres mir ihre Herberge an. Ein paar Betten und Decken, zwei Tische und einige Stühle sowie ein Spülbecken in einem sauberen Raum.

Abends im Dorf versuchen sich drei Hunde an mir. Ich habe keinen Stock dabei. Dem kleinsten der Hunde gelingt es, tief in meinen rechten Unterschenkel zu beißen. Vier Löcher in der Haut, eine Blutung, bald nachlassender Schmerz.

23. Mai, 9.00

23. Mai, 10.00

24. Mai, 11.00

18

Durch Kastilien nach Burgos

25. Mai:
San Millán de la Cogolla – Belorado

Arbeits- und Marschiertag von San Millan de la Cogolla nach Belorado über Santo Domingo de la Calzada. Bei enormer Hitze 45 Kilometer zurückgelegt. An solchen Tagen deutlich eingeschränkte Erlebnis- und Erinnerungsfähigkeit. Vor meinen Augen noch sehr deutlich lange Straßenstücke zwischen grünen Roggenfeldern und ein schnurgerader, fast endlos nach Santo Domingo abfallender Weg. Im Museum und in der Kirche, da lasse ich mir Zeit. Höre den Hahn krähen, was für Leute auf dem Wege nach Santiago ein gutes Omen sein soll. Lese, daß der junge Pilger, dem durch das Hühnerwunder Gerechtigkeit widerfuhr und dem Sankt Jakob mit eigener Hand das Leben erhielt, mit seinen Eltern aus de Santis im Erzbistum Köln stammte, was eindeutig Xanten ist. Notiere mir die französische Übersetzung eines alten Merk- und Werbeverses:

„Saint Dominique de la chaussée
où le coq et la poule rôtis ont chantés"[34]

und gehe weiter an der verschlossenen Kirche von Redecilla vorbei stundenlang bis Belorado. Durchgangsstraßenhotel an der Carretera nach Burgos. Außer mir noch ein paar Arbeiter. Rührend schlichtes Abendessen. Die Müdigkeit ist stärker als der Lärm der nachts vorbeifahrenden Autos.

26. Mai:
Belorado – Villafria

Traurige Dörfer am Rande Kastiliens. Die meisten Häuser schon verlassen. Die Brunnen geben noch Wasser, in den Brunnentrögen Algen und Gewächs. Die Bäume ohne Schatten. Irgend jemand hat im Frühjahr noch Hecken verbrannt. Niemand ist zu sehen, jedoch hört man das Geräusch einer Hacke, manchmal schlägt sie gegen einen Stein.

In Villambistia über der Kirchentür ein Stein mit den Namen von Toten der Jahre 1936–1939. Einige Kilometer weiter in den Montes de Oca ein Gefallenendenkmal. Es sind die einzigen Spuren des spanischen Bürgerkrieges, die ich am Weg nach Santiago finde.

Ich denke an Ramón José Sender, der mit seiner Novelle „Requiem für einen spanischen Landmann" eine gültige Parabel dieses Krieges und seiner Vorgeschichte geschrieben hat. Wie in einer antiken Tragödie kommen nur wenige Personen vor und werden die Ereignisse in bewegenden Worten geschildert.

Paco, der junge, gewählte Bürgermeister, der, nach einem tiefgehenden Erlebnis in seiner frühen Jugend von Mitgefühl erfüllt, in seinem Dorf kleine Veränderungen durchgeführt hat, um die Lage der Armen zu verbessern, wird von den Faschisten erschossen.

Zum Jahresgedächtnis seines Todes wartet der großartig dargestellte, schuldverstrickte Pfarrer Mosén Millán in der Kirche auf die Gemeinde. Es kommen aber nur die Feinde des Ermordeten, die drei Großgrundbesitzer des Dorfes. Die Freunde und Verwandten des Toten bleiben fern. Die Dorfbewohner sind nur anwesend in den melancholischen Gedanken und Erinnerungen des Pfarrers, im Chor der Frauen und in den Strophen einer Romanze, die nach dem Tode von Paco entstand und von der der Meßdiener manchmal Fetzen vor sich hin singt.

Sender war einer der „Schriftsteller in Waffen". Er stammte aus Aragonien. Seinen Büchern entnehme ich, daß sein Elternhaus relativ wohlhabend war, jedoch stellte er sich auf die Seite der Anarcho-Syndikalisten, die – auch unter Anwendung von Gewalt – die Lage der Landarbeiter verbessern wollten.

1936 wurde seine Frau auf dem Marktplatz von Zamora von Francoanhängern erschossen. Während des Bürgerkrieges kämpfte er als Anarchist auf seiten der Republikaner. Er ist 1982 in San Diego in den USA im Exil gestorben.

Die Armut, aber auch die bäuerliche Welt, die er im „Requiem", besonders aber in dem Roman „Der Verschollene" (El Lugar de un Hombre) beschrieben hat, gibt es nicht mehr. Einige Sätze aus seinen Büchern stehen in meinem Reisebuch.
Ich lese sie beim Gehen und zitiere zwei Passagen.
Die erste aus dem „Requiem". Paco begleitet als junger Meßdiener den Pfarrer zur Wohnhöhle eines Sterbenden:
„... Paco sah sich um.
Es gab kein Licht, kein Wasser, kein Feuer. Mósen Millán hatte Eile hinauszukommen, aber er ließ sie sich nicht anmerken, weil diese Eile ihm wenig christlich erschien. Als sie hinausgingen, begleitete die Frau sie mit dem brennenden Licht bis zur Tür. Man sah keine Möbel außer einem schiefen, gegen die Wand gelehnten Stuhl. In dem vorderen Raum lagen in einer Ecke auf dem Boden drei rauchgeschwärzte Steine und ein bißchen Asche. An einem in die Wand getriebenen Pflock hing eine alte Jacke. Der Priester schien etwas sagen zu wollen, schwieg aber. Sie gingen hinaus.
Es war schon Nacht, und man sah die Sterne am Himmel. Paco fragte:
– Sind diese Leute arm, Mósen Millán?
– Ja, mein Sohn.
– Sehr arm?
– Sehr.
– Die Ärmsten im Dorf?
– Wer weiß das, aber es gibt Schlimmeres als die Armut."
Die zweite Passage stammt aus „Der Verschollene" (nach der Messe auf dem Marktplatz):
„...Der Marktplatz bevölkerte sich. Es bildeten sich Gruppen von Männern, die aus Sympathie oder weil sie Nachbarn waren, zusammentraten, aber es wurde kaum gesprochen. Diese Sonntagsgruppen auf dem Marktplatz waren wie ein Feiertagsbrauch, der mechanisch erfüllt wurde. Ich sah sie beisammenstehen, schweigsam, Stunden um Stunden. Bisweilen sagte einer:
– Der Wind bringt Regen.
Nach einer langen Weile erwiderte ihm ein anderer:
– Es sieht so aus, aber man darf der Frische nicht trauen.
Sie hatten alles gesagt, und was ihre Gefühle anging, so war es nicht nötig, sie jeden Augenblick herauszukehren."[35]

In den Montes de Oca sind die mühsam aufgeforsteten Wälder in weiten Bereichen verbrannt. Auf dieser Strecke begleitet mich der erschöpfte junge Mann, den ich zuletzt in Estella gesehen habe. Er ist übrigens Brasilianer. Er will auf dem Wege nach Santiago über sich nachdenken, über sein Leben und wie es weitergehen soll. Er klagt über Schulterschmerzen und will von mir einen Rat. Als ich etwas zur Anamnese wissen will, erklärt er mir, daß in seiner Schulter eine Kugel steckt. Nach den Gründen frage ich ihn nicht, zumal er selbst etwas abblockt, denn er sagt: „Wenn mich einer fragt, wer ich bin oder was ich mache, dann sage ich immer: Ich bin ein Pilger und sonst nichts." Als wir an dem Denkmal für die Gefallenen vorbeikommen, stellt sich heraus, daß er noch nie etwas vom Spanischen Bürgerkrieg gehört hat.

Zwei Stunden lang gehen wir zusammen und unterhalten uns gut, dann ist er müde und will eine Pause machen. Da ich noch ein langes Stück nach Burgos vor mir habe, gehe ich allein weiter und komme bald nach San Juan de Ortega. Der Ort besteht aus einer Kirche, einem ehemaligen Hospiz und einigen Häusern. Der Name erinnert an einen heiligen Straßenbauer, der ebenso wie sein Freund San Domingo Anfang des 12. Jahrhunderts in den Einöden der Oca-Berge Wege baute und diese Pilgerstation anlegte. Das alte Hospiz ist heute wieder eine Pilgerunterkunft, ein *refugio*.

Um die Mittagszeit sind Kirche und Bar geschlossen. Auf dem Platz vor der Kirche steht ein Bus, neben dem eine Reisegruppe aus Deutschland Tische und Bänke aufgestellt hat und es sich gut sein läßt.

Als ich ein wenig abseits meine eiserne Reserve, eine Handvoll Nüsse, esse, kommt eine Frau aus der Gruppe auf mich zu und lädt mich zum Essen ein. Und im Nu habe ich Brot, Käse, Tomaten, Cervelatwurst, heißen Kaffee und ein Stück Schokolade vor mir stehen. Es ist eine DJK-Gruppe aus Augsburg, die schon in zwei Tagen in Santiago sein will. Es sind ganz liebe Leute, und es ist für sie ein Erlebnis, von meiner langsamen Annäherung an das Ziel ihrer Reise zu hören. Als sie mit dem Bus weiterfahren, stehe ich schon wieder am Rande der Wildnis, und sie winken mir zu.

Es geht noch ein Stück durch Wald, bald kommen Hochweiden mit magerem Gras, Heidekraut, verstreuten Büschen und Bäumen. Dann öffnet und weitet sich die Landschaft zu immer größeren Räumen.

Hinter Atapuerca überholen mich zwei junge Bauern mit einem Trecker. Sie rufen mir etwas zu und zeigen nach links in die Berge. Ich verstehe „arriba" und denke nach, was das bedeutet: oben, nach oben. Also bin ich auf dem falschen Weg. Mit etwas Mühe finde ich den Weg „nach oben", hinauf in die Sierra de Atapuerca. Von dort aus sehe ich Burgos. Die große Stadt ist in der Endlosigkeit Kastiliens, selbst mit ihrem Wall aus Hochhäusern und Fabriken, nur ein kleiner bebauter Fleck, doch erkennt man auch aus der Ferne das Flechtwerk der Türme über der Kathedrale.

Eine Landschaft von solcher Maßlosigkeit kann nur vom Auge und dem integrierenden Verstand erfaßt werden, die Möglichkeiten der Fotografie sind hier am Ende. Kastilien wirkt manchmal endlos wie der Atlantik, doch kommt man sich nicht so verlassen vor. Wahrscheinlich ist der Mensch in solchen Landschaften in Afrika und Asien herangewachsen, aber auch hier, wo man die Skelettreste des „Menschen von Atapuerca" gefunden hat, die ältesten Spuren des Homo sapiens in Europa.

Abends gerate ich in Villafria, wenige Kilometer vor Burgos, in den gewaltigen Lkw-Verkehr der Nationalstraße 1. Finde hinter Lagerhallen und Tankstellen ein überraschend ruhiges Hotel.

27. Mai:
Villafria – Burgos

Zu Fuß in das Zentrum von Burgos. Auch die Durchquerung von Stadträndern mit ihren Straßensystemen, Fabriken, Gewerbebetrieben und dem allmählichen Übergang in die Wohngebiete hat ihren Reiz, zumal in Spanien die Untergeschosse der großen Wohnhäuser voller kleiner Geschäfte und Bars sind, so daß es viel zu sehen gibt.

Betrete die Altstadt über die alte Pilgerstraße an der Kirche San Lesmes vorbei, mache bewundernd eine Runde über schöne Plätze, finde in der Calle Puebla neben der Casa del Cordon ein Hotel und genieße die Urbanität der benachbarten Viertel; wage mich sogar zum Friseur.

Burgos ist aus grauem Stein erbaut, wirkt aber nicht abweisend. Breite Alleen und der Fluß Arlanzón durchziehen die Stadt. Es gibt schöne Läden und viele Fußgänger. Autos sind in der Innenstadt nicht verboten, treten aber nicht unangenehm in Erscheinung. Überall sieht man Menschen in den zahlreichen

Kirchen, die offenbar alle noch gebraucht werden. Auf einem Plan in der Kathedrale werden allein für den Samstagabend 35 Messen angekündigt.

Nachmittags besuche ich das Kloster Las Huelgas am Stadtrand. Hier erinnern Fahnen, Wappenschilde und Wandmalereien an die Schlacht von Las Navas bei Toledo im Jahre 1212, in der die Araber mit Hilfe französischer und deutscher Ritter so entscheidend besiegt wurden, daß ihnen nur noch Granada mit einigen Randprovinzen blieb.

Im Kloster wird aus späterer Zeit ein Sankt-Jakobus-Automat aufbewahrt, der durch einen eingebauten Mechanismus ein Schwert zum Ritterschlag auf die Schulter des vor ihm Knienden senken konnte. Für die Menschen der damaligen Zeit, die das nicht als Theater empfanden und den dahintersteckenden Mechanismus nicht durchschauten, eine Benediktion allerhöchsten Ranges.

Als ich noch überlege, ob es sich um eine unterhaltsame Kuriosität oder um ein haarsträubendes Täuschungsrequisit handelt, drängt die Fremdenführerin schon zum Weitergehen. Es ist eindrucksvoll, was sich in diesem Kloster im Laufe der Jahre angesammelt hat. Trotzdem bleiben tiefere Einsichten spärlich, weil die obligate Führung in spanischer Sprache erfolgt und nirgendwo Zeit zum Verweilen bleibt.

Zwei Dinge haben mich dennoch gefesselt: Ein besticktes Kissen in der Gewebesammlung, das in archaischer Stilisierung Frauen unter einem Baum zeigt; 800 Jahre alt und unbeschädigt – sowie ein kleines flämisches Gemälde mit der Darstellung der Herbergssuche in Bethlehem. Die winterliche Schönheit und Härte des Nordens.

Die vielbesuchte Kathedrale ist ein architektonisches Großgebilde, das verwirrt. Viele ausgezeichnete Einzelheiten, die sich jedoch nicht zu einem überzeugenden Ensemble zusammenfügen.

Der Besucherstrom läßt keine Ruhe aufkommen. Meine Gedanken finden nirgendwo Halt. Plötzlich habe ich das Gefühl, mich zu verzetteln. Es hat keinen Zweck, ich gehe lieber.

28. Mai:
Burgos

Am nächsten Tag gehe ich durch die Baumreihen am Ufer des Flusses Arlanzón zur Kartause von Miraflores, die ein Stück außerhalb der Stadt liegt. Eine lange hohe Mauer umgibt das Kloster und sein Gelände. Ein junger Mönch gewährt mir Einlaß, jedoch darf ich nur die Kirche betreten.

Lange beschäftigt mich die Altarwand, die trotz der vielen Figuren und Szenen eine große Ruhe ausstrahlt und hinter der ein klares Programm steht. Es gibt in der ganzen Wand kein aufgeregtes Gesicht, keine dramatisierende Gebärde, keine Ecce-Homo-Attitüde. Stattdessen eine elegische, in sich selbst ruhende Gelassenheit, weil „alles in Erfüllung gehen muß". Die wichtigsten Szenen der Leidensgeschichte (Gethsemane, Geißelung, Kreuztragung, Grablegung) sind von einem wunderbar flutenden Engelkreis umgeben, in dem man Gesichter von himmlischer Schönheit findet. Den Kreis umgibt der Tetramorph. Links und rechts daneben Gottvater und Michael, der Engelkönig.

Ganz unten rechts Isabella von Kastilien als junge Frau mit einer Amme oder Dienerin. Spiegelbildlich ist sie auf der linken Seite noch einmal dargestellt, alt und krank. Hinter ihr steht jetzt der Apostel Jakobus und stützt sie.

Ganz oben auf dem Retabel stehen die großen Männer des Kartäuserordens. Prächtige Köpfe. Keine Gemeinschaft für Muttersöhnchen. Fasten und Schweigen. Die Unbilden der Natur ertragen, Kampf gegen die Naturgewalten, aber auch wissenschaftliche Studien und Meditation bis zur mystischen Versenkung. Im Gegensatz zu den Benediktinern und Zisterziensern verzichteten sie auf Massenschlafräume und ständige Gemeinsamkeit. Jeder hatte seinen eigenen Raum. Doch war es kein solitäres Leben. In der Kirche, die mit erlesenen Kunstwerken ausgestattet war, kam man regelmäßig zusammen.

Miraflores wurde erst 1442 gegründet, fast 400 Jahre nach der Gründung der ersten Kartause La Grande Chartreuse in den Westalpen durch Bruno von Köln. Es ist der strengste Orden nach den Regeln des heiligen Benedikt, offenbar aber mit einem immer noch tragfähigen Konzept. Das Pendel des Mönchstums schwingt mit ihnen wieder ein wenig zurück zu den Eremiten des frühen Christentums, den Anachoreten, denjenigen, „die weit weg gehen", wie die Griechen Bauern nannten, die, um der Fron und der Steuerlast zu entgehen, in unbesiedeltes Land zogen – womit ich mühsam, aber immerhin und nicht ganz ernst zu nehmen, einen privaten Bezug hergestellt habe.

25. Mai, 8.00

26. Mai, 10.00

26. Mai, 12.00

19

Über die Meseta nach León

29. Mai:
Burgos – Castrojeriz

Westlich von Burgos neben einem Gefängnis oder Zuchthaus eine Pappelanpflanzung – ein Spargelwald, in dem man schon am Anfang sieht, was einen am Ende erwartet. Landschaft ohne Geheimnis. Graurückige Berge, einer wie der andere modelliert, Einheitshöhe. Das Tal des Rio Urbel zwischen Tardajos und Rabé de las Calzadas war früher eine gefürchtete Sumpf- und Wasserebene. Es gab einen Spruch: „Zwischen Tardajos und Rabé libera nos Domine". Sogar die Reisekutsche der großen Therese von Avila soll hier umgestürzt sein.

Heute ist der Fluß begradigt und verkrautet. Der trockengelegte Boden muß hergeben, was er kann. Die kleine Straße führt über einen Damm und hat jeden Schrecken verloren.

Hinter Rabé langsamer Anstieg zur Meseta. Die grauen, bis auf den Fels abrasierten Hänge bleiben zurück. Schließlich nur noch ein weißer Staubweg zwischen Kornfeldern und Ödland, nirgendwo eine Begrenzung. Dünne Zellstoffwolken, die die Sonne unbarmherzig durchdringt. Am jenseitigen Rand einer großen Geländesenke unerwartet ein Dorf. Im Tal wird das Rieseln eines Baches in der Hitze und Stille zum Ereignis.

Vor mir eine Gruppe, die sich schnell bewegt. Der letzte trägt keinen Rucksack. Wegen eines großen Strohhutes und breiter Hosenträger halte ich ihn zunächst für einen spanischen Bauern. Es ist aber ein Deutscher aus Bayern. Er ist etwas älter als ich und heißt ebenfalls Hans. Er hat sich der kleinen Gruppe vor uns, die er in einem Refugio kennengelernt hat, angeschlossen. Seinen Rucksack hat irgendeiner mit dem Auto vorausgeschafft. Er ist Steuerberater und gehört in seinem Heimatort einem Meditationskreis an. Das hat ihn wahrscheinlich auf den Weg gebracht. Er verwickelt mich in ein Gespräch über den Reichtum der Kirche, auch glaubt er, daß die Kirche immer nur eine Kirche der Reichen gewesen sei usf. Ich erzähle ihm vom Armutsgebot der ersten Christen, von meinem Erlebnis in Montpellier. Ich erzähle vom Gottesfrieden der Cluniazenser, der die Armen vor der Gewalttätigkeit der Großen schützte. Ich erwähne, daß Fleiß und gutes Wirtschaften sich zwangsläufig in Wohlstand verwandeln, daß aber im Laufe der Kirchengeschichte immer wieder Menschen in bewußter Armut einen neuen Anfang gemacht hätten (Franz von Assisi, die Bettelorden, Mutter Theresa). Auch spreche ich über den Geist der Caritas und die kirchlichen Hilfswerke, und vieles leuchtet ihm ein.

Irgendwann erreichen wir die anderen, die vor uns marschieren. Es sind Judy aus Aspen in Colorado, Carlos, ein Polizist aus Madrid, und ein junges Ehepaar aus Menorca. Sie stammt aus Barcelona und heißt Mary, seinen Namen habe ich vergessen. Carlos spricht französisch, Mary englisch, ihr Mann nur spanisch. Wir halten ein problemloses viersprachiges Palaver. Im nächsten Ort, in Hontanas, bleiben alle fünf im Refugio. Ich gehe noch zehn Kilometer weiter bis Castrojeriz.

Bald überkommt mich eine große Müdigkeit. Ich lege mich in den Schatten eines Baumes und schlafe ein. Als ich wieder wach werde, steht die Sonne tief im Westen. Auf der kleinen Straße ist es heiß, und ich fühle mich nicht erfrischt. Wahrscheinlich fehlen mir zwei Liter Wasser. Selbst die eindrucksvollen Mauern eines Antoniterklosters, die sich vor Castrojeriz über die Straße wölben, beseitigen nicht meine Lethargie. Dabei hätte ich Gründe, hier zu verweilen: Die Antoniter, die es heute nicht mehr gibt, widmeten sich der Krankenpflege. Sie hatten Erfahrungen und Erfolge in der Behandlung des Ergotismus, des heiligen Feuers, des schwarzen Brandes *Mortifer*, der verheerendsten Geißel des Mittelalters. Immer wieder trat diese Seuche auf, wenn in Not- und Hungerzeiten durch Mutterkorn vergiftetes Getreide gegessen wurde. Mutterkorn ist der Pilz *Claviceps purpurea*, der auf den Ähren wächst und nach dem Verzehr von ungereinigtem Getreide die Adern in kurzer Zeit einengt und verschließt. In einer Beschreibung der Krankheit aus dem Jahre 1090 steht, daß die Krankheit den Menschen „ihre Eingeweide verzehrte und ihre Glieder verbrannte, daß sie schwarz wie Kohle wurden. Wer von dieser Krankheit befallen war, starb entweder elendiglich oder lebte, nachdem ihm Hände und Füße abgefault waren, noch elender weiter ...".[36]

Dieser Elenden nahmen sich die Antoniter an. Wahrscheinlich war ihre Therapie nur Mildtätigkeit und Pflege. Sie gaben den Hungernden und Kranken einwandfreies Getreide, wodurch sie die Zufuhr des Giftes unterbrachen. Sie säuberten und verbanden die Wunden und pflegten die Hilflosen und Krüppel.

Trotz aller Fortschritte der Medizin kann man auch heute nicht viel mehr gegen den Ergotismus ausrichten. Das Entscheidende ist immer noch das, was die Antoniter machten: die Versorgung der Menschen mit einwandfreien Nahrungsmitteln.

Wie eine Erinnerung hieran findet man in der Mauer der Ruine immer noch eine Nische, in der – sogar in der Nacht, wenn die Klosterpforte geschlossen war – Wegzehrung bereitstand für späte Passanten.

Über der Landstraße im zermürbenden Licht der vor mir stehenden Sonne der Bergkegel und die Burg von Castrojeriz. Landschaft und Geschichte unbarmherzig reduziert und skelettiert.

In der Dämmerung durchstreife ich das Dorf, das einen elenden, fast unbewohnten Eindruck macht. Es scheint fast, als führe mich der Weg nach Santiago in immer verlasseneres Gelände, zunehmend in Armut, Dunkelheit und Verfall. Ratlosigkeit angesichts der Diskrepanz zwischen dem verrotteten Ortsrelikt und der erdrückenden Präsenz der Vergangenheit, die mit gewaltigen Kirchen den Ort rahmt und überragt. Irgendwie fehlt das Bindeglied.

Aber vielleicht liegt gerade darin das Faszinierende des Weges nach Santiago: zersplitterte Oberfläche zu zeigen, die Gegenwart zu relativieren, Individuelles zu bagatellisieren. Auch sind die Schlüssel zur Vergangenheit nicht verloren, noch brennt in den Kirchen das Licht.

30. Mai:
Castrojeriz – Frómista

Eine halbe Stunde hinter Castrojeriz überquert der Camino den Rio Odrilla. Der Weg verläuft lange Zeit über einen flachen Damm und wird allmählich in allerbescheidenster Weise über die sanften Bögen einer mittelalterlichen Brücke durch das ehemals viel breitere Flußtal geführt. Die Brücke ist so unauffällig dem Weg angepaßt, daß man sie kaum wahrnimmt. Hier hat keiner aufgetrumpft. Man hat etwas Zweckmäßiges gebaut, das still die vielen Jahrhunderte überdauerte. Jetzt im Frühjahr steht Wasser um die Brückenbögen, durch die Spiegelung entsteht zusätzliche Schönheit.

Die neue Brücke, die über den regulierten Fluß Odrilla führt, setzt sich aus einer Betonplatte und zwei Rampen zusammen; die eisernen Geländer haben Ackermaschinen stark beschädigt.

In biblischer Sequenz dann Aufstieg zum Tafelberg Mostelares. In der Heide des Hochplateaus hat jemand zerbrechliche Kreuze aus Stangenholz als Wegweiser aufgestellt, sie mit einer gelben Plane umwickelt und diese mit Stricken verschnürt. Arte povera, die sensible Geste. Die Kreuze führen zu einer Stelle, die einen schwindelerregenden Blick in die Ebene des Pisuerga, einen lichterfüllten Abgrund, enthüllt. Die Geometrie der purpurfarbenen Kleewiesen und der eisgrünen Roggenfelder beruhigt allmählich die Augen.

Als ich hier stehe, kommen die beiden Peregrinas, die ich vor Najera am Wege sitzend traf, an mir vorbei. Sie unterhalten sich und haben unbewegte Gesichter. Wir gehen zusammen hinunter ins Tal. Ich frage sie nach der Brücke und den Kreuzen, mache sie auf die Schönheit der Ebene von Pisuerga aufmerksam, die sie kurz und anerkennend mustern. Die Brücke haben sie gar nicht wahrgenommen, und von den Kreuz-Signalen wurden sie nicht sonderlich beeindruckt.

Sie fanden den Aufstieg sehr anstrengend und haben sich dann auf der Höhe über den frischen Wind gefreut. Angesichts von so viel Sachlichkeit frage ich mich, ob Einsamkeit eine Droge ist, die zu halluzinatorischen Steigerungen der Wahrnehmungsfähigkeit führen kann, und ob Gesellschaft dies verhindert.

Wir gehen drei Stunden zusammen durch eine sonnenerschütterte Landschaft, in der keine Pflanze größer als sechzig Zentimeter ist, vorbei an großen Feldern, den Lehmwänden in den Dörfern und über die Wüstenberge des Paso Largo. Es ist ein unterhaltsamer Nachmittag. Die beiden – Nina und Ellen – sind aus Denver in Colorado und Professorinnen für neuere spanische Literatur. Wir sprechen über den Camino und unsere Geschichten, über amerikanische Universitäten, über den spanischen Bürgerkrieg und die in ihn verstrickten Dichter. Natürlich frage ich sie nach Sender. Nina hat mit ihren Studenten einmal ein Seminar über ihn abgehalten und ihnen dabei aufgetragen, dessen Roman „El Rey y la Reina – Der König und die Königin" zu lesen. Nina ist fröhlich, groß und unbekümmert. Sie trägt einen Cowboyhut („damit jeder sofort erkennen kann, woher ich komme"). In den Dörfern spricht sie die Menschen an und verblüfft sie mit ihrem perfekten Spanisch. Ellen ist schweigsam, sie hört zu und geht sehr langsam. Sie hat wunde Füße, hustet heftig und leidet an Fieber, will aber nicht aufgeben.

Die Kirche San Martin steht mitten in Frómista, isoliert und erhöht wie auf einem Präsentierteller. Sie hat erlesene Proportionen und ist mit Figuren übersät. Ihre alten Steine hat man durch neue ersetzt, so wirkt sie zu glatt und perfekt. Entgegen einer Ankündigung an der Tür ist sie geschlossen. Dies löst bei einer Reihe von Leuten, die mit dem Auto angereist sind, Enttäuschung und kleine Psychodramen aus.

„Ich wollte doch einmal in meinem Leben eine goldene Kirche sehen", sagt eine Dame, „und jetzt erlebe ich dies hier!"

Aber die Kirche bleibt an diesem Nachmittag geschlossen.

31. Mai:
Frómista – Carrion de los Condes

Nachdem die Meseta sich gestern in majestätischer Schönheit zeigte, heute ein etwas schlichterer Tag. Ereignislose Landschaft mit meilenweiten Straßendurchstichen durch sanfte Geländewellen. Von Frómista bis Carrion de los Condes eine durchgehende Baustelle, der man nur an wenigen Stellen ausweichen kann. Warum die Straße so stark ausgebaut wird, ist zunächst nicht zu erkennen, ganz spärlicher Verkehr, meistens sind es Baustellenfahrzeuge. Auf riesigen blauen Schildern steht „Camino de Santiago – Europäischer Kulturweg Nr. 1". Hier wird also an der touristischen Erschließung des Camino gebaut.

Kurz hinter Frómista hole ich Ellen ein. Sie geht sehr langsam und vorsichtig durch den staubigen Lehm. In der Apotheke in Frómista hat sie sich, wie sie sagt, *artificial skin*, künstliche Haut für ihre Füße besorgt und muß sich noch daran gewöhnen.

„Today I have only one speed, slowly, slowly", sagt sie und warnt, mich ihrem Tempo anzupassen.

„So long, Ellen!"

Etwas abseits des Straßenneubaus das Dorf Vilalcazar de Sirga mit der Kirche Santa Maria la Blanca, die, von den Templern erbaut, jetzt als Pfarrkirche dient. Wieder eines dieser riesigen Bauwerke in einem kleinen Ort. Aus großen Steinblöcken hochgetürmte Wände, Säulen und Gewölbe, hell und federnd, als seien sie aus Stahl. Über dem Portal scharen sich ritterliche Gestalten um die Mutter Gottes. Die Templer verehrten die Mutter Gottes über alles, jedoch waren sie Frauen gegenüber von Scheu und Furcht erfüllt.

In der Kirche eine Madonna, die auch dann noch geholfen haben soll, wenn Jakobus in Santiago versagt hatte. – Aber das hört sich nach einer späteren Zeit an. Die frühen Pilger erwarteten in Santiago nicht den handfesten sofortigen Erfolg.

Auch hier eine bis in die Gewölbezone des Chores reichende Altarwand, die, wenn ich die Erklärungen, die eine spanische Reisegruppe erhält, richtig verstehe, aus Antwerpener Ateliers stammt. Überlege, wie die Bilder hierher gekommen sind. Per Schiff? Auf dem Landweg? Wie hat man die vielen Tafeln hier wieder zusammengesetzt? Gab es eine Bauanleitung? Oder kam ein flämischer Handwerker mit? Wer hat eigentlich bestellt und bezahlt? Wer waren die Nachfolger der Templer an diesem Ort, nachdem Papst Clemens V. und König Philipp der Schöne den Orden mit Hilfe ihrer Juristen vernichtet hatten?

Vergleichbar dem Krieg gegen die Katharer war die kalt kalkulierte und Justizmorde nicht scheuende Beseitigung des Templerordens ein weiterer Schachzug zur Stärkung des französischen Königtums und zur Entwicklung des französischen Zentralstaats.

Das Ende der Templer kam am 13. Oktober 1307. An diesem Tag wurden in einer perfekt geplanten Geheimaktion die 580 Ordensniederlassungen in Frankreich überfallen und alle Templer festgenommen. Man machte ihnen den Prozeß. Warf ihnen Häresie, Gotteslästerung, Geheimbündelei und Verschwörung vor, was die Zeitgenossen jedoch nicht überzeugte.

Zum Schluß konstatierten die Juristen apodiktisch: „Der Orden ist nun einmal schuldig." Der König von Frankreich und der Papst in Avignon ließen Scheiterhaufen errichten. Auf einem dieser Scheiterhaufen endete auch der letzte Hochmeister, Jacques de Molay. Als die Flammen ihn schon umloderten, beteuerte er noch einmal die Unschuld der Templer: „Der König von Frankreich hat die Leiber, aber Gott bekommt die Seelen." Und sterbend lud er die Verfolger binnen Jahresfrist zum Tribunal vor Gottes Richterstuhl. Wenige Wochen später starb der Papst. Der König lebte noch acht Monate. Kurz vor Ablauf der Jahresfrist starb auch Wilhelm von Nogaret, der skrupellose Jurist und Kanzler des Königs aus St.-Felix-Lauragais.[37]

Es ist Mittagszeit. Die Reisegruppe ist abgefahren, und eine Schulklasse, die lärmend in die Kirche eingefallen war, ist verschwunden. Am Rande des Kirchplatzes sitzen Männer im schmalen Schatten der Häuser. Es ist heiß geworden. Ich betrete die Bar, bestelle Wasser und Kaffee. Zwei Männer, die an der Theke stehen, gehen nach Hause, der Spielautomat verstummt, selbst der Fernseher gibt nichts mehr von sich; da geht auch der Wirt nach hinten, nur seine Tochter hantiert noch leise mit Gläsern. Neben dem Tisch steht mein Rucksack, die Beine habe ich lang ausgestreckt und schaue vor mich hin.

„Cansado – Müde?" fragt mich das Mädchen.

„No, no." Ich hing nur meinen Gedanken nach, aber wie sollte ich ihr das erklären?

Ich nehme meinen Rucksack und den Stock, schaue sie freundlich an und gehe.

„Adios!"

„Adios!"

Zwei Stunden später bin ich in Carrion de los Condes. An der schönen Straße, die den Ort durchzieht und auf einer Brücke über den Rio Carrion wieder verläßt, liegen, wie Perlen an einer Kette, Kirchen und Klöster, die Skulpturenwände von Santa Maria del Camino und der Santiagokirche, aber auch viele Geschäfte für den einfachen Bedarf. Nachts unmittelbar vor meinem Fenster der Zug der Heiligen Drei Könige über dem Portal der Marienkirche.

1. Juni:
Carrion de los Condes – Sahagún

Da es weit ist nach Sahagún, breche ich in der Morgendämmerung auf. Im Gasthof gibt es um diese Zeit noch kein Frühstück. In der einzigen Bar, die schon geöffnet hat, stelle ich mich neben die anderen Männer an die Theke. Es ist eine stumme Versammlung. Kaffee und Zigaretten. Husten und Räuspern. Die Augen haften blicklos auf den Flaschen und Gläsern im Spiegelregal. Gelegentlicher Wechsel des Standbeines oder die bedachtsam durchgeführte Drehbewegung eines Fußes über einer glühenden Kippe. Brummiges Kommen und Gehen.

Reizloses Ackerland. Flach und abgetakelt. Gegen den Verdruß des dunklen Morgens singe ich, was mir so einfällt, zuletzt mit wachsender Begeisterung Nikolaus Lenaus Lied von den drei Zigeunern.

An einer Wegkreuzung sitzen Nina und Ellen. Sie sind schon in der Nacht aufgebrochen. Sie laden mich zu ihrem Frühstück ein. Einige Stunden bleiben wir zusammen, und es entfaltet sich mit den gelehrten Damen erneut eine abwechslungsreiche Plauderei über Thomas Pynchon und Jenny Holtzer, aber auch über Fieber und schmerzende Füße, denn Ellen ist immer noch krank. In Calzadilla de la Cueza bleiben die beiden zurück.

Irgendwo im Ackerland ein Stück Wiese. Ich strecke mich aus und lege den Kopf auf den Rucksack. Auf einem Hügel steht ein Traktor. Zwei Männer schlagen mit einem Hammer gegen die Achsen. Das Dengeln hat etwas Einschläferndes. Im Halbschlaf spüre ich plötzlich die breiige Wärme der Luft, merke, wie das Licht erstickt. Aufgeschreckt erhebe ich mich und gehe weiter. Da schiebt sich eine Nebelwand über die Landschaft, plötzlicher Wind treibt Sand vor sich her, und dicke Regentropfen kugeln sich im Staub des Weges. Die feine Erde unter meinen Füßen wird klebrig, bald ist der Weg eine Rutschbahn, zuletzt ein Morast. Es gibt weder Busch noch Baum, keinen Schuppen, kein Haus, nirgendwo Schutz. Zwei Stunden lang bin ich tausend Meter hoch in der Meseta einem Regensturm ausgesetzt, der alle meine Kräfte fordert.

Wie schon so oft suche ich Zuflucht unter meinem Bergschirm. Der Stoff knattert und brummt, hält jedoch stand und schützt wenigstens Kopf und Schultern. Von den Schulterblättern abwärts bin ich nach kurzer Zeit bis auf die Haut durchnäßt. Meine Boots gleichen sinkenden Schiffen, in denen verzweifelte Mannschaften vergeblich versuchen, das oben und unten eindringende Wasser über Bord zu pumpen. Unter dem Druck des Sturmes schlingere und kreuze ich hin und her. Zunehmend macht es mir Mühe, mich auf dem Weg zu halten.

Da es bitterkalt geworden ist, sind die Glieder bald erstarrt und die Reaktionen verlangsamt. Immer wieder schleudert mich der Sturm über die schmalen Wegraine in die überschwemmten Äcker. Zuletzt ist alles um mich herum so verflüssigt und versumpft, daß ich mir vorstelle, daß am Ende, wenn ich in Sahagún angekommen bin, von den Lehmsteinkirchen der Stadt nur noch nasse Erdhügel übriggeblieben sind.

In der Gemütsverfassung eines verschmutzten, frierenden und geprügelten Hundes erreiche ich über die Zubringer und Unterführungen einer Umgehungsstraße Sahagún. Niemand nimmt meinen Zustand wahr, sieht meine Erschöpfung. Im Gasthof gibt man mir gleichgültig, als sei ich gerade einem Auto entstiegen, den Zimmerschlüssel.

Schon unter der Dusche wachsen mir wieder die Flügel. Kurze Zeit später gehe ich noch einmal durch den Regen, um nach den Sahagúninas – den Backsteinkirchen zu suchen. Doch es ist schon zu spät. Die Kirchen werden geschlossen. Ich kann nur noch einen Blick in die älteste von ihnen, San Tierso, werfen. Durch die Gewölbe dringt das Regenwasser und überschwemmt den Fußboden. Die junge Frau an der Tür, die mit niemand mehr gerechnet hat, klirrt mit den Schlüsseln. Sie friert und hat Dienstschluß. Sorglos geht sie davon und nimmt – wie ich hoffe – zu Recht an, daß eine Kirche, die 900 Jahre alt ist, auch diese Belastung überstehen wird.

Auch zu den anderen Kirchen gehe ich, zur Peregrina, der Kirche der Santiagopilger, die wie ein nasser Adler am Stadtrand hockt, und nach San Lorenzo, wo sich die Fundamente auflösen, während die vier Geschosse des Turmes hoch oben selbstbewußt ihre renovierte Schönheit zur Schau stellen.

In einem Supermarkt kaufe ich harte Kuchen, Obst und weiße Schokolade für den nächsten Tag. Die standardisierte Ordnung in den Regalen, die neonbeleuchtete Sauberkeit und der Seifenpulvergeruch in dem klimatisierten Gebäude wirken nach den Verheerungen des Tages vorübergehend wie ein Sedativum, wie eine Beruhigungsbox.

Nachts werde ich wach und sehe auf der anderen Seite der Straße die Dreifaltigkeitskirche; die Backsteinmauern, die eingeworfenen Fenster, den Turm mit dem Storchennest. Durch die Schallöcher und Fensterhöhlen treibt der Wind unaufhörlich den Regen irgendwohin in die Tiefe der Gewölbe, wo Stein wieder zu Lehm wird.

2. Juni:
Sahagún – Villarente

Alle Kirchen von Sahagún sind morgens noch da, und im weißen Wolkenfilterlicht wirken sie unversehrt.

Ich verlasse die Stadt, gehe am *Prado de las lanzas* – der Wiese der Lanzen vorbei, auf der jetzt zottelige Pappeln stehen. Der Wald hält die melancholische Erinnerung an eine verlustreiche Schlacht wach, die hier vor über tausend Jahren geschlagen wurde. Später beim Blick zurück tauchen immer mehr und größere Wälder in der Ebene auf und umhüllen die Stadt. Sumpfland, quakende Frösche, am Himmel Störche, sanfter Wind.

Nach einer Weile treffe ich auf ein Ehepaar aus Franken, dem ich bereits am Fuß der Oca-Berge begegnete. Die beiden haben zwischendurch ab und zu den Bus benutzt. Sie gehen nach Santiago aus Dankbarkeit darüber, daß sie schon so lange zusammenleben und noch gesund und zufrieden sind. Makrobiotiker: kein Fleisch, keine Milchprodukte, keinen Bohnenkaffee. Sie steht zu Hause offenbar den ganzen Tag in der Küche und beschäftigt sich mit Körnern und Gemüse. In den Hotelzimmern bereiten sie sich abends Müsligerichte zu, haben aber Schwierigkeiten, in Spanien die entsprechenden Nahrungsmittel zu bekommen. Als wir uns mittags in einer Bar stärken, trinkt er einen doppelten (makrobiotischen?) Brandy.

In den Dörfern immer noch Lehmhäuser. Manchmal stehen Männer in kobaltblauem Arbeitszeug vor den gelben Wänden. An dieser Stelle der Meseta hat man den Weg neu angelegt. 30 Kilometer führt er geradeaus, und alle 10 Meter wurde eine Platane gepflanzt. Die Bäume protestieren gegen ihren Standort, gedeihen mühsam, viele sind verdorrt.

Nachmittags gehe ich ein Stück mit Judy und Carlos. Judy, die sagt, sie sei Köchin, betreibt in Wirklichkeit in Aspen, dem Jetset-Wintersportort in den Rocky Mountains, einen Partyservice vom Allerfeinsten. Lasse mir etwas von ihren Kochkünsten und kalten Buffets für die High Society erzählen, vor denen offenbar alle Cholesterin-Ängste der amerikanischen Oberschicht hinfällig werden. Im Sommer, wenn in Aspen nichts los ist, macht sie Reisen. Ihre Vorfahren stammen von der schwedischen Insel Öland und aus den italienischen Abruzzen. Sie hat ein kühnes Skandinaviergesicht und eine olivfarbene Haut.

Einmal erzählt sie von einer Wanderung in den Rocky Mountains. Immer dann, wenn der Weg zu mühsam wurde oder zu wenig Abwechslung bot, hätten sie über Funk einen Helikopter gerufen, der sie dann an allen Schwierigkeiten vorbei zum nächsten Höhepunkt flog.

Carlos geht zum zweiten Mal nach Santiago. Er hat einen großen und schweren Pilgerstab, den er umständlich verteidigt. Er demonstriert mir die Harmonie, die zwischen seinen Schritten und den Bewegungen des Stabes besteht. Meinen überaus praktischen und bewährten Teleskopstab hält er für ein Sakrileg.

Irgendwann taucht ein spanischer Peregrino auf, den ich Dostojewski nenne, weil er dem Russen in Kopfform und Barttracht ähnlich sieht. Er scheint von großem Ernst ergriffen zu sein, etwas geht mit ihm vor. Einmal kam ich an ihm vorbei, da saß er unter einem Kreuz am Weg und nahm mich, entweder in einem Zustand völliger Erschöpfung oder meditativer Entrückung, überhaupt nicht wahr.

Verlasse die drei in Reliegos, wo sie übernachten wollen, und gehe am Abend noch 15 Kilometer weiter. Sehr gelassen, spüre weder Rucksack noch Füße. Der Wind weht sanft aus Südwest. Schöne Wolken am aufblauenden Himmel. Milde Luft. Schafherden und Schäfer. Eine Fabrik, die standardisierte Betonelemente für Bewässerungskanäle herstellt. Eine lange Brücke über den Rio Porma. Sofort hinter der Brücke in Villarente ein Gasthaus. Zimmer mit „Bett und fl. kalt. Wasser", sonst nichts.

Beim Abendessen am Nebentisch zwei französische Ehepaare. Einer von ihnen ruft mir laut und fröhlich zu: „Hallo, Peregrino!" Die anderen nennen ihn Raphael. Sie sind seit fünf Wochen zu Fuß unterwegs nach Santiago. Sie fragen mich, wie lange ich schon unterwegs bin, und als ich es ihnen sage, ist ihr Erstaunen groß. Raphael wundert sich nicht.

3. Juni:
Villarente – León

Nachts um zwei Uhr hören wir im Hotel alle gemeinsam die Frühnachrichten. Die Männer unten in der Bar mit lauten Kommentaren, die anderen in den Zimmern in aller Stille. In meinem linken Bein spüre ich einen sägenden Schmerz, an meinem rechten Bein macht sich ein Floh zu schaffen. Ab und zu fahren schwerbeladene Lkws vorbei, und stundenlang bellen im Duett ein kleiner und ein großer Hund.

Allmählich nähere ich mich León. Baumlose Lehmhügel, viel verlassenes Land, Schutthalden, unbestellte Felder. Stadtrandindustrie. Wenn irgendwo Bäume stehen, führen sie eine kümmerliche Existenz.

Mein langer Weg ist ein Prozeß der kontinuierlichen Konfrontation. Treffe auf das Schöne und kann dem Häßlichen nicht ausweichen. Akzeptiere es so. Der ständige Wechsel hat einen großen Reiz und beschäftigt die Gedanken. Ein Gegensatz zum üblich gewordenen Pick-up-Tourismus, der sich nur die schönen Stellen heraussucht und von dort aus wiederum Abstecher macht zu den noch schöneren Stellen, zu den „ganz kleinen verträumten Orten, wo außer uns keiner mehr war".

Vom Seitenstreifen einer großen Autostraße aus sehe ich zum ersten Mal León. Es ist nichts Besonderes zu erkennen. Die Stadt ist von hier aus eine reizlose Ansammlung von Häusern. Später kommen mir am Stadtrand mühsam viel zu schwere Männer entgegen. Ihre Kniegelenke scheinen nicht in Ordnung zu sein, und ständig holen sie Zigarettenschachteln aus den Taschen.

Innenstadthotel in der General-Franco-Straße! Wegen des Wochenendes frage ich, nach meinen Erfahrungen mit der spanischen Jugend vorsichtig geworden, nach einem ruhigen Zimmer. Ich bekomme eines, das mit dem Fenster in einen überglasten Innenhof hinausgeht. Zugang durch eine hohe Doppeltür. Ganz altmodischer Zimmerzuschnitt. Die Möbel aus dunklem Holz. Schlösser, Beschläge, Schalter und Armaturen so wie man sie von alten Fotos kennt. Alles ein wenig melancholisch, aber nicht unangenehm. Wollte man einen Film über Emigranten, zum Beispiel über Joseph Roth in Paris oder Beckmann in Amsterdam drehen, fände man hier die Requisiten.

4. Juni:
León

Die Stadt weiterhin schwierig. Eine verwirrende Ansammlung von Altem und Neuem; Hochhäuser neben Hütten, die Plätze mißlungen oder vollgestellt mit Partyzelten und Buden. An der höchsten Stelle die Kathedrale. Hinter ihr kippen die Straßen die Hügel hinunter, und die Stadt verliert sich in Belanglosigkeit.

Doch hat León ein starkes Herz. Es ist die Kirche San Isidor. Über dem Hauptaltar der Reliquienschrein des Heiligen. Isidor von Sevilla wird zu den großen Kirchenlehrern gezählt. Er lebte im 6./7. Jahrhundert. Seine Verehrung setzte in Spanien wahrscheinlich früher ein als die des Apostel Jakobus. Nach dem Untergang des Westgotenreiches im Jahre 711 blieben seine Gebeine – von den Mauren respektiert – in Sevilla zurück und wurden erst Jahrhunderte später, nach einer verlorenen Schlacht, von den Arabern den Christen im Austausch gegen Gefangene zurückgegeben. Über dem Schrein ist permanent das Allerheiligste ausgestellt. Die Kirche ist Tag und Nacht geöffnet, und in ihrer Dunkelheit hört man immerzu das Murmeln und Wispern der Beter.

Die Seele oder der schöne Geist der Stadt ist die gotische Kathedrale. Sie ist vollkommen und wurde niemals zerstört. Alles an ihr geht über jeden Grad an Vernunft und jeglichen Gebrauchswert hinaus. Ein Bauwerk, das sich zur Zeit seiner Entstehung in einer heute kaum noch nachvollziehbaren Weise über den Alltag emporhob.

Im Lichtkreuz der Vierung in Bündeln und Linienwerk der triumphale Aufschwung der Steine zum strömenden Gleichmaß der Gewölbe. Die juwelenhaft leuchtenden Glasfenster, reglose Farbmonitore zur jenseitigen Welt.

Auf der Straße treffe ich Hans, den Pilger aus Bayern, den ich seit Burgos kenne. Ich bin erstaunt, daß er allein ist. – Er habe sich vor ein paar Tagen von den anderen getrennt, weil er glaubte, ihnen zur Last zu fallen.

Die Strapazen des Weges haben ihn deutlich gezeichnet. Er macht einen etwas verlorenen, nahezu verstörten Eindruck – doch lehnt er jede Hilfe ab. Er brauche nur einige Ruhetage in León, um über den toten Punkt zu kommen.

29. Mai, 13.00

30. Mai, 8.00

30. Mai, 9.00

30. Mai, 11.00

31. Mai, 11.00

1. Juni, 12.00

2. Juni, 8.00

2. Juni, 11.00

4. Juni, St. Jakobus (2. v. re.)

20

Von León nach Astorga

5. Juni:
León – Hospital de Orbigo

Sonntagmorgen. Im Hotel ist es noch still. Der Mann hinter der Theke hat gerade das Licht eingeschaltet und wischt mit einem Geschirrtuch über die Marmorplatten. Er ist etwas überrascht, daß so früh jemand auftaucht, doch holt er mir im Handumdrehen einen Kaffee aus der Maschine und stellt einen Teller mit geröstetem Weißbrot daneben. Er schaut auf meinen Rucksack und in meine Augen. Jetzt wäre der Augenblick, ein Gespräch zu beginnen. Stattdessen schiebt er mir eine zweite Tasse Kaffee und ein Glas frischen Orangensaft hin. Ich danke ihm leise und sehe ihm zu, wie er mit flinken, präzisen Bewegungen seinen Arbeitstag beginnt. In unseren Gedanken sind wir miteinander beschäftigt, können und wollen es jedoch nicht bereden.

Noch einmal an der Kathedrale und an San Isidor vorbei. Nachtschwärmer haben im Übermut alle Müllcontainer auf den Kopf gestellt. Es ist schön, durch die menschenleeren Straßen zu gehen. Im Luxushotel San Marcos rührt sich noch nichts. Wenn die Gäste aufgestanden sind, werden sie auf den schmächtigen Fluß Bernesga und die blühende Wasserpest schauen.

Ein paar Kilometer durch die Vorstädte, ständig mit dem Gefühl, auf dem falschen Weg zu sein. Erst am Stadtrand zwischen staubigen Wiesen, Scherbenhaufen und Schutthalden tauchen die gelben Wegpfeile wieder auf.

In Virgen del Camino hebt ein Mönch in weißem Habit den Arm, winkt, kommt über die Straße auf mich zu und drückt mir die Hand: „Buenos dias, peregrino." „Buenos dias, padre!" Es ist der Prior eines Dominikanerklosters in dieser Arbeitervorstadt. Er war einmal im Ruhrgebiet, hat dort spanische Gastarbeiter und Studenten betreut. Das Deutsch dieses kraftstrotzenden Kirchenmannes ist so schlecht wie mein Spanisch, doch verständigen wir uns leidlich auf französisch. Später sehe ich ihn noch einmal in seinem Büro im Kloster. Er sieht den Riß in meinem Hemd und bietet mir Hilfe an.

Auf der Autostraße zwischen Kloster und Kirche nimmt der Verkehr rasch zu. Neben der Kirche ragt ein Betonkreuz hoch in den Himmel. Vor dem Gitterwerk der Fassade, und diese überragend, die Muttergottes und die zwölf Apostel, gekrönt vom Feuer des Pfingsttages. Zersplitterte und entmaterialisierte Gestalten von José Maria Subirach. Ein Werk des pathetischen Existentialismus, eine Erinnerung an die fünfziger Jahre, die Ergriffenheit und die Verwundungen wie bei Marini und Germaine Richier.

Am Eingang der Kirche eine dunkle Bronzetür mit Einsiedlernot und gefährdeten Gnadensymbolen. Manche Stellen sind von den Berührungen feuchter Hände vergoldet. Ein junger Mann sieht in mir den Pilger und erwartet, daß ich die glänzenden Türzeichen betaste. Er macht es mir vor, fast will er meine Hand dorthin führen. Ich reagiere unwillig, stelle mich dumm. Nein, nicht die Geste des Thomas.

Hinter Virgen del Camino führt der alte Pilgerweg direkt neben der Autostraße entlang. Wegen Bauarbeiten ist er auf lange Strecken von Baggern aufgerissen. Als ich ihm schweren Herzens folge, höre ich hinter mir Stimmen, die meinen Namen rufen. Ich drehe mich um und sehe Nina, Ellen und eine dritte Peregrina, Isolde aus Deutschland, die schon seit vielen Jahren in Amerika lebt und auch irgend etwas mit Literatur zu tun hat. Sie ist gestern von New York nach Madrid geflogen und in der Nacht mit dem Zug nach León gefahren. Sie kennen einen Nebenweg, der abseits von der Straße über Chozas de Arriba durch eine Steppenlandschaft nach Südwesten führt. Bald gibt es keine Wegzeichen mehr, doch behaupten die Menschen in den Dörfern, dies sei der einzige und tatsächliche Weg nach Santiago.

Einige Stunden später biegen die drei nach Norden zu einem Refugio ab. Wieder allein durchquere ich die Paramo-Ebene, die früher einmal unfruchtbares, trockenes Land war. Vor einigen Jahrzehnten hat man sie bewässert und kultiviert. Jetzt sind hier unabsehbar große Felder zwischen verschlickten Gräben. Vertrocknetes Kraut vom vorigen Jahr, nirgendwo junge Saat. Die Augen haben Langeweile. Stunde um Stunde gehe ich über Wirtschaftswege und finde weder Platz noch Schatten, um auszuruhen.

Ein Dorf liegt einsam, wie ausgestorben inmitten der Äcker. Als ich näher komme und es auf der Suche nach etwas Trinkbarem durchquere, erhebt sich in der Lautlosigkeit des Sonntagnachmittags ein anschwellendes Summen und Brausen wie von einem riesigen Bienenkorb. Ein fremdes, unerklärliches Geräusch, das aus dem Zentrum des Ortes zu kommen scheint. Es zieht mich an, ich gehe ihm nach. Aus dem Summen wird ein Gemurmel. Dann entdecke ich seine Quelle: Hunderte von Männerstimmen im vollbesetzten Dorfgasthaus.

Eine gelassene Versammlung. Kaum Kommen und Gehen. Keine Hast. Keine Wichtigtuerei. Die Älteren spielen Karten, würfeln, legen Dominosteine oder plaudern miteinander. Die Jungen sitzen vor dem Fernsehapparat und verfolgen die Tour de France. Hier bleibe ich eine Weile, stärke mich und fühle mich unter diesen Menschen sehr wohl. Als ich mich wieder auf den Weg mache, werde ich von vielen Augen verfolgt – der Peregrino geht.

Am Ende des Tages erreiche ich nach dem Marsch durch die Agrarebene die Brücke von Orbigo. Sie ist ein Überbleibsel aus einer anderen Welt: 750 Jahre alt, 500 Meter lang, von großen Könnern handgemacht. In allen Raumebenen gekrümmt, gebogen und geschwungen. Eine Wohltat für die Füße, die Augen, den Tast- und Bewegungssinn; eine Brücke für Fußgänger und Fuhrwerke.

Neben der Brückenrampe in Hospital de Orbigo finde ich Unterkunft. Im Speisesaal bin ich allein. Die Brücke liegt im letzten Sonnenlicht wie eine Bühne vor dem Fenster: Ehepaare gehen eingehakt vorbei, Familien kommen vom Badestrand, die Kinder schlagen mit Schwimmtieren aufeinander ein. Als die Sonne verschwunden ist, leuchtet das Grün der Bäume am Fluß aus sich selbst. Die Pappeln dunkeln schnell, in den Weidenbäumen hält sich das Licht noch etwas länger. Eine Schar Mädchen, alle mit weißen Blusen, die Jeans blau, petroleumfarben und aubergine. Sie schauen sich immer wieder um, doch folgt ihnen niemand.

Ein Vater mit seinem Sohn. Der Sohn geht mühsam, Ballistiker, schleudert beim Gehen gewaltsam den Körper nach vorn. Der Vater seitlich hinter ihm, scheint ihn zu beschützen. Als sie mitten auf der Brücke sind, werden sie von Männern und jungen Mädchen überholt.

Die Pappeln zuletzt schwarz vor dem Himmel, die Weidenbäume auf den Flußwiesen nicht mehr zu erkennen. Die Brücke liegt im Schimmer der Laternen. Sanfter Weg für so viele Menschen. Heute, müde und erschöpft, war ich einer von ihnen.

6. Juni:
Hospital de Orbigo – Astorga

Nachts Stille. Tiefer Schlaf im Zimmer über der Orbigobrücke. Klare Luft vom Fluß und den kleinen Wäldern.

Hinter dem Dorf Obstgärten und Gemüsefelder. Durch Bewässerungsrinnen fließt kühles Wasser, läuft auf die Felder, zögert, versickert allmählich. Überall Menschen auf den Feldern in blauer Arbeitskleidung. Meistens Mann und Frau, manche arbeiten gebückt Kopf an Kopf nebeneinander. Ich höre sie sprechen, spüre die Eintracht der Paare.

Ich nähere mich der Sierra de la Paloma. Die Erdfarben wechseln von Umbra zu lichtem Ocker und Englischrot. Auf den Hängen schön aufgeteilte Felder, Waldstücke mit Zwergeichen, dazwischen Schafweiden. Durch den Schatten der Dorfstraße von Santibánez geht ein Mann mit einer Hacke auf der Schulter. Beim Aufstieg in die Sierra kommt mir ein ernster Hirte mit zwei Hunden entgegen. Die anderen Hunde hat er vor dem Schafstall zurückgelassen. Sie beobachten mich lautlos. Arbeitshunde. Bellen nicht.

Ein Bach und ein Pappelwald. Trittsteine in der Furt. Im Wald halten sich Licht und Schatten die Waage. Zwischen den Bäumen samtweiches, frisch abgeweidetes Gras. Reste von Lehmmauern. *Locus amoenus,* der langgesuchte Ort. Bleibe, und niemand kommt vorbei. Nur dann und wann von den Hügeln das jäh sich aufbäumende Geschrei eines Schäfers, das im selben Atemzug mit einer ersterbenden Kadenz abbricht, als sei alles Wollen fatal und umsonst.

Später sehe ich den Mann auf den leeren Flächen zwischen den Getreidefeldern. Von der Herde, die langsam weiterzieht, hat sich ein Tier getrennt, kommt hinkend auf mich zu und rennt weiter zum Stall. Sein Lamm hat Mühe zu folgen. Als es mich sieht, zögert es, bleibt stehen, blökt. Ich trete zur Seite, da läuft es vorbei. Der Schäfer verliert an alles keinen Blick.

Pistaziengrüne Roggenfelder. Am Horizont die Sierra del Teleno; auf dem höchsten Gipfel liegt Schnee. Vor Astorga durch das Fegefeuer der Mittagssonne. Leicht taumelnder Gang. Die Stadt liegt, umgeben von römischen Mauern, auf einer Höhenterrasse. Nach einer Legende soll der erste Bischof der Stadt vom Apostel Jakobus eingesetzt worden sein. Ich komme an Geschäften für Landleute und an großen Schaufenstern vorbei, hinter denen sich Fernsehgeräte und Computer stapeln. Viele Konditoreien. Im Schatten ihrer Markisen liegt Schmalzgebäck unter winterlich weißem Puderzucker.

Die kühle Tiefe des Hotels Gaudi. Als ich die schwarzen Vorhänge zurückziehe, sehe ich auf der anderen Seite des Platzes die Cinderella-Fassade des Bischofspalastes. Später besichtige ich ihn, kann aber mit seiner müden, ausgeklügelten Eleganz nicht viel anfangen. Der Audienzsaal mit seinem Thron demütigt noch heute die Besucher, und die Hauskapelle wirkt wie ein Ort, an dem noch nie ein Beter niederkniete. Als ich den lichtdurchfluteten Speisesaal durchquere, klirren in den Vitrinen die Gläser. Der Bauherr war vermutlich ein gebildeter Mann. Was mag ihn zu diesem Bau angetrieben haben? Auf mich, der die Härte der Landschaft und die Armut der Menschen gesehen hat, wirkt der Palast deplaziert und wie ein Fauxpas.

Astorga, vor dem Telenosgebirge und dem 1 530 m hohen Rabanalpaß gelegen, war immer ein wichtiger Sammelplatz. Die Pilger schöpften hier neue Kraft. Ich fühle mich gut und will am kommenden Tag das ganze Gebirge bis Ponferrada überqueren. Es sind 55 Kilometer.

5. Juni, 9,00

5. Juni, 9.10

6. Juni, 10.00

6. Juni, 13.00

6. Juni, 14.00

21

Das Gebirge von Rabanal

7. Juni:
Astorga – Ponferrada

Kurz nach vier stehe ich auf und hole mein Frühstück aus dem Kleiderschrank: Milch, Käse, Obst und das Schmalzgebäck im Zuckerpelz.

Der Portier liegt auf den Sesseln in der Bar. Verschlafen läßt er mich aus dem Haus. Draußen ist es stockdunkel. Nach einer Stunde kommt das Licht. Innerhalb von wenigen Minuten ist es da, als würde es hochgedimmt. Ein Storch segelt mühelos durch Hochspannungsleitungen, dann krähen die Hähne. In den Dörfern weder Licht noch Laut. Über die langgestreckten Hänge der Maragateria steigt die alte Saumstraße allmählich bergan. Sie führt, seitdem es andere Straßen gibt, durch eine große Einsamkeit. Die Dörfer verfallen, doch erkennt man hier und da noch Reste des bäuerlichen Landes.

Ein Dorf mit dem Namen El Ganso. Louis Charpentier[38] bringt es in seinem spekulativen Buch über den Jakobsweg und seine vorgeschichtlichen Ursprünge mit dem Mythos der Gans in Verbindung. Bei den Kelten war die Gans der Bote der jenseitigen Welt. Der Dreistrahl des Gänsefußes soll durch die christliche Anverwandlung zur Jakobsmuschel mutiert sein. Orte mit dem Namen der Gans (span. *oca; Montes de Oca* vor Burgos) sollen Orte des Übergangs und der Verdichtung, entscheidende Stellen des Weges sein.

Mir zeigt sich El Ganso mit seinen verlassenen Häusern und den eingebrochenen Dächern aus Stroh- und Ginsterbündeln sehr prosaisch. Alte Hausformen verschwinden, und nirgendwo ein Versuch, dies aufzuhalten. Am Rande

7. Juni, 11.00

des Dorfes setze ich mich auf eine Steinmauer. Ein Radfahrerpaar nähert sich. Schon von weitem höre ich, wie sie ihm abrät, bei mir stehenzubleiben: „Nein, nicht schon wieder, das ist bei dir die reine Neugier."

Etwas später bemerke ich hinter mir einen Wanderer. Ich gehe langsamer, damit er mich einholen kann. Er eilt jedoch grußlos und mit übertriebenem Tempo an mir vorbei. – Joggen auf dem Camino – was soll's! Als ich aber merke, daß er mit seinem Geherschritt sehr schnell vorankommt, benutze ich ihn als Schrittmacher und hänge mich in etwa 100 Meter Entfernung hinter ihn, und es geht flott bergauf, in etwas mehr als einer Stunde sieben Kilometer bis Rabanal. Er sieht nicht nach links und nicht nach rechts, nur ab und zu hinter sich. Vielleicht wundert er sich, daß ich immer noch da bin. Ich tue harmlos, pfeife ein Liedchen, auf den steilen Strecken aber schmerzt mein rechtes Bein.[39]

Auch in Rabanal ist niemand zu sehen. Es gibt ein Gasthaus, aber die Tür ist verschlossen. Eine Frau kommt mit einem Pferd einen Bergweg hinauf. Sie ruft mir etwas zu, bindet das Tier an einen Pflock, öffnet die Tür zum Schankraum und stellt sich an die Kaffeemaschine. Dann setzt sie sich mit einer Schüssel an den Nachbartisch und schält Kartoffeln. Wir führen eine einfache Unterhaltung.

Kurz hinter Rabanal überholt mich wieder der schnelle Pilger. Wahrscheinlich hat er im Refugio der Engländer Rast gemacht. Ich sage „Hallo", er kein einziges Wort. Laß ihn laufen! Eine Zeitlang sehe ich ihn noch vor mir, wie er Arme und Beine wirft, nichts sieht, wahrscheinlich nichts denkt. (Später höre ich von Carlos, daß in diesen Tagen einer nach Santiago unterwegs war, um ins Guinessbuch der Rekorde zu kommen.)

Eine Stunde später die Dorfruine von Foncebadón. Es riecht nach Schafen. Zwei Hunde humpeln über den Dorfweg, schauen verlegen an mir vorbei. An drei Häusern Schlösser und Stromzähler. Von den anderen Häusern stehen nur noch die Mauern. Abgestürzte Balkone. Brennesselgebüsch. In der Kirche wird man an nichts mehr erinnert, die Ästhetik des Zerfalls funktioniert hier nicht. Die Trümmer wirken trostlos, endgültig.

In der Kirche sammle ich einen Stein auf und werfe ihn später auf dem Rabanal-Paß auf den Steinhaufen unter dem Cruz de Hierro, dem kleinen Eisenkreuz auf der hohen Heidenstange. Es ist ein alter Brauch aus vorrömischer Zeit, und die Pilger haben ihn übernommen. Hier liegen Millionen Steine aus vielen tausend Jahren.

Ein Ehepaar aus Amsterdam möchte von mir vor dem Steinhaufen fotografiert werden. Sie sind vor drei Wochen in Vézelay mit dem Fahrrad losgefahren. Später kommen noch zwei deutsche Radfahrer auf dem Rückweg von Santiago vorbei. Sie sind sehr zufrieden und erfüllt. Auch sie fotografieren sich vor dem Kreuz am Wege. Für mich selbst mache ich kein Foto.

Als ich wieder allein bin, sehe ich, wie kahl und ernst ringsum alles wirkt. Der Ort ist so verlassen, als sei er eine Schädelstätte.

Vom ersten Dorf hinter dem Paß steht nur noch das Ortsschild Manjarín vor ein paar Bodentrümmern. Aus einem halbzerfallenen Gebäude, einem improvisierten Refugio, kommt gregorianischer Gesang wie eine Droge.

Auf einer kleinen Wiese der Dorfbrunnen. Im gut erhaltenen Brunnenhaus quaken die Frösche. Hier stehen ein paar Eichen, man schaut tief hinunter in ein unbewohntes Tal; im Hintergrund das Bergmassiv des Telenos. Unter den Eichen sitzen zwei Männer. Der Ort ist so einladend und ich bin so müde und durstig, daß ich mich neben den Männern niederlasse. Der eine versorgt hier oben ein paar Kühe, der andere ist Arbeiter auf einer Radarstation in den Bergen. Ich gehe zum Brunnen, scheuche die Frösche ein wenig zur Seite und trinke. Das Wasser ist kühl, von den Fröschen schmeckt man nichts.

Der verwilderte Bauer stellt fest, daß ich ein Aleman bin. Dann sagt er: „En España: mujer e vino" – und reicht mir seine Lederflasche mit Rotwein. Der Arbeiter bietet mir Brot und Schinken an. Wieder eine dieser Unterhaltungen, bei denen man wenig versteht, jedoch Einvernehmen herrscht.

Nachmittags wird es trotz der Höhe sehr schwül. Winzige, äußerst unangenehme Kriebelmücken tauchen auf. Erst denke ich, sie kommen aus den niedergebrannten jungen Eichenwäldern oder aus der verkohlten Ginsterheide. Sie sind jedoch die Vorboten eines Gewitters. Stundenlang hängt es schwarz und blitzend über dem Telenos, bedroht mich und macht mir gewaltig Beine auf dem Weg hinunter nach Ponferrada, der sich endlos hinzieht über Maultierpfade, durch zugewachsene Hochtäler und vergessene Kastanienhaine, bis Molinaseca auftaucht, doch immer noch nicht das Ziel, sondern Asphaltstraßen mit verunglückten Schlangen, die armdick und stückweise zermalmt dort liegen.

Ich treffe einen Mann, der, als ich mich verlaufe, mir nachfolgt und mich sorgfältig auf den Weg zurückführt, und einen anderen, der unter großen schönen Bäumen ein Höllenfeuer aus Plastikmüll entfacht hat, so daß hoch hinauf die Blätter verdampfen und die Äste aufglühen und zerspringen. Ein nahezu unerträglicher Anblick.

Endlich Ponferrada. Auf einer Mauer vor dem Rathaus sammle ich meine Kräfte und Gedanken, finde mühsam ein Hotel und ein Abendessen.

Nach Beginn der Nacht trinke ich an einer Theke noch ein Bier. Um mich herum wimmelt es von selbstzufriedenen Menschen. Da überfällt mich die Trauer der Müdigkeit und Erschöpfung, und auf einen Kassenbon schreibe ich: Da stehen sie überall an tausend Theken und reden und reden, während draußen dieses wunderbare Land verkommt. *Life is so easy.* Die Einsamkeit ist nur noch bewohnt von alten Leuten, deren verstörte Art wir für Folklore halten. Die Erde nimmt gleichgültig alles zurück, aber schlimmer ist die Gleichgültigkeit der nachfolgenden Generationen. War alles nur Fron und verlorenes Tun? War denn kein Sinn, kein Glück? Das Beten in den Kirchen, die zerfallen, ganz umsonst? So darf es, so kann es nicht sein.

22

Aus dem Bierzo hinauf zum Cebreiro

8. Juni:
Ponferrada – Villafranca del Bierzo

Ponferrada ist eine spröde Stadt. Die 60 000 Einwohner leben vom Erz- und Kohlenbergbau. Zwischen schwarzen Häuserschluchten fließt das graphitfarbene Wasser des Rio Sil. Von den Rändern her fressen sich Sanierungsmaßnahmen in den Kern der Stadt hinein. Ein neu angelegter Omnibusbahnhof entläßt scharenweise Busse zu den Dörfern des Bierzo. An breiten Ausfallstraßen stehen kugelrund gestutzte Bäume übergrün vor backsteinroten Neubaufassaden. Die Stadtränder werden überragt von Abraumhalden und der Burg der Tempelritter. Im Innenhof der Burg über einem der Portale in altertümlichem Spanisch der Satz: „Wenn Gott die Stadt nicht schützt, tut es die Garde." Ein unglaublicher Satz aus dem 12. oder 13. Jahrhundert, voller Hochmut und Stolz. Die Kriegermönche fühlten sich als Elite. Sie glaubten vom Erbarmen Gottes aus der Masse der Verlorenen erwählt zu sein. „A nul autre pareils – Keinem anderen gleich" lautete ihr Wahlspruch. Auf ihren weißen Mänteln trugen sie das rote Kreuz der Märtyrer und Gekreuzigten.

Wie haben diese durchtrainierten Männer auf ihre Zeitgenossen gewirkt? Wahrscheinlich waren sie besser genährt und gepflegter als alle anderen, die auf den Straßen unterwegs waren. Welcher Nimbus muß sie umgeben haben, wenn sie in den einsamen Landschaften im Westen Europas Patrouille ritten, Reisende und Pilger begleiteten und die Wege sicherten! „Nächstenliebe und Sicherheit" hieß ihr selbstgewählter Auftrag. Reiten, präsent sein. Ihre Allgegenwärtigkeit zeigt eine Karte ihrer Burgen und Stützpunkte in Frankreich und im Norden Spaniens im 12. Jahrhundert.[40] An allen strategisch wichtigen Stellen in den Flußtälern, vor den Gebirgsübergängen, auf der Einsamkeit der Hochflächen und am Rande der Städte hatten sie ihre Niederlassungen. Vielleicht machte dieses perfekte Netz ihrer Militärstützpunkte sie zu einem Hindernis auf dem geplanten Weg zum französischen Zentralstaat, und sie wurden deshalb vernichtet. Vermutlich waren sie zuletzt zu sehr vereinsamte Elite. Sie waren zwar immer noch Helfer in der Not, jedoch sahen die Menschen in ihnen so etwas wie Halbgötter oder Engel, und bei ihrem Untergang hielt man es für undenkbar, daß sie sich selbst nicht helfen konnten, und so kam ihnen niemand zu Hilfe.

Ich verlasse Ponferrada über den Paseo del Sacramento, gehe an Schlackenhalden und verlassenen Kesselhäusern vorbei, biege vor der imposanten Kulisse eines modernen Kraftwerkes ab und erreiche eine Vorstadt mit schlößchenartigen Verwaltungsgebäuden und einem Wohnpark aus der spanischen Vorkriegszeit mit Häusern für Direktoren, Angestellte und Arbeiter in hierarchisch gegliederter Ordnung. Eine Wohnsiedlung wie im Ruhrgebiet. Hier treffe ich auf vier fröhliche Pilger. Sie haben ihre Rucksäcke abgestellt und angeln sich Kirschen von den Bäumen. Es sind Studenten aus Kalifornien. Sie haben spanische Vorfahren, einer stammt aus Mexiko, in seiner Unterlippe trägt er einen silbernen Drahtring. Sein Freund hat einen spiegelglatten Glatzkopf. Als ich ihn etwas besser kenne, frage ich, ob er eine Chemotherapie hinter sich habe. – „No, it's natural, it's a genetic defect", sagt er beinahe stolz.

Als wir in der Dorfbar von Camponaraya einen kleinen Drink nehmen, brillieren sie vor dem zunächst sprachlosen, dann zunehmend begeisterten Mädchen hinter der Theke mit perfekten spanischen Sprachkenntnissen.

Der Weg führt weiter durch das Bierzo, einen großen Talkessel, der zu Kastilien gehört. Obst, Wein und etwas Industrie. An den Hauswänden häufig separatistische Parolen, die Autonomie oder den Anschluß an Galicien fordern.

In der Hitze des Nachmittags erreiche ich Villafranca del Bierzo und finde am Ufer des Flusses Valcarcel ein kleines Hotel. Das Wasser rauscht laut, und ein straffer Wind aus den Bergen wühlt in den Bäumen vor dem Fenster, da bin ich zufrieden.

In der Dämmerung durch den Ort. Am Himmel gläsernes Licht. Die Hügel darunter unverhältnismäßig schwer, ihr Grün grenzt an Schwarz. Auf den Straßen und Plätzen ist der Tag noch nicht gefährdet. Zwischen den Palästen steinkühle Schatten und die Fülle der Brunnen. Querstraßen bieten zunächst Geringeres, enden aber vor den prunkenden Fassaden großer Kirchen und Klöster. Villafranca, Stadt fast ohne Zerfall; ein Fest für den Wanderer.

Am Anfang und Ende der Stadt, wo der Weg hinauf- oder hinabführt – je nachdem –, die einfachste der Kirchen, ein Steinhaus, die Santiago-Kirche mit der sanften Pforte der Vergebung. Im Osten und in der Tiefe des Firmamentes sieht man jetzt Sterne. Westlich über den Bergen des Cebreiro sehr suggestiv aprikosenrotes Licht unter einem eisgrünen Himmel.

Vor dem Portal der Kirche drei Deutsche im Gespräch. Ein Fußpilger und ein Paar auf Bildungsreise. Nicht unsympathisch. Der Pilger gibt sich als Fachmann vom Dienst, trägt zuletzt aber ein wenig zu dick auf. Spricht vom geheimnisvollen Sog Santiagos, der mit jedem Tag stärker und stärker würde. Die beiden anderen sind beglückt über so viel Authentizität. Beim Abschied sagt sie wohlerzogen: „Es war sehr interessant und informativ. Sie waren der erste Pilger, mit dem wir uns unterhalten konnten. Man hatte ja die merkwürdigsten Vorstellungen."

9. Juni:
Villafranca del Bierzo – El Cebreiro

Habe den falschen Weg eingeschlagen. Gerate ein Stück hinter Villafranca auf die Nationalstraße 6 nach Coruña, die zwar dem Verlauf des alten Camino entspricht, aber zu einer autobahnähnlichen Straße geworden ist. Es gibt aber noch einen anderen Weg durch die nördlich gelegenen Berge. Als ich zurückgehe, begegnet mir der Landsmann, der gestern abend vor dem Portal der Santiago-Kirche stand. Ich weise ihn darauf hin, daß er auf die verkehrsreiche Straße zulaufe, und schlage ihm vor, daß wir zusammen über die Berge gehen könnten. „Na und", sagt er, „ich gehe über die Autostraße, kein Problem. Ich ziehe das durch." Ein Rationalist, der die Dinge ins Auge faßt und erledigt, denke ich und suche den anderen Weg.

Und jetzt finde ich, wonach ich seit Lyon vergeblich gesucht habe: alte, gepflegte Maronenwälder, Edelkastanien. Kilometerweit gehe ich durch ihren Schatten und ihr Licht. Bauern haben die Erde unter den Bäumen gepflügt, damit Feuer keine Nahrung finden und der Regen in den Boden eindringen kann. Auch auf den jenseitigen Hügeln sehe ich die schönen Wälder smaragdgrün und leuchtend.

Nach dem Abstieg von den Bergen in großer Hitze doch noch ein paar Kilometer über die Lkw-Trasse nach Westen. Die Laster kommen mit großer Geschwindigkeit aus den Bergen, durchstürmen die Kurven und schießen geradewegs auf den Fußgänger zu. Wenn man ihnen bergauf entgegengeht, wirkt das besonders bedrohlich. Im Luftsog, den sie hinter sich herziehen, gerät man jedesmal ins Schwanken und muß erneut Tritt fassen.

Endlich zweigt der alte Paßweg ab. Er läßt sich zunächst Zeit mit dem Anstieg, die Nationalstraße dagegen gewinnt rasch an Höhe. Hoch oben, auf mächtigen Brücken, die das Tal des Varcarcel überspannen, sieht man die Laster, sie wirken jetzt verspielt, ihren Lärm hört man nicht mehr, und bald sind sie ganz verschwunden.

An einem Brunnen treffe ich die Amerikaner vom Vortag. Sie sind nicht mehr so fröhlich. Zwei fühlen sich durch einen Darminfekt geschwächt, sie wollen die nächste Herberge aufsuchen.

In Herrerias kommt aus dem Dunkel einer Bar Raphael, den ich zum ersten Mal vor León traf, zu mir heraus auf die Straße. Er begrüßt mich mit lässiger Herzlichkeit. Er und alle anderen haben den Weg über die Berge nicht gefunden. Sie sind stundenlang über die Straße gelaufen. Raphael, der nachdenklich registriert hat, daß ich allein gehe, fragt mich nach dem anderen Deutschen, der unterwegs ist. Ich erwähne meine Begegnung vom Morgen. Raphael kennt ihn aus den Refugios. Es ist R., ein Computerfachmann aus Stuttgart. Raphael sagt, daß R. jeden Tag zwanzig Kilometer zu Fuß gehe und sich dann ein Taxi bestelle, um sich zum geplanten Tagesziel bringen zu lassen. Er wage nicht, sich über seine Kräfte hinaus zu beanspruchen.

Hinter Herrerias beginnt der Aufstieg zum Cebreiro. Die letzten Dörfer in Kastilien wirken unaufgeräumt und ruppig. Manchmal sind Schlaglöcher in den Wegen mit Plastikmüll ausgebessert. Durch die Anstrengung des Aufstiegs in der Hitze des Nachmittags zunehmende Einschränkung der Wahrnehmungskraft. Ab und zu ein Brunnen. Trinke immer nur sieben Schlucke aus der hohlen Hand. Das löscht zwar nicht immer den Durst, mindert aber das Risiko einer Infektion, weil die Abwehrkräfte des Körpers nicht überfordert werden, wenn einmal ein Brunnen verseucht sein sollte. Die Methode hat mich während der ganzen Monate vor Problemen bewahrt. (An diesem Abend zähle ich zusammen, wieviel Flüssigkeit ich brauche, um den Durst des Tages nachträglich zu löschen: Es sind zweieinhalb Liter Wasser, ein halber Liter Rotwein und zwei große Teller Suppe.)

Die letzten Kilometer durch Weideland. Überall Ginster, der jetzt in greller Blüte steht. Sein Duft klebt staubig in Nase und Rachen. Auf dem Weg ein grasendes Pferd. Ein Packsattel liegt auf einer Mauer. Lautlos mustert mich ein Hund. Das Pferd hat mich nicht gesehen. Ich umgehe es in einem großen Bogen. Vom Grenzstein zwischen Kastilien und Galizien sind es noch 152 Kilometer bis Santiago.

Auf der Hochfläche des Cebreiro das Dorf fast ungeschützt. Eine Handvoll Häuser und einige Pallozas, stein- und ginstergedeckte keltische Rundhäuser. Eines kann man betreten. Das Innere wird durch vier oder fünf handflächengroße Fenster kaum erhellt. (Uderzo hat in den Asterix-Heften das Innere der keltischen Häuser viel zu hell wiedergegeben; eher ein Licht wie bei Rembrandt oder Georges de la Tour.) Eine große Feuerstelle, der Rauch zog durch das kegelförmige Dach ab. Unter der Decke Stangen und ein radförmiges Flechtwerk zum Räuchern des Fleisches. Um die Feuerstelle der Wohnraum und die Schlafplätze der Kinder, hiervon abgetrennt eine Schlafkammer, die man über zwei Stufen erreicht. Über eine abgesenkte Schwelle kommt man in den Stall. Das ist alles. So haben sie hier durch all die langen Zeiten bis in die letzten Jahre hinein gewohnt.

Immer noch sind Bauern hier. Sie wohnen inzwischen in etwas größeren, doch nach wie vor bescheidenen Häusern. Am Abend treiben sie ihre fünf oder sechs Kühe durch den Ort.

In der Kirche, die älter ist als der romanische Baustil, brennen Kerzen vor der Muttergottes und den Reliquien des „Hostienwunders". Das Hostienwunder ist ein befremdendes Ereignis, das sich in dieser Kirche vor 700 Jahren ereignet haben soll. Wir haben uns an die sublime Form der Transsubstantiation im Meßopfer gewöhnt. Doch zeigt dieses Wunder, bei dem vor den Augen eines gläubigen Bauern in den Händen eines gleichgültigen Priesters sich Brot in Fleisch und Wein in Blut verwandelten, drastisch, daß die Wandlung keine symbolische Handlung ist, sondern daß „das geschichtliche Ereignis" des Opfertodes am Kreuz jedesmal neu „in die Gegenwart gerufen wird". In seinem Aufsatz über „Das abendländische Vermächtnis der Liturgie" schreibt der Kunsthistoriker Otto von Simson sinngemäß: Das christliche Mysterium verschmilzt die Geschichte mit der Gegenwart.[41]

Neben der Kirche die „Hostalleria San Giraldo de Aurillac", eine tausend Jahre alte Pilgerstation. Ein Berggasthaus mit einem Kamin, einer Gaststube und ein paar Zimmern. Zum Abendessen kreist ein großer Suppentopf mit Kichererbsen, dann gibt es eine Kartoffel-Tortilla mit gebratenen Eiern und zum Nachtisch Ziegenkäse mit Quittenbrot.

In der Dämmerung gehe ich noch einmal nach draußen. Die Nacht zieht Tücher über die Täler. In der Höhe bleibt es noch länger hell, doch steigert das den Schmerz der Einsamkeit.

Von den alten Mauern behütet schlafe ich tief und fest wie die Unzähligen vor mir.

9. Juni, 8.00

9. Juni, 12.00

9. Juni, 19.00

23

Der Weg durch Galicien

10. Juni:
El Cebreiro – Samos

Über den Cebreiro jagt morgens ein eisiger Sturm, dröhnt und heult, doch fegt er die Luft rein und putzt die Farben; dann wird es windstill und warm.

Die Formen der Gebirgszüge, die großen Abstände zwischen den Bergen und die langen Kammwege erinnern an den Böhmerwald. Doch gibt es einen Unterschied des Lichtes. Während dort das Licht über den Wäldern zerfällt und in ihnen versinkt, wird es hier von den weithin blühenden Ginsterhängen zurückgespiegelt und verschleudert.

Auf den Bergen und in den Tälern Dörfer mit sorgfältig bebautem Land. Viele Hecken und Bäume, Wege, die zu Äckern und Wiesen führen. Ich sehe ein Bauernpaar. Er pflügt mit einem kleinen Traktor ein dreieckiges, stark geneigtes Feld. Unter seiner Arbeit verwandelt sich der Boden von stumpfem Braun in Eisenpulverrot. Hundert Meter über ihm kümmert sich seine Frau um ein paar Kühe. Wenn sie sich oder den Hunden etwas zurufen, haben sie weittragende Stimmen; kein Geschrei, sondern ein gelassenes, fast fröhliches Rufen in einer Art, die wir nicht beherrschen. Ein junger Bauer, der Mist auf seinen Acker streut, hält in seiner Arbeit an und grüßt zu mir herüber. Eine Frau sitzt auf einer Wiese und strickt. Ihr Alter kann ich unter dem Kopftuch nicht erkennen. Sie schaut nicht auf, nicht nach den Tieren, nicht nach mir. Die Weide hat keinen Zaun. Langsam verschwinden die Kühe zwischen Ginsterbüschen und tauchen wieder auf.

Auf dem Weg und besonders dicht in den Dörfern Kuhfladen in allen möglichen Aggregatzuständen. Als Kind habe ich eine Zeitlang in Dörfern der Eifel und des Emslandes gelebt. Tiermist war damals allgegenwärtig. Nur beim Barfußlaufen haben wir ihn beachtet. Heutzutage kleben dort nur noch Ölflecken auf der Straße.

Überall laufen und scharren braune Hühner. Die Hunde liegen nicht angekettet vor den Häusern. Sie wirken abgeklärt, kaum einer bellt, sie verschwenden keinen Blick, wenn man vorbeigeht. Sie wissen wohl, daß der Fremde mit seinem Stock friedlich ist. Ein Mann auf einem Maultier kommt mir entgegen. Eine Bäuerin und ihr halbwüchsiger Sohn stampfen mit nackten Füßen in einer Holzmiete frisches Gras fest.

Irgendwo grüße ich einen alten Mann, der mich wohlwollend beobachtet, und gehe in eine Bar, um etwas zu trinken. Als ich wieder herauskomme, habe ich meinen Stock vergessen. Der Mann, der immer noch im Schatten vor der Kneipe sitzt, macht mich darauf aufmerksam. So achten insbesondere in den Dörfern viele darauf, daß man immer den richtigen Weg einschlägt. Man genießt so eine Art sozialer Betreuung. Offenbar hat man als Peregrino einen gesellschaftlichen Status. Ob ganz weit oben oder ganz unten, das habe ich noch nicht herausbekommen.

Auf der großen Wiese vor dem Refugio in Triacastela steht Raphael. Wir gehen aufeinander zu. Wieder ergibt sich zwischen uns ein langes Gespräch. Raphael war Wissenschaftler in der Pflanzenforschung von Rhône-Poulenc. Wegen Umstrukturierungsmaßnahmen hat man ihn vorzeitig in Pension geschickt. Er kennt sich aus auf dem Gebiet der Baumkrankheiten: „Darüber haben wir geforscht." Er kennt die *maladies cryptogamiques* der Eßkastanien und der Platanen. Es sind tatsächlich Pilzkrankheiten, deren Namen er mir aus dem Kopf nennt: die *Andocia du châtaignier* und die *Antracnose du platan*. Die Möglichkeit einer Behandlung ist für ihn eine klare Sache. Als ich ihn frage, warum Pflanzenparasiten, die es wahrscheinlich schon seit Jahrmillionen gibt, plötzlich damit anfangen, den Bäumen den Garaus zu machen, kann er nicht sofort antworten, doch will er darüber nachdenken. Und dann freuen wir uns beide darüber, daß es hier noch gesunde Kastanienwälder gibt. „Die Infektion ist noch nicht bis hierher vorgedrungen. Die Berge wirken als Schutz", sagt Raphael, und ich ergänze: „Und die Pflege der Bauern sowie die Luft vom Atlantik".

In Triacastela entscheide ich mich für den Umweg über das Kloster Samos. Überraschend schöner Weg. Leicht über dem Ufer des Flusses Ouribio, von Mauern geschützt und durch Eichen, Weiden und Eschen vor der Nachmittagssonne bewahrt, komme ich auf Landwegen der kostbarsten Art schnell voran.

An einer schmalen Wegstelle begegnet mir eine Frau mit ein paar Kühen. Die Kühe scheuen, zögern, drängen gegeneinander. Da bleibe ich stehen, drücke mich gegen eine Mauer. Die Frau spricht mit einer sanften, fast singenden Stimme mit den Tieren. Ich verstehe nicht, was sie sagt, nur immer wieder wunderbar gesprochen „vaca, vaca – Kuh, Kuh", und dann schwankt die kleine Herde langsam an mir vorüber, wobei ein Schäferhund – wieder so ein sachlicher Arbeitshund – vorsichtig nachhilft. Als die Frau als letzte an mir vorbeigeht, schaut sie mich mit einem sehr klaren Gesicht dankbar an.

Die Szene dauert nur zwei bis drei Minuten, aber das Auftreten dieser Frau, ihre Art zu sprechen und die Vertraulichkeit zwischen Mensch und Tier beeindrucken mich stark.

Als ich gegen Abend Samos erreiche, hat das Kloster seine Pforten schon geschlossen. Im wohlgeordneten Klostergarten unterhalb der Straße arbeiten zwei Klosterbrüder in blauem Drillich gemächlich in einem Kohlbeet. Sie sprechen miteinander und lachen ein wenig. Ich könnte sie anreden und um Unterkunft bitten. Platz wäre sicher im Klosterpalast, der groß und quer im Tal liegt und es fast versperrt. Die Straße umrundet die hohen Mauern der Konventgebäude, die wie eine Festung wirken in diesem sanften Land. Doch ich gehe vorbei und finde am Ortsausgang einen Gasthof von eigenwilliger Architektur. Hinter der verräucherten Gaststube ein überraschend schönes Zimmer.

Nachts werde ich durch Geräusche geweckt. Mein Hemd, das ich zum Trocknen an den Fensterrahmen gehängt habe, wird vom Wind heftig hin- und hergerissen. Als ich aus dem Fenster schaue, sehe ich die Sterne, so zahlreich und klar, so weiß und ausgegossen die Milchstraße, daß es mich bis ins Innerste verwirrt. Es gibt kein anderes Licht, weder von der Erde noch vom Mond, nur diese fernen Welten aus Gas und Stein. Nach dem Erstaunen und Erschrecken kann ich nicht mehr schlafen. Endlich finde ich Zuflucht bei einer warmen menschlichen Stimme. Lese wieder und wieder von Gerard Manley Hopkins das Gedicht „The Starlight Night" mit seinen wunderbaren Anfangsversen und dem tröstenden hymnischen Schlußgesang[42]:

Look at the stars! look, look up at the skies!
O look at all the fire-folk sitting in the air!
The bright boroughs, the circle-citadels there!
Down in dim woods the diamond delves! the elves'-eyes!
The grey lawns cold where gold, where quickgold lies!
...
These are indeed the barn; withindoors house
The shocks. This piece-bright paling shuts the spouse
Christ home, Christ and his mother and all his hallows.

Dann setze ich mich an den schmalen Tisch und schreibe noch in der Nacht einen Brief nach Hause.

11. Juni:
Samos – Portomarin

„Nein, gehen Sie nicht über die Landstraße nach Sarria", sagt der Wirt, „folgen Sie dem Ufer des Ouribio, dort ist es schön. Ich kenne den Weg. An manchen Stellen finden Sie auch die gelben Pfeile."

Bald tauche ich wieder ein in das gefilterte Licht der Hohlwege. Blatthumus dämpft den Schritt, Farn, Steinmauern, Glockenblumen und magentafarbener Fingerhut schmücken die Wegränder, auch gibt es Brombeerranken mit Blütensternen und grünen Beeren.

In einer Stunde des unangefochtenen Glücks steht am Wegrand ein keltischer Wagen. Hinter ihm halbversteckt eine Gruppe von braunzottigen Schafen, regungslos, aber wachsam. Aus dem halbverfallenen Hof unterhalb des Weges steigt dünner Rauch von einem Holzfeuer in die Höhe. Im Hause singt eine feine Frauenstimme eine einfache Melodie, die aus wenigen wehmütigen Tonfolgen besteht, die sich immer wiederholen. Die Szene versetzt mich in eine seltsame Zauberstimmung, und ich verliere das Zeitgefühl, bis mich der große Hofhund wittert und wütend auf mich losgeht, gerade als ich angefangen habe, die Konstruktion des Wagens zu untersuchen.

Es ist ein Fahrzeug, bei dem die Räder fest mit der Achse verbunden sind und die Achse sich in Eisenlagern dreht, die in nach unten offenen Holzzwingen am Wagenboden befestigt sind. Stärker als die Technik fasziniert mich, wie aus so wenigen schlichten Teilen so viel Schönheit entstehen kann. Slawische und skandinavische Holzboote aus Zeiten, in denen der menschliche Fortbewegungsdrang noch im Stadium der Unschuld steckte, besitzen ebenfalls diese Schönheit.

Später in der Nähe von Dörfern junge Bauern auf Treckern. Mit Selbstladeanhängern holen sie Gras von den Wiesen. Sie poltern über die Wege, da wird es eng. Die Fahrzeuge passen in die Hohlwege wie eine Kugel in einen Flintenlauf. Damit sie vorbeikommen, muß ich mich ganz an die Seite drücken, manchmal sogar auf eine Mauer klettern. Sie winken mir fröhlich zu, und ich hoffe, daß sie nicht noch größere Fahrzeuge kaufen und die Wege verbreitert werden und die schönen Wegränder verschwinden.

So komme ich nach Sarria. Vor einer Kirche sitzen Raphael und seine Freunde. Sie essen Brot und Fisch und haben eine Flasche Wein geöffnet. Sie wollen hier nach einem Quartier suchen. Sie schauen mich ungläubig an, als ich sage, daß ich noch bis Portomarin gehen will. Später verstehe ich ihre Verwunderung. Von Sarria nach Portomarin sind es nicht 14 Kilometer – wie in meinem Führer falsch angegeben – sondern 25 Kilometer.

Hinter Sarria verliere ich den Weg und muß ihn in einem Landschaftslabyrinth mühsam wiederfinden. Dann gehe ich Stunde um Stunde von Dorf zu Dorf. 22 Dorfnamen stehen auf der Karte bis Portomarin.

Es ist ein andersartiges Land, und wenn mir etwas auffällt und meine Gedanken beschäftigt, dann bleibe ich stehen und schreibe es auf wie die Entdecker und frühen Reisenden:
- Es gibt überall Steinmauern. Wo die Steinmauern Lücken haben, damit man dort einen Acker, einen Wald oder eine Wiese betreten kann, werden diese Durchgänge durch kunstvolle Steinfügungen besonders betont.
- Sie scheinen in den Stein verliebt zu sein, und neben dem Holz ist er ihr einziges Baumaterial. Auf die Dächer ihrer Häuser legen sie Steinplatten, die sie wegen der Stürme wiederum mit Steinen beschweren. Für die Hauswände nehmen sie lieber wenige große Steine als viele kleine.
- In den Mauern vieler Häuser kann man als Einfassungen der Türen und Fenster ganz monumentale Steinsetzungen erkennen. (Wenn sie ein Haus ausbessern oder ein neues bauen, bevorzugen sie allerdings Betonbausteine.)

- Die Fenster haben keine Laibungen, sondern liegen bündig in der äußeren Hauswand. In ein Haus hineinschauen konnte ich bisher nicht.
- Um die Häuser herrscht meistens eine große Unordnung. Doch gehen sie sorgfältig mit der Landschaft um. Was wächst, lassen sie gelten. Wucherndes wird mit der Sichel gekürzt, oder die Tiere fressen es ab; Unkrautvernichtungsmittel benutzen sie anscheinend nicht.
- Wenn irgendwo Felsen in einen Weg, sei es seitlich oder vom Boden aus, hineinragen, dann läßt man sie dort. Offenbar neigen sie nicht dazu, alles aus dem Wege zu räumen. Es fehlt jeder Begradigungssinn.
- Zum Wasser haben sie ebenfalls eine eigene Beziehung. Die zahlreichen Quellen und Bäche leiten sie häufig zusammen mit dem Ausfluß der Ställe auf abschüssige Wege und bewässern und düngen so auf einfache Weise ihre Wiesen und Äcker. Über diese Art der Wegnutzung haben sich schon viele beschwert, doch sind es fröhliche und abwechslungsreiche Wege voller Gemurmel und Geglitzer. Der Schlamm ist selten ein Problem, da überall hohe Trittsteine liegen, so daß, wenn man geschickt ist, die Füße trocken bleiben.

Müde in Portomarin. Dort interessiert mich nichts mehr. Ich will nur noch essen und schlafen. Doch es ist Samstagabend, und im unwirtlichen Gasthaus kehrt erst lange nach Mitternacht Ruhe ein.

12. Juni:
Portomarin – Palas de Rey

Ein Tag wie ein ausgeblasenes Ei. Mal rollt er hierhin, mal rollt er dahin, aber es ergibt sich nichts. Ich gehe meinen Weg gleichmütig, so wie ein Maurer Steine setzt, weil die Arbeit gemacht werden muß. Unfruchtbares, offenes Gelände, wenig Dörfer, Asphaltstraßen. Einige Stunden begleitet mich ein Mexikaner mit ausgesprochen feinen und klugen Gesichtszügen. Er ist sehr zurückhaltend. Nach und nach erfahre ich im Gespräch, daß er an der Universität von Santa Fé in Neu-Mexiko einen Lehrstuhl für mittelalterliche Geschichte innehat. Er versteht unter der Geschichte des Mittelalters etwas anderes als ich, der Europäer. Ihn interessieren allenfalls die Spuren des mittelalterlichen Europas in der Geschichte Mexikos und Lateinamerikas. In Handwerkerstraßen und im Zunftwesen hat er Gemeinsamkeiten gefunden. Den Weg nach Santiago geht er zum zweiten Mal – wie er sagt „aus wissenschaftlichen Gründen".

Bleibe über Nacht in Palas de Rey. Im Hotel an der Straße nach Santiago feiern viele Menschen irgendein Fest. Schönes Abendessen am Rande der Gesellschaft mit *caldeira de gallega* (einer Kohlsuppe mit Meeresfrüchten) und einer großen Portion *robadollo* (Steinbutt) mit Kartoffeln.

Später im Zimmer wieder mit dem Lärm allein. Durch die dünnen Steinwände permanent aufgeregte Stimmen aus Fernsehapparaten. In der Küche hämmert der Koch auch noch nach Mitternacht auf Fleischstücken herum. Dazu das übliche Duett zwischen einem kleinen und einem großen Hund.

Endlich gegen drei Uhr in der Nacht haben die Hunde unter dem Fenster alle Einbrecher vertrieben und legen sich zur Ruhe. Auch ich schlafe ein und träume, daß ich meinen Wanderstab auf fünfzig Meter verlängern kann. An seinem unteren Ende ist ein Rad befestigt und von irgendwelchen Kräften getrieben rollt das Rad über Straßen und Wege. Ich halte mich oben fest, kann steuern und fliege wie ein Winddrachen durch die Luft, und die Ordensschwestern meines Krankenhauses schauen mir dabei zu.

13. Juni:
Palas de Rey – Arzua

Trotz der Hundenacht fühle ich mich frisch und ausgeschlafen. Wieder die Elfenwege, durch die ein leichter Wind weht. Ich gehe mit angehaltenem Atem, bleibe immer wieder stehen, lausche und schaue und wünsche, daß keiner mich einhole und durch Sprechen aller Zauber verflöge.

Als ich an einem Bauernhof vorbeikomme, öffnet sich das Tor. Eine Frau steht dort und bietet mir einen zitronengelben kugelrunden Käse zum Kauf an. Ablehnend gehe ich weiter, doch werde ich die enttäuschten Augen der Bäuerin nicht los. Ich kehre um, klopfe an die Tür und kaufe den Käse. Es ist keine aufdringliche Frau, sie ist sanft und froh, und zum Dank legt sie ihre Hände aneinander. Wie sie da steht, kann ich an ihr vorbei in den Hof sehen: ein Misthaufen,

Hühner und Schweine zwischen Gerümpel und Gerät, arsengrünes Weinlaub an einer Mauer aus schwarzem Granit.

Ein Stück weiter auf einem kleinen, von Bäumen umgebenen Acker ein altes Bauernpaar. Sie haben zwei Kühe vor einen Pflugstock gespannt und lockern den Boden zwischen den Stauden eines Kartoffelackers. Sie leitet die Tiere, er führt den Pflug. Wie von Wunderhand verschwindet das Unkraut, stehen die Pflanzen gesäubert auf braunem Grund. Die Bewegungen der Menschen und der Tiere sind ohne Hast. Alles geschieht mit großer Ruhe und Sorgfalt. Es ist wie eine letzte Fahrt nach Tausenden von Jahren.

Doch anstatt alles in meinem Gedächtnis zu bewahren, will ich mehr: ein Foto. Als ich die beiden um Erlaubnis bitte, haben sie so viel Würde, sich nicht in Positur zu stellen, sondern unbeirrt und ohne mich zu beachten ihre Arbeit fortzusetzen.

Ich fotografiere sie mit einem ungutem Gefühl. Es gibt Dinge, die dann, wenn man sie beredet oder gar fotografiert, ihre Innigkeit verlieren. Sehen, weitergehen; warum besitzen wollen?

Merkwürdigerweise muß ich dafür einen Preis bezahlen. Durch einen Bedienungsfehler am Fotoapparat verschwinden die Bilder des gestrigen Tages spurlos im Sonnenlicht.

In diesem Moment entweicht auch die gute Fee, die mich in den letzten Tagen zu führen schien. Die Eichenwälder werden zu Eukalyptusplantagen, in die ölig die Nachmittagshitze hineinsackt. Über staubige Straßen gehe ich nach Melide, wo es Eis, Milchkaffee und Tortilla gibt und wo ich kraft eines neuartigen Mysteriums mit Hilfe einer Chipkarte neues Geld erhalte.

Je mehr ich mich Santiago nähere, desto seltener und unscheinbarer werden in den Ortschaften die Kirchen. Auch auf Klöster trifft man nicht mehr. Häufig dagegen sind Steinkreuze in den Dörfern oder an Weggabelungen. Nur einmal, in San Julian do Camino, verbindet sich mit der Kirche eine Legende. Julian, ein adeliger Krieger, der (aus Versehen!) seine Eltern erschlagen hatte, lebte dort in der Hoffnung, seine Schuld zu tilgen, als Gastgeber und Beschützer der Pilger am Wege nach Santiago. Nach vielen Jahren erschien ein Engel und teilte ihm mit, daß alles nun vergeben sei.

Abends in Arzua treffe ich an der Telefonzelle vor dem Refugio meinen Begleiter aus Estella und den Oca-Bergen, den Brasilianer. Er hat einen Landsmann bei sich und wirkt geschäftig und hochgestimmt. Seine körperliche

Versehrtheit und die milde Stimmung seiner ersten Tage sind verschwunden. Irgendwie scheint er vom Weg abgekommen zu sein. Die beiden haben gerade mit Paris, Rio de Janeiro und den USA telefoniert und wundern sich ein wenig herablassend darüber, daß meine Verbindung nach Deutschland nicht zustande kommt.

Ganz locker und ausgeruht schlendern sie dahin mit ausgebeulten Plastiktüten, in denen sich haufenweise die Bierdosen stapeln. Fast so wie im Märchen, denke ich: Und als dem Hasen auf der Buxtehuder Heide das Blut aus dem Halse flog, gingen die Igel vergnügt mit dem Siegerpreis, der Flasche Branntwein nach Hause.

10. Juni, 11.00

10. Juni, 16.00

10. Juni, 19.00

11. Juni, 10.00

11. Juni, 17.00

13. Juni, 14.00

13. Juni, 15.00

Was immer Licht auf die Nacht wirft, ist Schein des Feuers, das vom Harz des Menschenherzens lebt.

W. B. Yeats (The Resurrection)

24

Der letzte Tag

14. Juni:
Arzua – Santiago de Compostela

Die Fee ist doch nicht verstimmt und zeigt mir noch einmal ihr Land von seiner schönen Seite. Aus dem Knäuel aller Möglichkeiten spult sie den Faden des Weges ab, auf dem ich gehe, hügelauf, hügelab, mit dem leichten, nicht mehr ermüdenden Gang, der das Ergebnis der vielen Millionen Schritte der vergangenen Monate ist. Die Luft ist kühl, die Sonne scheint mit butterhellem Glanz, und in den Hecken singen die Vögel und blühen die Rosen. Noch liegt Schatten auf meinen Schultern, und in den blaugrünen Schleiern der fernen Wälder und Wiesen vermischen sich die Farben des Himmels und der Erde.

Die Fee ist nicht nur gütig, sondern auch klug. Nach und nach zeigt sie mir, daß die Menschen nicht mehr in den dunklen Häusern leben wollen, daß sie diese verlassen und andere bauen, daß alles das, was mir gefiel, auch Armut und Ent-

14. Juni, 16.00

behrung ist. Und sie zeigt mir den Müll im Farnkraut, die Ansätze zur Flurbereinigung, die jungen Frauen mit den Baseballmützen und den Jeans anstelle des Strohhuts und des dunklen Rocks. Und auch, daß die jungen Bauern die großen Ställe brauchen und anderes Gerät als nur die Sichel und die Hacke. Wenn das Land seine Menschen ernähren und behalten wolle, dann müsse es sich verändern.

Und als ich sie frage, wo sie denn bliebe, wenn alles sich verändere, sagt sie, dies sei ein altes Land mit vielen Wurzeln. Ich hätte doch die Frau mit den Kühen gesehen, das Bauernpaar und die sichelschwingenden Männer. Irgendwo könne sie immer bleiben, und sei es im Wind, im Lied, im Wort.

Inzwischen fällt die Sonne senkrecht in die Wege, die Dunstschleier sind verschwunden, und der Lärm der Straße kommt näher. Ich blicke besorgt auf einige neue Häuser und abgestorbene Bäume. – Nun müsse ich allein weitergehen, meint die Fee, ich sei ja zu Sankt Jakob unterwegs. „Nein, nein, nicht nur", sage ich, aber da ist sie schon verschwunden.

In Salceda gerate ich auf die Straße nach Santiago, gehe streckenweise über den weißen Randstreifen, dann wieder durch die Saunaluft der Eukalyptuswälder, vorbei an Orten, wo Pilger starben. Der eine am 25. August 1993 im Dornengestrüpp eines Waldrandes, der andere am 24. September 1993 neben dem Schlammgraben eines Bauernhauses.

Die letzten Stunden vor Santiago werden schwerer und schwerer. Straßen und Wege wie ausgestorben. Ganz selten der Zuspruch der gelben Wegzeichen. Kein Gasthaus, kein Brunnen. Hunger, Durst, Hitze und steinige Böden werden noch einmal zur Plage. Verflogen der leichtfüßige Gang des Morgens.

Die letzte Prüfung ist Lavacolla. Der Bach, in dem sie früher ihre Leiber wuschen, liegt fast verschüttet zwischen Straßenböschungen und den Zäunen des Flughafens. Auch der Monte del Gozo ist kein Berg der Freude, kein Ort der Überwältigung. Nicht mehr die Tränen und das Stammeln der Weitgewanderten und Müden, nur noch ein möbliertes Gelände am Rande der Stadt.

Ein kleiner Laden bietet Getränke an und auch einen einzigen Stuhl am Tisch im gekachelten Flur. Ein junger Mann im kasperbunten Trikot der Radrennfahrer drängt sich vor. Er wirft sich mit ausgestreckten Armen auf die Verkaufstheke, beugt seinen Oberkörper vor, prustet, stöhnt und wischt sich den Schweiß des Gesichtes an den Muskeln seiner Oberarme ab. Er bekommt drei große Flaschen Mineralwasser, gießt es sich über den Kopf, trinkt wie ein Pferd und zieht die Schau des leidgeprüften Sportlers ab. Da regen sich in mir Stolz und Widerspruchsgeist.

Ich verschmähe die Getränke, kaufe nur ein Eis am Stiel und setze mich auf den Stuhl, der im Flur steht, und hänge noch einmal meinen Gedanken nach.

Warum hat mich die Begegnung mit diesem Radfahrer verunsichert? Warum habe ich mich von ihm innerlich so vehement distanziert? Wir wollten doch beide das gleiche, nämlich unseren Durst stillen. Aber seine unbeherrschte Art, seine Bedürfnisse zu befriedigen, hatte etwas Übertriebenes, Unkultiviertes, absolut Barbarisches. Oder war es der Ausdruck einer nach nichts fragenden Vitalität? Ist er oder bin ich der Außenseiter, der Anachronist? Sind Askese und Sublimation nur noch Spielformen der Arroganz?

In meinen von der Erschöpfung modulierten melancholischen Dämmerzustand treiben langsam Worte von Durs Grünbein aus Dresden, die ich vor drei Monaten in Lunéville, in der letzten deutschen Zeitung, die ich kaufen konnte, gefunden habe.[43] Sie halten meine Fragen in der Schwebe, geben keine Antwort, eher ein letztes schönes Geleit, so wie ein Trauermarsch, an dem man sich aufrichten kann:

Endlich sind all die Wanderer tot
Und zur Ruhe gekommen die Lieder
Der Verstörten, der Landschaftskranken
In ihren langen Schatten, am Horizont.

Nach einer Weile haben sich die Flüssigkeiten und Salze in meinem Körper neu verteilt. Der Zucker des Eises beginnt zu wirken. Ich schultere meinen Rucksack und gehe, von der Sonne geblendet, über verkehrsüberflutete Straßen durch die Vorstadt Sankt Lazarus hinein nach Santiago. Die Porta do Camino ist eine Kreuzung im Feierabendbetrieb. Die engen Straßen der Stadt liegen im Schatten der Häuser. Sie sind voller Menschen, die von der Arbeit kommen oder zum Einkaufen gehen. Auf dem Platz vor der Armen-Seelen-Kirche stehen Jugendliche mit hochbeinigen Motorrädern. Ich gehe über die Via sacra und durch den Bogengang unter dem Palast Gelmirez hindurch zum steinernen Platz vor dem Westwerk der Kathedrale.

Die vielen Menschen verwirren mich. An der südlichen Balustrade stelle ich den Rucksack auf die lange Steinbank und setze mich hin. Ich bin angekommen. Der Platz, an dessen Rand ich sitze, ist von überwältigender Schönheit, doch läßt meine Müdigkeit keinen Überschwang aufkommen.

Ich bin einen langen Weg gegangen, und kein Schritt war umsonst. Es gab Strecken großer Entbehrung und Stunden, in denen großes Glück mich überkam. Ich blieb gesund. War es Erfahrung? War es Schutz? War manchmal doch ein Engel neben mir? Ich ging zu Jakobus nach Santiago und weiß nicht einmal, ob er wirklich dort im Grabe liegt. Befindet sich hinter der silbernen Wand des Sarkophages irgend etwas von Bedeutung? Ein Hinweis? Worauf? – Doch, hat die Identität von ein paar Knochen überhaupt eine Bedeutung angesichts der Beharrlichkeit und des Vertrauens der Unzähligen, die vor mir hier angekommen sind und denen dieses Fragen unbekannt war? Hier ist ergriffene und beseelte menschliche Anwesenheit in einer Komplexität sedimentiert, die verstummen läßt. Wir mögen das vom hohen Altan unseres flächendeckend, aber nur noch oberflächlich aufgeklärten Jahrhunderts mit müder Nachsicht betrachten oder sogar mit dem Testat der Vergeblichkeit versehen, allenfalls noch auf die Überbleibsel achten, soweit sie touristisch auszubeuten sind. Als Tourist nach Santiago, als Kunstbeflissener, da bedarf es keiner Begründung. Doch dorthin als Nachzügler, als unbeirrter Gefährte der Zahllosen zuvor – als Pilger? Da gibt es schon Schwierigkeiten. War das denn nicht eine Massenpsychose? Eine unglaubliche Zeitverschwendung? Und jetzt du noch hinterher als Urlaubsmetaphysiker, als einsamer Wolf oder verspäteter Lemming. Hast du nichts Besseres zu tun?

„Besseres" habe ich immer getan. Aber einmal wollte ich aus einer Art von Bewunderung oder Solidarität – und um den Preis von Lebenszeit – mit denen gemeinsame Sache machen, die das scheinbar Nutzlose begingen. Und jetzt bin ich einer von ihnen. Zwar mit anderem Gepäck. Alles ein wenig kommoder. Das Tuch über der Haut und auch das Zerebrale. Alles sehr reißfest und gut abgefedert. Nicht Höllenangst oder Vergebungsnot, wie bei ihnen. Eher der Wunsch, der allgemeinen Verkarstung zu entgehen, zu prüfen, was denn noch trägt. Aus Freude an der spirituellen Progression und – nicht zuletzt – aus ganz gewöhnlicher Abenteuerlust, wie sie wahrscheinlich bei allen, die gingen, mit im Spiele war.

Und jetzt ist die Bilanz gar nicht so schlecht.

Tausenden von Menschen bin ich begegnet, und sie traten mir friedlich entgegen und machten ihre Sache gut. An keinen denke ich mit Zorn zurück, und diejenigen, die mir kurzes Ungemach bereiteten, haben dies wahrscheinlich nicht einmal bemerkt. Ich erfuhr, daß die Kultur, in die ich hineingeboren wurde, immer noch Tröstungen und Gewißheiten bereit hält und daß der sanftmütige Gedanke der Kirche von der Gemeinschaft der Lebenden und der Toten keine abstrakte Erfindung ist, sondern sich konkretisieren und zu mentalen Fusionen führen kann, die die Vergangenheit von jeder Musealität befreien.

Ich erfuhr, daß auch unterhalb der spirituellen Ebene, durch sorgfältiges Menschenwerk allein, zum Beispiel durch das Zeugnis der Kunstwerke, der Mensch sich des Menschen über die Schranken der Zeit und der Leiblichkeit hinweg annehmen kann.

Und ich erfuhr, daß allem Schwund, aller Gleichgültigkeit und allen Änderungsbestrebungen zum Trotz die Kraft der Handlungen, Wörter und Bilder nicht erloschen ist, sondern in unerklärlicher Weise „über die Steppe hinaus" in einen Bereich führen kann, der immer noch ist, wie Moses ihn sah: „Da brannte der Dornbusch und verbrannte doch nicht" (Exodus: 3,1–2).

Ich ging in ein großes Hotel – nicht in das berühmte –, und als ich den Schmutz abgewaschen und mich gestärkt hatte, da waren die Tore der Kathedrale geschlossen. Der Vollmond hing über der Stadt und keine Ruhe am Ziel. Tief in der Nacht stand auf dem steinernen Platz mit einer Fidel ein Mädchen und spielte für niemand und nichts so heftig und fremd, wie ich es niemals je hörte. Seltsam, dachte ich, sie spielt wie ein Kind jener Fee.

25

Epilog

15. – 18. Juni:
Santiago de Compostela

Vier Tage blieb ich in Santiago. Meine Unterkunft war zuletzt eine ehemalige Mönchszelle im Hotel des Franziskanerklosters. Hier war es still. Vor dem Fenster sah ich den Gemüsegarten, eine kleine Fabrik und Hügel, deren Farben immer wieder im Dunst und in Regenwolken verschwanden.

Ich sammelte meine Gedanken, schrieb, verließ ab und zu den Raum und ging am Gebäude der medizinischen Fakultät vorbei zur Kathedrale und in die Stadt.

Manchmal traf ich meine Freunde vom Wege. Von Carlos, den ich zuletzt vor vierzehn Tagen gesehen hatte, wurde ich begrüßt wie ein alter Bekannter. Er fragte mich nach den Erlebnissen der vergangenen zwei Wochen und nach dem Mann aus Bad Tölz. Er machte sich Vorwürfe, daß er ihn nicht nach Santiago geführt hätte. Darin hätte er seine Aufgabe gesehen. Carlos mußte nach Hause. Ich begleitete ihn zum Bahnhof. Dort trafen wir „Dostojewski". Dieser erzählte, daß die fünf Wochen des Weges aus ihm einen anderen Menschen gemacht hätten. Früher sei er ein fanatischer Jäger gewesen, der alles niedergeschossen habe, was ihm vor die Flinte gekommen wäre. Er hätte jetzt zum ersten Mal Tiere richtig betrachtet und ihnen in die Augen gesehen, und er wäre entsetzt über sein bisheriges Treiben. Niemals mehr würde er ein Tier töten.

Judy sah ich nur aus der Ferne. Sie stand mit einigen anderen, den Rucksack auf dem Rücken, auf der Plaza de las Platerias neben dem Pferdebrunnen.

Dann war sie verschwunden. Carlos erzählte, sie hätte die Unruhe der Stadt und die vielen Menschen nicht ertragen und wäre nach dem Besuch der Kathedrale sofort weitergegangen nach Finisterre am Atlantik.

Vor der Puerta Santa stand der Mexikaner. Wir setzten uns in ein Café. Sein glücksverwundertes Gesicht paßte eher zu einem mittelalterlichen Pilger als zu einem „nur wissenschaftlich interessierten" Lehrstuhlinhaber aus Amerika.

An einem dieser Tage kamen Raphael und seine Freunde mager und schweißbedeckt in die Stadt. Es war die Stunde des Hochbetriebes. Der Platz vor der Kathedrale war überfüllt mit Menschen und Bussen, und die vier zogen durch die Menschenmassen wie eine Erinnerung an die Ursprünge dieser Stadt. Auch sie hatten Mühe, am letzten Tag den Weg nach Santiago zu finden, so als sei die Verwaltung der Stadt mit den Touristen allein schon zufrieden.

Bei der Pilgermesse am späten Vormittag stand Raphael vor mir in der Kathedrale. Beim Vaterunser hielt der große Mann seine Arme so in die Höhe wie der kleine Orant in der Krypta von Cruas, und die magische Skulptur und der Mann des 20. Jahrhunderts verschmolzen vor meinen Augen zum Inbild des demütigen und souveränen Beters.

Nina und Ellen, die klugen Frauen aus Denver in Colorado, habe ich nicht mehr gesehen, aber ich bin ganz sicher, daß sie angekommen sind; Ellen, die krank wurde, aber weiterging, und Nina, die ihr die Treue hielt. Auch den Mann aus Bayern, den Marathonläufer von El Ganso, den inspirierten Rationalisten von Villafranca del Bierzo, und all die anderen, denen ich begegnet bin, habe ich nicht mehr getroffen. Sankt Jakob wird dafür Sorge getragen haben, daß sie den Weg gefunden haben, ein jeder auf seine Weise.

Im Pilgerbüro registrierten sie die Länge und Dauer meines Weges. Durch die Daten erst stutzig, dann aufmerksam geworden, holten sie den Chef, einen freundlichen Monsignore. Wir unterhielten uns auf französisch, dabei blätterte er beiläufig in meinem Credential. Dann schaute er mich prüfend an und sagte: „Was Sie gemacht haben, ist auch aus meiner Sicht etwas Ungewöhnliches. Wenn Sie damit einverstanden sind, arrangiere ich ein Interview mit einer Zeitung." Als ich zögerte, versuchte er mich mit guten Argumenten zu überzeugen. Zuletzt gab ich mich geschlagen und stellte die Bedingung, daß es eine seriöse Zeitung sein müsse.

Es war ein kompliziertes Gespräch. Die junge Journalistin vom „El Correo Gallego" sprach nur spanisch, der Monsignore übersetzte mir ihre Fragen ins

Französische, und meine ebenfalls auf französisch formulierten Antworten übersetzte er ins Spanische. Irgendwie ist es wie „stille Post", dachte ich, was wird wohl dabei herauskommen?

Nach dem Interview legte mir der Monsignore, nachdem ich bereits in einem Pilgerbuch registriert worden war, ein weiteres Buch vor und bat mich, die Motive für meinen Weg niederzuschreiben. Darauf war ich nicht vorbereitet. Doch hatte ich unterwegs genug Zeit, darüber nachzudenken. Schnell und ohne zu zögern schrieb ich ein paar Sätze.[44]

Am nächsten Tag fand ich mein Foto auf dem Titelblatt der Zeitung und unter der Überschrift „Médico alemán recorre a pie 3 500 kilómetros de Camino en 117 dias" stand ein Bericht, von dem ich nur wenig verstand.

An diesem Tag wurde ich in der Stadt mehrfach angesprochen. Abends kam in einem überfüllten Eßlokal der Wirt zu mir und stellte einen galicischen Obstbrand neben meinen Teller. „Por el Camino – Für den Weg", sagte er und nickte mir dankbar und anerkennend zu.

Immer wieder stand ich im Eingang der Kathedrale, manchmal allein, manchmal im Strom der Besucher vor dem Portico de la Gloria. Hier werden die Pilger am Ende des Weges empfangen. Jakobus, ganz ohne salbungsvolle Attitüde, erwartet jeden, der zu ihm kommt, mit herzlicher Freude. Er weiß um die Mühen des Weges und begrüßt alle mit Stolz und Anteilnahme. Direkt über ihm, im Zentrum eines Figurenkosmos, der die Vollendung der Zeit und Gottes Neue Welt nach den letzten Kapiteln der Offenbarung des Johannes darstellt, Christus. Er zeigt ohne Vorwurf seine Wunden als Beweis und Unterpfand des Erlösungsopfers. „Er wird alle Tränen von ihren Augen abwischen: Tod wird nicht mehr sein, keine Trauer, keine Klage ..." (Offb. 21,4). Hier, sozusagen auf der Ziellinie, erreicht ein Kunstwerk die Schwelle der Transzendenz.

Man hat den Portico de la Gloria, das Meisterwerk des Baumeisters und Bildhauers Mateo, als die vollkommenste Schöpfung des Mittelalters bezeichnet. Der Architekt Friedrich Rahlves schreibt über dieses Portal: „Das war das Richtige für die Empfänglichen unter den Pilgerscharen, daß sie am Ende ihres mühsamen Weges aus der künstlerischen Gestaltung ihres Glaubens erfahren konnten, wie heiter und gewiß die Botschaft Christi von der Erlösung ist".[45]

Ja, so kann man es sagen. Wer hier steht, wird nicht enttäuscht. Jedesmal wurde ich aufs neue gepackt. Und dies und alles andere auf dem Weg hierher war weitaus mehr, als ich erwartet hatte. – Basta!

Santiago de Compostela

Bildlegenden
(Seite/Ort)

22	Nordhorn; Schleuse
23	Oeding; Feld und Wiesen
24	Münsterland bei Raesfeld
25	Hinter Marienthal
26	Wesel, Rheinbrücke
28	Xanten, Kleverstraße
30	Zwischen Xanten und Birten
38	Schaephuyser Höhen
39	St. Hubert / Kempen; Landstraße mit Trafostation
40	Vorst; Kirchturm, Silagen
41	Geilenkirchen; Ortsdurchgang
42	Eifel, Regen
53	Eifel, schwarze Baumgruppe
54	Mürlenbach / Eifel
55	Speicher, Kloster und Mühle Kyllpfalz
56	Weg an der Kyll
57	Wellkyllermühle
58	Strenger Weg vor Trier
65	Kraftwerk Bexbach / Saarland
66	St. Ingbert, Kohlenstraße
67	Weg vor Saarbrücken
83	Saarkohlenkanal hinter Mittersheim / Lothringen
84	Marsal / Lothringen; Rue Porte de Bourgogne
85	Hochebene in Lothringen
86	Einvaux / Lothringen; Regen
87	Römerweg zwischen Vittel und Bourbonne
88	Langres; Kasernen
105	Dijon; Innenstadt
106	Dijon; Stadtrand
107	Beaune, Rue Hôtel de Dieu
108	von Monthélie nach Auxey-Duresses (Côte de Beaune)

109	Kirchplatz in Auxey-Duresses
110	Falscher Weg
111	Mercurey / Burgund
112	Chappelle-sous-Brancion und Weg nach Lancharre
113	Lancharre
115	Chapaize
116	Chevagny
117	Hinter Tramayes
137	Im Vivarais
138	Rhônetal mit Atomkraftwerk
139	Laudun / Vivarais
140	Gärtnerei bei Avignon
141	Hundezwinger vor Beaucaire / Provence
142	St. Gabriel
143	Bahnweg Les Baux - Arles
158	Westlich von St. Gilles
159	Landschaft bei Vauvert
160	Jenseits von Aniane
161	St. Guilhem-le-Désert
175	Am Rande von Lodève
176	Lunas; Ortsrand
177	Kastanienhain, *mourant*. Cevennen
178	In den Cevennen
179	Straße nach Angles
180	Landstraße in den Cevennen
186	Straße vor Toulouse mit Pyrenäenkette
194	Kein leichter Weg
207	Regenbild
208	Der Hof Isandron in der Gascogne
209	Wiesenweg vor l'Isle - Noë
210	Wegrätsel

211	Marktplatz von Maubourguet
218	Lacommande
219	Rue Labarraque in Oloron
220	Haus und Garten in St. Christau / Pyrenäen
221	Paßweg zum Col de Somport in Lurbe
222	Paßweg in Borce
223	Tal der Gave
224	Am Col de Somport
226	Einsiedelei vor Jaca
235	Tal des Rio Aragón
236	Arrés / Aragonien
237	Rast in Martés
238	Berdun
239	Landschaft bei Leyre
240	Sangüesa
241	Berg und Weg im Baskenland (La Higa bei Monreal)
242	Landschaft mit Steinbrüchen bei Tienas / Baskenland
248	Weg nach los Arcos
256	Logroño, Straße nach Burgos
257	Kleiner Industriegürtel
258	Aufstieg hinter Nájera
266	Die neue Straße, Sierra de la Demanda
267	Espinosa del Camino
268	Selbst im verbrannten Wald, Montes de Oca
282	Hornillos del Camino in der Tierra de Campos
283	Morgen in Castrojeriz
284	Die Ebene des Odrillo und der Aufstieg zum Mostelares
285	Die Ebene des Pisuerga
286	Camino de Santiago, Neubaustrecke
287	N 120 bei Ledigos in der Meseta
288	Sahagún, Kirche San Lorenzo

289	Bercianos
290	Portal der Kathedrale von León
296	Stadtrand von León
297	Etwas später
298	Erdgrube in der Sierra de la Paloma
299	Vor Astorga
300	Kleiner Scherz
302	Foncebadón
312	Villafranca del Bierzo
313	Weg nach Galicien, Kastanienwälder
314	Blick vom Cebreiro nach Norden
324	Die weiße Wunde; Magnesiumgrube
325	Hohlweg vor Triacastella
326	Gehöft in Galicien
327	Alter Weg
328	Die Schönheit der Wege
329	Santa Maria de Mellid
330	Kleine Brücke über den Rio Lázaro
332	Landebefeuerung bei Lavacolla
341	Santiago de Compostela

Anmerkungen

1. Ramakers, Johannes: Marienthal; Augustinus-Verlag, Würzburg 1961.
2. Zu Benedikt von Aniane:
   a) Mönchtum-Orden-Klöster, Verlag C. H. Beck, München 1993.
   b) Balen, Louis Laborde – Day, Rob: Le chemin d'Arles, Guide pratique du pèlerin; Tarbes 1990.
   c) Charpentier, Louis: Santiago de Compostela; Walter Verlag, Olten und Freiburg 1979.
3. Leson, Willy (Hrsg.): So lebten sie in der Eifel; J. P. Bachem Verlag, Köln 1990.
4. Kirchenführer St. Paulinus, Trier.
5. Die Ereignisse am Laacher See, ihre Vorgeschichte sowie die Lagerzeit der beiden Pfarrer Johannes Schulz und Josef Zillikens sind relativ gut dokumentiert, u.a. in: Münch, Maurus: Die Tragödie am Laacher See (unter 2 579 Priestern in Dachau); Zimmer Verlag, Trier 1972.
   Einige Dokumente befinden sich in meinem Besitz, so z.B. alle (zensierten) Briefe meines Onkels aus den Konzentrationslagern Buchenwald und Dachau im Original. Zusammen mit meinem Onkel starben bei dem „wissenschaftlichen Hungerexperiment" in Dachau der Kunsthistoriker Johann Parschau aus Königsberg, Prof. Ernst Hufnagel aus Breslau und der Versicherungsjurist Dr. Rudolf Fischer aus Berlin. Die Quelle für diese Angaben ist ein Brief von Dr. jur. Otto von Fisenne, Hamburg, der sich in meinem Besitz befindet.
6. Zu Friedrich von Spee:
   Rost, Dietmar (Hrsg.): Mein Herz will ich dir schenken; Bonifatius Druckerei, Paderborn 1985.
   Köhler, Oskar: Friedrich Spee von Langenfeld; in: Stimmen der Zeit 9/90, Freiburg.
7. Schulz, Paul, Konvolut der wissenschaftlichen Arbeiten 1940–1963 in meinem Besitz.
8. Meinen Onkel Fritz Krischel habe ich nicht mehr wiedergesehen. Er starb am 6.12.1995.
9. Harms, Wolfgang: Johann Michael Moscherosch; in: Deutsche Dichter, Band 2, Reclam-Verlag, Stuttgart 1988.
10. Anhäuser, Uwe: Lothringen; Dumont-Verlag, Köln 1985.
11. Braunfels, Wolfgang: Das Herzogtum Lothringen; in: Die Kunst im Heiligen Römischen Reich Deutscher Nation, Band 4, Verlag C. H. Beck, München 1983.

12	Angaben zu Tournus aus:
	Oursel, Raymond: Bourgogne Romane, Zodiaque – La nuit des temps 1; La Pierre-qui-Vire (Yonne) 1974.
	Ders.: Romanisches Frankreich, Verlag Zodiaque/Echter, Würzburg 1991.
13	Bois, Guy: Umbruch im Jahr 1000; Verlag Klett-Cotta 1993.
14	Historische Angaben zu Cruas aus: Vivarais Gévaudan Romans, Zodiaque – La nuit des temps 75, La Pierre-qui-Vire (Yonne), 1991.
15	Wortzitate aus den Gedichten Notturno, Ideelles Weiterleben und Destille; aus Gottfried Benn: Lyrik; Limes-Verlag Wiesbaden und München 1956.
16	Eigener Übersetzungsversuch aus der französischen Textfassung in: Vivarais Gévaudon Romans, Zodiaque 1991.
17	Zu den Entstehungsbedingungen von St. Gabriel: Provence Romane; Zodiaque – La nuit des temps 40, La Pierre-qui-Vire (Yonne) 1974.
18	Angaben zu St. Trophime: siehe unter 17.
19	Rabelais, François: Gargantua und Pantagruel, Hrsg. Karl August Horst; Winkler-Verlag, München 1993.
20	Carrière, Jean: Der Sperber von Maheux; Verlag das Wunderhorn, Heidelberg 1980.
21	Bobrowski, Johannes: Literarisches Klima; Deutsche Verlags-Anstalt, Stuttgart 1978.
22	Das Thomas-Bernhard-Zitat stammt aus: Loquai, Franz: Vom Gehen in der Literatur; Edition Klaus Isele, Eggingen 1993.
23	a) Baier, Lothar: Die große Ketzerei; Verlag Klaus Wagenbach, Berlin 1991.
	b) Kutzli, Rudolf: Die Bogomilen; Verlag Urachhaus, Stuttgart 1977.
	c) Mâle, Emile: La Cathédrale d'Albi; Zodiaque 1974.
24	Durliat, Marcel: Haut-Languedoc Roman, Zodiaque – La nuit des temps 49, 1978.
25	Die Sätze von Thomas von Aquin zitiere ich nach meinem Notizbuch. Die Quelle ist mir nicht mehr bekannt.
26	Den Text des Hölderlinbriefes an Casimir Ulrich Böhlendorff habe ich dem Buch „Hölderlin der Wanderer" von Rudolf Straub, Aufbau-Verlag, Berlin und Weimar 1991, entnommen.
27	Übersetzt aus dem Französischen, aus: Aragon Roman, Zodiaque – La nuit des temps 35, 1971.

28 Duby, Georges: Sankt Bernhard. Die Kunst der Zisterzienser; Verlag Weber, Genf 1977.
29 Köhler, Oskar: Franz Xaver. Ein sendungsbewußter Individualist in der Gesellschaft Jesu; in: Stimmen der Zeit, Heft 6/1990, Verlag Herder, Freiburg.
30 Ebd.
31 de Lojendio, Luis Maria: Navarre Romane, Zodiaque – La nuit des temps 26, 1967.
32 Aus dem „Veni Creator Spiritus" des Hrabanus Maurus (780–856), Mainz. „Erhalte uns auf rechter Bahn, daß Unheil uns nicht schaden kann".
33 Fontaine, Jacques: L'Art Préroman Hispanique, Zodiaque – La nuit des temps 47, 1977.
34 Sankt Dominik von der Straße – wo die gebratenen Hühner gekräht haben.
35 Sender, Ramón José: Requiem für einen spanischen Landmann; Bibliothek Suhrkamp 133, Frankfurt/Main 1964.
    Ders.: Der Verschollene; Bibliothek Suhrkamp 69, Frankfurt/Main 1961.
36 le Goff, Jacques: Kultur des europäischen Mittelalters; Droemer-Knaur, München 1970.
37 a) Oursel, Raymond: Routes romanes 3. La garde de Dieu. Introduction à la nuit des temps 14; Zodiaque 1986.
    b) siehe unter 2 b)
38 siehe unter 2 c)
39 Im Sommer 1958 erlitt ich bei Tiefbauarbeiten zwischen Duisburg und Düsseldorf einen Unfall, bei dem die Hauptschlagader meines rechten Beines in Höhe der Leistenbeuge zerriß. Nach überstandenem Blutungsschock ließ sich der Schaden mit den Möglichkeiten der damaligen Zeit nicht beheben. Nach jahrelanger erheblicher Claudicatio intermittens (unterbrochenem Hinken) haben sich durch konsequentes Gehtraining gute Kollateralen (Umgehungskreisläufe) gebildet, so daß ich es als Fußgänger mit jedem wieder aufnehmen kann. Schmerzen, die z.B. beim Bergaufgehen im Bein auftreten, habe ich im Laufe der Jahrzehnte zu negieren gelernt.
40 Siehe unter 37 a), Seite 353–357.
41 Simson, Otto von: Das abendländische Vermächtnis der Liturgie; in der Aufsatzsammlung: Von der Macht des Bildes im Mittelalter; Gebr. Mann-Verlag, Berlin 1993.
42 Hopkins, Gerard Manley: The Poems, 4th ed., Oxford 1970.
    Eigener Übersetzungsversuch:

Sternenhelle Nacht
Schau zu den Sternen! Schau, schau hinauf zum Himmel!
Oh, schau hinauf zum Feuer-Volk überall in den Lüften!
All diese glänzenden Städte, die hellen Bastionen da und dort!
Und – im Dunkel der Wälder Diamantengänge! Elfen-Augen!
Auf eisgrauen Wiesen verstreut liegt Gold, ganz helles Gold!
...
In diesen Speichern liegt wohlverwahrt die Ernte.
Wohnen im licht-durchwirkten Gehege gut geborgen
Christus, seine Mutter und die Scharen der Seligen.

1995 ist in der Edition QWERT ZUI OPÜ im Druckhaus Galrev, Lychener Straße 73 in Berlin eine zweisprachige Ausgabe der Gedichte von Hopkins unter dem Titel „Pied beauty" erschienen.

43 Grünbein, Durs: Anfangsstrophe des Gedichtes „Alba", gefunden im FAZ-Literaturblatt vom 15.3.1994. Inzwischen ist das Gedicht auch im Suhrkamp-Verlag erschienen: ders.: Falten und Fallen, Gedichte; Frankfurt/ Main 1994.

44 Vom 18.2.94 bis 14.6.1994 3 500 Kilometer zu Fuß von Nordhorn nach Santiago de Compostela:
– aus Dank für ein bislang geglücktes Leben;
– mit der Bitte, daß nach dem Ende des Kommunismus die slawischen Völker Europas ihren Frieden auf dem Boden des Christentums finden mögen;
– mit der Bitte um eine Beendigung der Bürgerkriege im ehemaligen Jugoslawien und in Ruanda;
– mit der Bitte, daß der christliche Glaube in unserer Familie nicht erlöschen möge.

45 Rahlves, Friedrich: Kirchen und Klöster in Spanien; Hohenstauffen-Verlag, Bodmann/ Bodensee 1968.

Etappen des Weges von *Nordhorn* nach *Santiago de Compostela*

Die Ziffern der Etappen entsprechen den Buchkapiteln.
Ab Arles (9) führt der Weg über die traditionelle "Via Tolosana", die zwischen Pau und Jaca die Pyrenäen auf dem Somport-Pass überquert und ab Puente la Reina dem spanischen Camino folgt.

Die drei anderen Routen des "Chemin de St. Jacques" in Frankreich

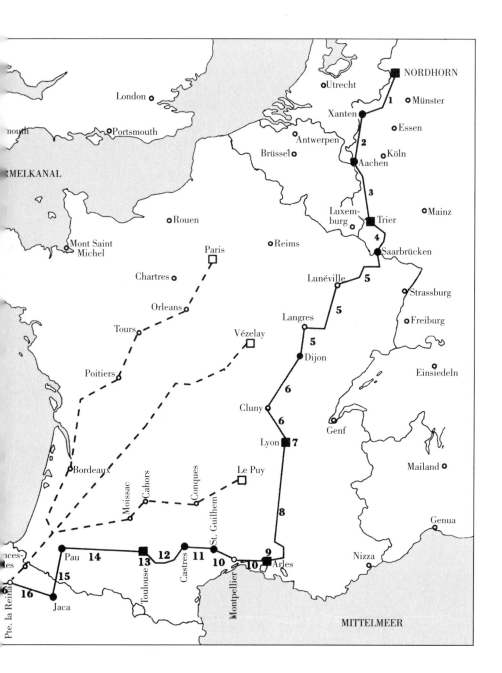

Impressum

Konzeption und Fotos: Hans Michael Schulz
Umschlaggestaltung: Wiebke Maria Schulz
Gesamtherstellung: Euregio Druckerei Nordhorn
2. Auflage
© 1997 Verlag Manfred Zentgraf und Verfasser
ISBN 3-9285542-12-5

Verlag Manfred Zentgraf, Volkach/Main
Alle Rechte vorbehalten. Das Werk einschließlich seiner Teile ist urheberrechtlich geschützt. Jede Verwertung außerhalb der engen Grenzen des Urheberrechtsgesetzes ist ohne Zustimmung des Verlages unzulässig. Das gilt insbesondere für Vervielfältigungen, Übersetzungen, Mikroverfilmungen und die Einspeicherung und Verarbeitung in elektronischen Systemen.

Die Deutsche Bibliothek - CIP - Einheitsaufnahme
Schulz, Hans Michael
Fernwechsel, Hans Michael Schulz
Volkach/Main: Manfred Zentgraf, 1997
ISBN 3-928542-12-5

Dank schulde ich meinem Bruder Paul, der mich durch die Eifel und über die Pyrenäen begleitete und der mir bei den Vorbereitungen zu diesem Buch wesentlich geholfen hat.